新时代民生经济学

杨　静
张　晨　　著
封世蓝

如何实现人民对美好生活的向往

ECONOMICS OF PEOPLE'S
LIVELIHOOD IN THE NEW ERA

HOW TO REALIZE PEOPLE'S
ASPIRATION FOR A BETTER LIFE

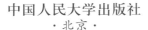

中国人民大学出版社
·北京·

目　录

第四篇　"让全体人民住有所居"的民生经济学

第五篇　新时代的民生经济学大有可为

第一篇

构建中国特色社会主义民生经济学正当时

　　"民生"自古以来就是中外思想家关注和诠释的重要概念，有着极为丰富的内涵，是一个涵盖经济、政治、社会、文化甚至生态等的、与百姓福祉密切相关的综合性概念，显然也是经济学研究的重要内容。但对于"民生经济学"的概念、内涵，以及其与西方经济学的关系等基本范畴层面的内容，始终没有统一的定论。在当前我国以民生建设为核心内容的社会主义现代化建设进程已经进入新时代的背景下，以马克思主义经济学为指导，结合我国民生建设实际，构建可以总结和指导我国民生实践的中国特色社会主义民生经济学（以下简称"民生经济学"）理论，既是中国特色社会主义政治经济学研究的重要内容，也是新时代马克思主义创新发展的理论要求。

第一章 时代呼唤：为什么
要构建民生经济学

党的十八大以来，以习近平同志为核心的党中央高度重视民生工作，将保障和改善民生确立为新时代中国特色社会主义现代化建设的根本目标之一。习近平总书记在十八届中央政治局常委同中外记者见面时指出：我们的人民热爱生活，期盼有更好的教育、更稳定的工作、更满意的收入、更可靠的社会保障、更高水平的医疗卫生服务、更舒适的居住条件、更优美的环境，期盼孩子们能成长得更好、工作得更好、生活得更好。2012年11月29日，习近平总书记在参观《复兴之路》展览时指出：我坚信，到中国共产党成立100年时全面建成小康社会的目标一定能实现，到新中国成立100年时建成富强民主文明和谐的社会主义现代化国家的目标一定能实现，中华民族伟大复兴的梦想一定能实现。在党的十九大报告中，他又指出：全党同志一定要永远与人民同呼吸、共命运、心连心，永远把人民对美好生活的向往作为奋斗目标，以永不懈怠的精神状态和一往无前的奋斗姿态，继续朝着实现中华民族伟大复兴的宏伟目标奋勇前进。[1] 习近平总书记对新时代民生工作做出了新的目标定位，这是武装头脑、指导实践，以及进一步推进民生建设工作，奋力谱写新时代改善民生新篇章的行动纲领。

毫无疑问，民生在物质层面的具体内涵取决于不同时代特定的生产力发展水平。在这个意义上，民生的具体内容具有相对性，是某一社会大多数普通民众由生产力发展水平所决定的平均生活水平。改革开放以来我国

---

① 习近平. 决胜全面建成小康社会 夺取新时代中国特色社会主义伟大胜利——在中国共产党第十九次全国代表大会上的报告. 北京：人民出版社，2017：1.

不同发展阶段的民生诉求，都是在当时特定生产力发展水平下广大人民群众普遍的、亟须解决的生活问题或困难的集中反映。党的十一届三中全会后，改革开放的启动在很大程度上就是解决人民尤其是农民的温饱问题的直接结果。20世纪90年代，在解决了人民的温饱问题后，随着生产力的进一步发展，民生建设的目标是实现小康，而小康的内涵也随着人民生活水平的逐渐提高日益丰富，从最基本的衣、食、住、行等生存需要向更为丰富的发展需要演进。从21世纪初到2020年，随着我国生产力发展水平和综合国力的质的提高，民生建设的目标升级为全面建成小康社会，要在幼有所育、学有所教、劳有所得、病有所医、老有所养、住有所居、弱有所扶上实现更高水平和更高质量的发展。党的十九大报告对民生工作提出了不断满足人民日益增长的美好生活需要，不断促进社会公平正义，形成有效的社会治理、良好的社会秩序，使人民群众获得感、幸福感、安全感更加充实、更有保障、更可持续的民生建设要求。

经过改革开放40多年的发展，我国取得了举世瞩目的巨大成就，不仅解决了14亿多人的温饱问题，而且总体上实现了小康，全面建成了小康社会。中国特色社会主义现代化建设进入新时代。

新时代的民生目标是让改革发展成果更多、更公平地惠及全体人民，实现全体人民共同富裕。十九大报告提出：到2035年，全体人民共同富裕迈出坚实步伐，到21世纪中叶，全体人民共同富裕基本实现。[①]

与此同时，我们还要清醒地认识到，当前我国的历史方位是处于社会主义初级阶段的新时代，进入新时代，我国社会生产力水平得到了更大提高，但发展不平衡不充分问题较为突出，两极分化的形势依然严峻，城乡之间、区域之间以及行业之间的发展不平衡和收入分配等问题依然突出，中西部广大农村地区还有数量庞大的贫困人口。新时代民生建设的任务依然艰巨。因此，我们必须在继续推动改革、深化发展的基础上，以最广大

---

① 习近平．决胜全面建成小康社会 夺取新时代中国特色社会主义伟大胜利——在中国共产党第十九次全国代表大会上的报告．北京：人民出版社，2017：28－29．

人民的幸福为根本坐标，将老百姓过上好日子作为一切工作的基点，更好地回应人民的期待，使人民的生活更加富裕、权益更有保障、民主更加健全、法治更加完善、公平更有保障、正义更能伸张、生活更加健康、环境更加宜居。

回首过去，展望未来，新时代我国民生建设的目标和任务更加艰巨，所面对的情况和局面也更加复杂。如何在党的领导下系统协调改革、发展和民生建设的全面关系，又如何在社会主义市场经济条件下，从宏观层面的基础架构、综合统筹，到微观层面的工作程序、实施细则，有步骤、有计划地全面推进新时代民生建设的伟大工程，已经成为新时代中国特色社会主义政治经济学发展的必然要求。

新时代呼唤新的理论。只有充分把握我国的实际国情，坚持实事求是的唯物主义原则，针对我国民生建设领域的现实问题，在实践探索的基础上，不断地总结规律，同时兼收并蓄古今中外一切有益于民生建设的经验与理论成果，进行理论拓展与升华，才能创建立足中国实际、解决中国问题的中国特色社会主义民生经济学。

第二章　理论回答：什么是民生经济学

毫无疑问，民生经济学以"民生"作为根本研究问题。那么何谓"民生"？显然，作为一个学术概念，对其概念和内涵的明确界定是学术研究的起点。

"民生"在现代汉语语境中的基本含义为"人民的生计"，即人民在特定社会经济发展阶段条件下，满足生存、发展需要的基本生活需求。但在不同时代的不同社会经济发展条件下，它具有完全不同的内涵。"民生"一词最早出自《左传·宣公十二年》，有"民生在勤、勤则不匮"的记载，其确切含义是指百姓的基本物质生活，即衣、食、住、行等基本物质生活条件。从这个角度来观察，我国古代关于"民生"的概念和内涵的界定都是限定于底层社会民众基本物质生存需求的范畴。

近代以来，系统阐释"民生"概念的是孙中山先生。孙中山先生指出，民生就是人民的生活——社会的生存、国民的生计、群众的生命①，民生就是政治的中心、经济的中心和种种历史活动的中心，上述观点是孙中山先生"民生主义"思想的核心要点。在孙中山先生的思想观念中，民生是社会经济活动的基础，在当时的社会生产力水平条件下，围绕民生问题的社会活动是推动社会发展的原始动力。孙中山先生将民生的基本内涵界定为衣、食、住、行四大方面，同时指出这四个方面是有层次的，即按照需求满足生存、发展需要的逻辑次序，人民首先需要解决的是食、衣等基本生存需求问题，其次才是住、行等发展需求问题。与传统民生观念相比，孙中山先生所界定的民生内涵同样主要是指人民生存的基础物质条

---

① 孙中山. 孙中山选集. 2版. 北京：人民出版社，1981：802.

件，而民生主义思想的要义在于其在旧民主主义的时代特征下所提出的"平均地权""节制资本"以保障民生的革命纲领。

作为马克思主义的创始人，马克思、恩格斯虽未在其著作中使用"民生"一词，但这并不意味着马克思、恩格斯没有民生思想。在马克思、恩格斯看来，人民群众是历史的创造者，他们的生活状态受到生产力和生产关系的双重制约。因此，他们着重从"现实的人"的需要、社会生产和利益分配三个环节对资本主义民生问题进行剖析，并对未来社会的民生建设提出了设想。以马克思、恩格斯的民生思想为指导，在现代马克思主义语境中，"民生"是指在一定历史阶段最广大劳动人民的生存、生活和发展的状态。[①] 从这个角度看，马克思和恩格斯有着丰富、系统且科学的民生思想。

当代，随着科技进步和社会生产率水平的发展，人们对"民生"，即"人民生计"内涵的理解存在广义和狭义两个层面的概念设定，这也是目前学术界普遍公认的基本观点。从广义上说，凡是直接或间接与民众利益相关的社会、经济、政治、文化、历史等领域的问题都属于民生问题的范畴；而通常意义上的民生，即狭义民生则主要从社会层面认识和理解民生，是指人民的基本生存和生活状态，以及基本发展机会、发展能力和权益保护状况等人民的生存和发展层面的普遍需求。[②]

因此，从经济分析的角度来看，民生的具体内涵受到生产力发展水平的高度约束，民生问题的研究显然以社会、经济发展阶段为基本前提，其具体内涵具有特定的历史阶段性特征。民生问题的实质内涵主要是限定在其狭义的范畴之内，受到社会、经济发展水平和基本社会制度的高度约束。据此，从学术研究的角度，民生概念可以被相对准确地定义为：民生就是在特定的社会、经济、政治及历史条件下人民群众的生存与发展状

---

① 韩琳，高九江. 论马克思主义中国化进程中毛泽东的民生思想. 马克思主义与现实，2010（3）：145－147.

② 吴忠民. 民生的基本涵义及特征. 当代社科视野，2008（6）：50－51.

态。在内涵上，民生不仅包括物质生活方面的内容，而且包括精神文化生活以及社会权利、政治权利等方面的基本内容。民生在经济上就是人民群众在生产劳动的基础上获取、占有和消费物质与文化劳动成果，享有人身安全、人格尊严等基本权益和社会保障的实现过程，进而向全面发展不断迈进的过程。

显然，上述民生概念的界定在性质上将民生限定于人民群众的基本生活需求的狭义层面，其外延即民众基本生活需求的范围与层次则具有动态发展的基本特征，完全取决于不同社会经济发展条件下的生产力发展水平和社会生产中的分配关系。

具体而言，首先，民生与人民群众的劳动及成果，即民生与社会生产力发展水平以及由生产关系所决定的收入分配直接相关。从个人层面看，从事生产劳动并取得合理收入是个人物质生活或生计的基本途径和客观基础，只有具有相对稳定的职业和收入，才能使自己的生活有所保障；从社会层面看，社会经济发展程度决定着生活需求的满足程度和实现方式。而在现代社会中，民生实现方式的基础在于整个社会生产和再生产过程中的分配关系。

其次，民生与政府职能密切相关。在现代社会，民生与政府职能的相关性不仅在于政府在社会生产分配领域（无论是初次分配还是二次分配）的核心职能，而且直接决定了人民群众，确切地说是人民群众中的绝大多数所获取和占有的社会财富的份额——这是影响民生的基础因素。与此同时，构成民生需求重要内容的安全社会、生态环境、保障公民人格尊严的社会保障，以及维护公民基本权利不受侵犯的司法公正等公共服务的供给，更是政府的基本职能。

当前阶段我国民生建设的实际内容更是生动诠释了在社会主义条件下，民生概念与内涵的上述基本特征。对于我国现阶段人民最关心、最直接、最现实的利益问题，即基本民生建设任务，党的十九大报告将其概括为民生"七有"，即幼有所育、学有所教、劳有所得、病有所医、老有所养、住有所居、弱有所扶。"七有"集中体现了新时代民生建设的主体内容，是对党的十七大提出的"五有"的拓展和升级，不仅增加了幼有所育和弱有所扶，而且其要求有了新的提高，并强调不断取得新进展。从覆盖面来看，"七有"涉及每个阶层、每个公民，即全体人民，重点指向生活困难的各类弱势群体，以保证每个社会成员都能够享有基本生活；从人的生命过程来看，"七有"涉及每个人的一生，从婴幼儿养育到长成后的学习、劳动与收入，再到谁也离不开的居住与看病，最后到颐养天年，涵盖了人的一生的基本需要，是民生福祉的基本内容；从社会价值来看，"七有"是人民生活需要的最大公约数，是公民生存发展的基本权利，是社会公平正义的基本体现；从责任主体来看，政府作为集中行使公共权力的机构，是民生"七有"的主要保障者，也就是说，保障人民"七有"是人民政府的基本职责。在保障基本民生的基础上，要使人民生活不断得到全面改善，逐步迈向共同富裕的幸福美好生活。

发展的目的是共享，党的十九大报告指出，发展是解决我国一切问题的基础和关键，发展必须是科学发展，必须坚定不移贯彻创新、协调、绿色、开放、共享的发展理念。共享是发展的出发点和落脚点，包含丰富的社会思想与民生伦理，为新时代民生事业的发展明晰了新的价值取向。共享需要通过利益分配来实现，最广大劳动人民的需要能否得到满足取决于利益分配的结果，因此利益分配是实现民生的关键。新时代我国民生目标是实现全体人民共同富裕，但先富带动后富进展迟缓，因此不平衡发展对民生的制约是新时代民生问题的突出表现，它意味着新时代我们在发展的基础上需要重点解决以下民生问题：打赢脱贫攻坚战、缩小贫富差距、共享发展红利。对此，党的十九大报告将坚持在发展中保障和改善民生提到了新时代中国特色社会主义民生建设基本方略的重要地位。坚持在发展中保障和改善民生就意味着我们要量力而行，根据经济社会发展水平，"一件事情接着一件事情办，一年接着一年干"，不做脱离实际的高承诺，不实行无法持续的高福利。当然，这并不等于在经济水平达到一定程度之前缓慢推进或暂时搁置民生改善工作，而是在不断发展的基础上尽量把促进社会公平正义的事情做好。

显然，民生经济学就是以我国当前以及未来不同阶段的民生建设中亟须解决的关键问题为主要研究对象的经济学，具有鲜明的中国特色。在性质上，民生经济学是新时代中国特色社会主义政治经济学的组成部分。其基本的分析框架和研究方法是马克思主义政治经济学的研究方法和分析框架。作为一个新兴学科体系，其研究所涉及的问题，从纵向来看包括社会生产、人民生活、科技发展以及制度变迁的历史过程；从横向来看包括影响社会生产、生活方方面面的经济社会问题。

"人"是民生经济学研究的逻辑起点和终极关怀。民生经济学研究如何围绕"人"的经济活动形成新的经济制度、新的生产体系和新的保障体系，促进物质、文化财富生产和劳动力生产与自然资源保护开发的协调与共生共荣。

第三章　基本遵循：民生经济学研究的
一般原则与基本方法

马克思主义基本原理告诉我们，理论是理性认识成果的系统化。建立在实践基础上的正确理论，是对社会存在的本质和规律的正确反映，对实践活动具有重要的指导作用。民生经济学的学科属性决定了其基本研究原则与方法必须遵循马克思主义政治经济学的一般原则和主要方法。

1. 民生经济学研究的基本原则

在民生经济学研究的基本原则上，必须坚持以下几个方面的根本原则以保证其正确的研究方向。

首先，民生经济学研究必须坚持价值导向上的人民性原则。鲜明的人民立场、人民情怀应该是民生经济学的根本特征。按照马克思主义的基本观点，人民大众是社会发展的主体，更是社会发展的作用对象。社会发展的最终目的是促进和实现人的全面发展，包括从物质生活到精神层面的全面发展。因此，中国特色的民生经济学必须坚持人民至上的价值导向，以人民利益、人民立场作为问题研究与分析的唯一价值判断。

其次，坚持尊重实践、服务于实践的实践性原则。马克思、恩格斯曾就实践有过很多精辟的论述。马克思认为，全部社会生活在本质上是实践的①，不仅人的需要是客观的，而且人的需要的满足也是客观的，只有在社会生活的实践中人才能实现自身需要的满足。恩格斯同样认为，相比于大学的科学研究，社会的实际需要显然更能促进科学的发展。由此，可以看出坚持尊重实践、服务于实践的重要性，因此，以此为指导，民生建设

---

① 马列著作选编（修订本）. 北京：中共中央党校出版社，2011：64.

与民生经济学研究必须坚持实践性原则。建立在实践基础上的民生建设与民生经济学的直接目标是促进民生福祉改善的普惠性，即实现普遍的民生改善与发展，让人民普遍受益。理论分析和评判的唯一标准将是民生建设实践中民众受益的程度和范围。

人的认识过程是一个由实践到认识、再由认识回到实践的不断反复的过程，这是马克思主义认识论的基本观点。它体现了理论和实践的具体的历史的统一。它强调实践不仅是理论的来源和基础，而且是理论唯一的检验标准，是理论发展的最终目的。从这个意义上说，坚持理论的实践性原则也是民生经济学保证其正确的马克思主义研究方向的必然要求。

最后，民生经济学研究必须坚持时代性的基本原则。马克思、恩格斯曾说过，一切划时代的体系的真正的内容都是由于产生这些体系的那个时期的需要而形成起来的。① 时代的需要是理论发展的根本动力。从这个意义上说，民生经济学理论研究的时代性特征，是指民生经济学研究主题必须紧紧围绕时代民生建设领域的关键问题展开研究，严格秉持"以人民为中心"的基本价值导向，根据党的十九大提出的民生建设的"七有"目标，研究实现目标的可行方案和改革举措，切实解决新时代民生建设中的关键具体问题。

2. 民生经济学研究的基本方法

民生经济学的学科属性决定了辩证唯物主义的基本分析方法是其基本研究方法。唯物辩证法是马克思主义政治经济学最根本的方法，它应用于民生经济学的研究，要求秉持实事求是的科学态度，从客观的民生经济现象和客观事实出发，透过现象研究本质，从而揭示民生经济的一般发展规律。

按照辩证唯物主义的基本观点，任何经济形式和经济过程都是矛盾运

---

① 马克思，恩格斯. 马克思恩格斯全集：第3卷. 北京：人民出版社，1960：544.

动的必然结果。在民生经济学的研究中运用唯物辩证法，必须观察和分析不同历史时期的各种民生经济问题产生和存在的主要矛盾，阐明矛盾运动变化的现状、产生机制和发展变化的基本趋势。民生经济学的研究必须始终保持批判的本色，对民生经济领域存在的深层次制度问题勇于批判。

而要透彻了解客观民生经济现象和事实，则必须深入实际，进行调查研究，充分掌握各种资料，分析实际民生经济活动变化过程中产生的各种经济问题，科学客观地预测和掌握它的发展趋势。这就要求运用科学抽象的基本方法，即在复杂的经济现象中，排除次要的、偶然的、表现事物外部特征的一切联系，深入考察和概括民生经济运动过程中本质的内在联系，揭示民生经济活动变化的一般规律。

马克思在《〈政治经济学批判〉导言》中讲到政治经济学的方法时，提出了从抽象上升到具体的方法。马克思说，具体之所以具体，因为它是许多规定的综合，因而是多样性的统一。因此它在思维中表现为综合的过程，表现为结果，而不是表现为起点。[①] 可见，应从抽象上升到具体，也就是运用从客观事物中抽象出来的概念进行判断、推理，以构成理论并应用到具体问题的分析当中，最终解决问题。

在民生经济学的研究中，必须依据研究问题的客观需要，运用科学的方法论，即历史和逻辑、分析和综合、归纳和演绎等方法。这就要求民生经济学既要采用历史的研究方法，也要采用逻辑的研究方法。历史是人类社会生活演进发展的阶段性总结。从历史的经验教训中学习，是进行社会科学研究的有效途径。在民生经济学的研究中，通过对历史上不同国家与时代环境条件下民生发展过程及其经验、教训的总结，可以为现实问题的研究提供直观的参照。但是，运用逻辑的方法进行研究也是极其有必要的，在基于可观察事实进行的合理假设下进行严格的逻辑推理，有助于我们从根本上搞清楚民生经济活动变化的核心驱动机制。历史与逻辑方法的

---

① 马克思，恩格斯. 马克思恩格斯选集：第2卷.3版.北京：人民出版社，2012：701.

有效结合是民生经济学研究的必然要求；民生经济学微观基础的研究必须坚持分析方法与综合方法的结合。单纯地运用分析而不进行综合，容易陷入简单主义窠臼，忽略客观民生经济现实中的各种情况，也难以对不同的情况进行比较，因而容易片面地看问题。单纯地进行综合而不加以分析，又容易导致庞杂的客观材料的堆砌，不能从客观经济现实的各种复杂情况中做到去粗取精、去伪存真。因此，分析法应当同综合法有机地结合在一起，两种方法反复交替，互相补充。此外，民生经济学研究必须有效结合运用归纳法或演绎法。如果只进行演绎而不进行归纳，则容易成为经验事实的堆积，难以形成理论概括和总结，甚至在混乱的事实中迷失方向，导致忽略客观经济规律的存在。如果只进行归纳而不以演绎为目标，就会脱离实际，流于空洞的逻辑推理，甚至会得出错误的结论。因此，归纳和演绎的运用，也应当依据研究的需要有机地结合起来。

第四章　见微知著：民生经济学
与西方民生理论的根本区别

第二次世界大战之后，伴随着大规模重建的展开，西方主要国家在广泛的经济建设中开始致力于不断提高本国的生产力水平，大力发展经济。与此同时，为了实现经济长期的有效、持续发展，各国政府从缓和国内阶级矛盾入手，为了维护社会的稳定团结，开始了全方位的社会福利建设，实施了一系列强有力的民生政策和社会福利政策，客观上极大地改善了工人阶级的生存状况，促进了社会稳定和经济的健康发展，维护了资本主义的统治地位。而广泛的民生福利政策的实施，在改善民众福利的同时，促进了社会消费水平的提高，拉动了经济增长，缓解了经济危机。

客观地讲，无论基于何种原因，西方早期的民生建设实践和相应的理论发展都为现代民生建设的发展积累了丰富的经验。直至今日，西方一些民生思想和民生制度的实践探索还是人类社会民生建设的宝贵资源。

其中，福利国家论作为西方国家制定民生政策的主要理论指导，往往被认为是增加社会福利、改善民生的有效工具。第二次世界大战后，西方各国纷纷通过立法的形式将一些社会民生福利开支纳入国家财政的责任覆盖范围，从而增加了全体社会成员的福利。经过战后十几年的发展，民生政策逐渐发展成为一个庞大的社会保障体系。民生政策的范围逐渐涵盖了全体社会成员的养老保障、医疗保障、住房保障、失业保险以及教育制度等方面，西方主要国家的福利开支占政府财政支出的比例达到了 1/2～2/3 的历史最高水平。

事实上，尽管西方民生理论缓和了劳资矛盾，改善和提高了劳动人民的生活水平，但在资本主义根本制度保持不变的条件下，工人在资本主义社会化大生产中的实质地位并未发生改变。从资本家来看，着力于改善和提高工人的生活水平，无非因为工人的不断再生产或永久化是资本主义生产的必不可少的条件①，也是资本生产和再生产的一个要素②。然而，在劳资双方涉及收益分配的环节，仍然存在着根本的利益冲突和对立，即使在资本主义制度下有所缓和，但是长期内仍然具有不可调和性。可以看出，出于维护资本主义生产及其制度的需要，改善和提高了劳动人民生活水平的民生制度的实质仍然是资产阶级长远维护自身利益的一种体现。

从西方政府来看，可通过财政支出等方式改善和提高工人的生活水平。以基本社会保障体系为例：一方面，政府在失业救济、失业保险以及失业培训方面的支出保障了失业的劳动者本人及其家庭成员的基本生活；在医疗保健方面的开支确保了劳动者及其未成年子女的基本健康。但是，这些民生政策在维持资本主义社会稳定的同时，更为重要的是充分保障劳动力的简单再生产。另一方面，政府出资对劳动力进行培训与再培训，虽然有利于劳动者自身素质的不断提高，进而提高劳动者的劳动生产率，但是也会使得资本家赚取更多的利润。因此，西方政府实施的这些有利于改善民生的福利政策对于确保劳动力的扩大再生产是十分有效并且有利的。

从本质上来说，西方民生制度建设是政府对社会经济活动，尤其是社会再分配进行国家干预的一种手段。客观上它既能有效调节不同社会阶层之间的收入差距，有利于缓和社会矛盾，维护社会稳定；同时，它又确保了资本主义社会劳动再生产的有效运行。从长期来看，它不仅促进了资本主义生产的良性循环，维护了资本主义生产关系的稳定运行，而且在很大程度上缓解了资本主义内在矛盾的积累过程。但是，它并没有从根本上解决资本主义社会的基本矛盾。

因此，从根本上说，西方民生理论最终是服务于资本主义剥削制度的，是长期内强化和巩固资产阶级统治地位的客观需要。以工人为核心的

---

① 马克思.资本论：第1卷.2版.北京：人民出版社，2004：659.
② 同①630.

广大人民群众在资本主义生产关系中的被奴役、被剥削的地位并没有发生根本变化，区别仅仅在于所遭受的剥削程度的相对下降。在这个意义上，西方民生理论依然属于资本主义经济理论的一部分，依然从属于资本主义生产长期利润最大化的基本生产目的，并不是服务于"人"的发展需要，或者说其价值导向并不是为"人"服务的，而仅仅是在生产极大发展的基础上，统治阶级为缓和阶级矛盾、维护长期统治，对工人的部分利益的让渡与输送。

　　显然，在根本立场和价值属性层面，中国特色社会主义民生经济学与西方民生理论有着本质区别。当然，作为一个开放、包容的社会主义民生理论体系，中国特色社会主义民生经济学并不完全排斥西方民生理论，相反，对于西方民生理论在实践中的一些比较成熟的分析方法与技术，也会积极地吸收借鉴，使之为我所用。

第五章 明辨方向：新时代我国民生建设内涵与民生经济学研究的主要任务

经过改革开放 40 多年的高速发展，我国彻底摆脱了"一穷二白"的落后面貌，社会生产力极大发展，经济总量规模已经位居世界第二。人民实际生活水平有了质的提高，社会经济发展已经实现了从"无"到"有"的跨越，正在进入从"有"到"优"转变的社会主义现代化建设的新时代。社会、经济、文化等方面的全面进步直接导致了人民需求层次的提高和民生建设的升级。新时代的民生建设已经成为我国今后较长时间内社会经济建设的核心主题。

党的十九大报告在深刻总结我国民生建设经验的基础上，从当前民生建设的实际出发，指出保障和改善民生要抓住人民最关心、最直接、最现实的利益问题，坚持在发展中补齐民生短板，坚持人人尽责、人人享有，以及坚守底线、突出重点、完善制度、引导预期，把握新时代民生建设的发展内涵。

1. 新时代民生建设的基本内涵

（1）要抓住人民最关心、最直接、最现实的利益问题。

党的十九大报告指出，保障和改善民生要抓住人民最关心最直接最现实的利益问题。[①] 全心全意为人民服务是我们党的根本宗旨，是我们党全部工作和一切行动的根本出发点、立足点和最终归宿。保障和改善民生是党的根本宗旨的重要体现。把党的根本宗旨落到实处，就是要抓住人民最关心、最直接、最现实的利益问题，民生目标必须以人民群众最急迫的利

---

① 习近平. 决胜全面建成小康社会 夺取新时代中国特色社会主义伟大胜利——在中国共产党第十九次全国代表大会上的报告. 北京：人民出版社，2017：45.

益问题为重点。进入新时代，随着社会主要矛盾的转化，人民对物质文化的需要升华为对美好生活的需要。日益增长的美好生活需要意味着人民不仅对物质生活和精神文明提出了更高的要求，而且他们的社会需要和生态需要也日益增长，民生内涵升华为包括物质需要、精神文明需要、社会需要和生态需要在内的有机整体。民生需要的丰富性不仅体现在它涉及民生领域的方方面面，而且体现在民生需要的层次性上，即人民群众对不同的民生需要诉求程度不同。一定时期人民群众最关心、最直接、最现实的利益问题是该时期民生问题的核心，是制约人民获得感和幸福感的关键，也是保障和改善民生的重点目标。与民生需要的层次性相适应，新时代民生目标的设定既要兼顾人民群众的物质需要、精神文明需要、社会需要和生态需要，又要以解决人民群众最急迫的利益问题为重点。

（2）要坚持在发展中补齐民生短板。

毫无疑问，经济发展是民生改善的物质基础，保障和改善民生必须以相应的物质基础作为保证和支撑，因此，只有通过大力发展生产力和创造更多的物质财富，才能从根本上为保障和改善民生提供条件。伴随改革开放 40 多年的快速发展，我国的生产力水平已得到大幅提升，全社会的物质丰富程度也得到了极大的提高，经济总量已经跃升至世界第二。2018年，我国人均国民总收入为 9 732 美元，达到中等收入国家的平均收入水平。与此同时，国家的财政和居民可支配收入也在稳步增长，这些都为保障和改善民生夯实了物质基础。

而大力保障和改善民生，不仅能够增加居民收入，提高居民购买力，而且会增加居民消费预期，进而刺激社会总需求扩张，推动社会生产的进一步发展。因此，抓民生也就是抓发展，二者相互促进、互为因果。坚持在发展中补齐民生短板，以发展促民生，以民生促发展，切实把推动经济社会发展和改善民生有机联系起来。

（3）要坚持底线思维。

习近平多次强调，要善于运用底线思维的方法，凡事从坏处准备，努力争取最好的结果，做到有备无患、遇事不慌，牢牢把握主动权。基于对民生发展规律的把握和现阶段国情的变化，习近平提出了守住底线、突出重点、完善制度、引导舆论的民生工作思路，意在切实兜住困难群众的生存底线，突出保障基本民生，着力完善、改善民生的制度体系，引导和促进全民共建美好家园、共享发展成果。党的十九大报告明确提出保障和改善民生必须坚守底线，尤其要守住政府的责任底线，明确政府在社会保障项目及其待遇与水平等方面承担的责任，合理区分哪些是具有底线性质的民生项目，民众能够享有何种水平的待遇，民生待遇差距究竟控制在多大范围内比较合理。在保障和改善民生事业中坚守底线是民生事业公平、可持续的根本保证，它与民生建设的目标及地位一起使得我党的民生事业发展在新时代焕发出勃勃生机与活力。

（4）坚持共建与共享的统一。

党的十九大报告强调，保证全体人民在共建共享发展中有更多获得感。① 在人民中寻找发展动力、依靠人民推动发展、使发展造福人民。共建与共享在我国的民生建设中相辅相成、不可割裂。正如习近平总书记所指出的，坚持人人尽责、人人享有。共享发展成果的前提是全体人民参与共建。全体人民都有推动经济社会进步的责任，都有为中华民族伟大复兴贡献力量的使命。人民的获得感、幸福感、安全感也在人民群众共同参与建设、共享成果的过程中逐步增强。共建的民生理念有助于最大限度地调动广大人民群众的积极性、主动性与创造性，有助于凝聚为决胜全面建成小康社会的强大合力。人民群众是我们党的力量之源，要实现全面建成小康社会的宏伟目标，开启新时代中国特色社会主义事业新征程，广大人民群众团结一致、同心共筑是胜利之本。共享的民生理念内在地体现了社会主义制度的优越性和以习近平同志为核心的党中央带领全体人民追求共同富裕的目标导向。共享的民生理念有助于克服发展不平衡不充分的问题，

使发展成果在区域间、行业间、城乡间有效流动，缓解由分配不均衡而导致贫富差距悬殊的局面。

（5）新时代衡量民生改善的标尺——获得感、幸福感、安全感。

在党的十九大报告中，习近平总书记再次强调了以人民为中心的发展思想，将我国改革目的和发展归宿首次提高到人民的获得感、幸福感、安全感的高度予以强调。这进一步体现了党在新时代领导中国特色社会主义建设伟大实践中对民生建设的充分重视。而能否提高人民的获得感、幸福感和安全感已经成为衡量民生改善的新的基本标尺。

新时代中国特色社会主义的民生建设坚持以人民为中心的根本立场，而重视和关注人民群众的获得感、幸福感和安全感正是对这一根本立场的具体体现，三者之间既相互联系，又相互影响渗透。获得感是美好生活的基础，现在主要指人民群众共享改革成果的感受。发展的最终目的是在综合提高人民生活水平的基础上增强人民的获得感。从发展是硬道理到科学发展观，再到创新、协调、绿色、开放、共享的发展理念，从强调国内生产总值（GDP）到绿色 GDP，再到重视人与自然和谐发展，从看重"金山银山"到"绿水青山就是金山银山"，这些理念体现了我们党对发展内涵理解的深化。获得感是对收入水平和福利提高的切身感受。获得感不仅包括物质层面的感受，而且包括精神层面的感受。获得感的实现依赖于改革发展成果惠及全体人民。

幸福感可以分为主观幸福感和心理幸福感。对幸福的追求是人类普遍的愿望，主观幸福感被认为是与快乐感同义的感受；心理幸福感则是个体通过对自我生存质量进行综合评价，产生的比较稳定的认知和情感体验。显然，人民幸福感提高的物质基础就是获得感即收入与福利水平的极大改善。但幸福感还依赖于人民的个人价值和个人尊严的实现，本质上取决于社会的公平正义供给。

安全感体现了人民对稳定生活的渴望和对安全生活的心理需求，是主观个体对外界风险性预期和自身应对危机能力自信度的综合反映。安全是美好生活的保障，安全感最初表现为人身、健康、财产、职业、家庭等方面安全的心理感受。随着物质生活水平的提高，人民对社会生活秩序、社会保障体系、社会公平正义、国家安全等方面有了更全面的期待和要求。

由此可见，获得感、幸福感、安全感三者是一个有机的整体。首先，增进人民的获得感是提升人民幸福感和安全感的基础。只有不断提高人民的收入水平和社会福利状况，才能不断夯实美好生活的物质基础，进一步提升人民的幸福感和安全感。反之，如果改革的成果不能惠及全体人民，人民群众的物质文化生活水平不能同步提高，则必然会消解人民的幸福感和安全感。其次，增进人民的幸福感是提升人民获得感和安全感的核心和目的。一方面，增进人民的幸福感在一定程度上有助于提升获得感和安全感，理性的幸福观念可以帮助人们正确地看待自己的收益和所得，形成一个合理的预期。另一方面，获得感和安全感的提升反过来增进了人民的幸福感。人民的幸福感是建立在丰富的物质生活资料和安定的社会秩序之上的，只有人民从改革发展中得到切实的利益与安全保障，才能奠定幸福感提升的基础。最后，系统提高人民的安全感是提升人民获得感和幸福感的基本保障。只有在一个相对稳定、有序且合理的安全环境下，社会个体进行价值创造的潜力才能充分发挥，从而创造更多的物质财富，增强财富获得感和生活幸福感。总之，人民的获得感、幸福感、安全感三者相互联系、相互渗透。我国在今后的改革实践中，要正确处理好获得感、幸福感和安全感之间的关系，使其发挥正向互促作用，推动全面建成小康社会，实现中华民族伟大复兴的中国梦。[①]

（6）新时代民生建设的理念指引。

在以新理念为指导的新发展中保障和改善民生。我国民生问题的实质是发展中的问题，必须以发展为基础，在发展中解决，使民生改善与经济发展相得益彰。不平衡不充分发展是我国民生水平提高的主要制约因素，

---

① 卢黎歌，换晓明. 对标"民生三感"推进新时代民生建设. 国家治理，2017（47）：32 - 35.

因此民生条件的改善根本上要通过平衡且充分的发展来实现，即：以更充分的发展为民生资源的充分供给提供有力的支撑；以更平衡的发展为民生资源的平衡分布打下坚实的基础；全体人民共享发展的成果，实现共同富裕的民生目标。这意味着在新时代，保障和改善民生必须在以创新、协调、绿色、开放、共享的发展理念为指导的新发展中进行——在以新理念为指导的新发展中保障和改善民生。

以创新、开放发展理念为指导，转换发展动力，抓住发展机遇，解决发展不充分问题，为民生资源的充分供给提供有力支撑。当前，我国经济发展进入新常态。从内部看，生产要素供给的低成本优势正在丧失，人口红利日渐式微，资源环境已无法承受旧的粗放式增长，经济发展动力若不及时转换到创新上，就会跌入中等收入陷阱。从外部看，新一轮产业革命正在兴起，全球产业竞争格局面临重大调整，发达国家纷纷实行再工业化战略，发展中国家积极参与全球产业再分工，若关起门来搞建设，就会错过产业转型升级和跨越式发展的历史机遇。必须以创新发展理念为指导，转换发展动力，以开放发展理念为指导抓住发展机遇。只有这样，才能筑牢保障和改善民生的基础，才能为提高整体民生水平提供更多、更优质的物质条件。以创新发展理念为指导，就要求加大研发投入，加强对前瞻性基础研究、颠覆性技术创新研究的支持力度；深化科技体制改革，促进科技与经济社会融合发展；健全人才评价和激励机制，培养造就一批创新人才和团队。以开放发展理念为指导，就要求促进内陆沿边地区开放，完善对外开放战略布局；深化行政管理体制改革，营造法制化、国际化、便利化的营商环境；推进"一带一路"建设，构筑对外开放多元化格局。

以协调、绿色发展理念为指导，促进区域城乡间协调发展，提高人与自然的和谐水平，解决发展不平衡的问题，为民生资源的平衡分布打下坚实的基础。从发展历程来看，我国属于后发型发展国家，在发展初期更多地强调发展的效率问题，在发展战略布局上优先考虑东部沿海地区，重城市轻农村，这就拉大了东西部、城乡间发展的差距，民生资源在区域、城乡间的分布有了较大差别。从发展方式来看，在发展初期，我国整体生产力水平与发达国家还有一定距离，利用高能耗投入拉动经济增长，这就使得"钱袋子"鼓了而环境被破坏了，人民群众的物质需要较好地得到了满足而生态需要更加迫切了。必须以协调发展理念为指导，促进区域、城乡间均衡发展；以绿色发展理念为指导，提高人与自然的和谐水平。只有这样，民生资源在分布上才会更平衡，无论东西与南北、城市与乡村，人民群众才能在拥有公平的教育机会、完善的医疗保障的同时享受优质的生态产品。以协调发展理念为指导，就要求深入实施西部大开发、振兴东北老工业基地、中部地区崛起战略；坚持工业反哺农业、城市支持农村，推动城乡基本公共服务均等化。以绿色发展理念为指导，就要求大力倡导绿色生产和绿色消费，健全绿色低碳循环发展经济体系；着力解决突出的环境问题，打赢蓝天、碧水、净土保卫战；加大对生态系统的保护力度，建立适宜的生态补偿机制。

以共享发展理念为指导，坚持发展为了人民、发展依靠人民、发展成果由人民共享，促进民生资源在各个阶层间均衡配置，实现全体人民共同富裕的新时代民生目标。改革开放后，我国确立了在共同富裕的大原则下，让一部分人、一部分地区先富起来，通过先富带动后富，逐步实现全体人民共同富裕的发展策略。经过40多年的改革开放，一部分人已经富起来了，与此同时，还有千万人口挣扎在贫困边缘，居民收入基尼系数超过国际公认警戒线水平，先富带动后富的任务很艰巨。必须以共享发展理念为指导，坚持共建共享，按照人人参与、人人尽力、人人享有的要求，促进民生资源在各个阶层群体间均衡配置。只有这样，到2020年全面建成人民生活更加殷实的小康社会，到2035年实现全体人民共同富裕迈出坚实步伐，以及到21世纪中叶全体人民共同富裕基本实现的民生目标才能实现。以共享发展理念为指导，就要求从解决人民最关心、最直接、最现实的利益问题入手，增加公共服务供给；实施精准扶贫、精准脱贫，打赢脱贫攻坚战；初次分配更加注重公平，加大再分配调节力度，缩小收入差距；厘清政府和市场的边界，建立全覆盖、更公平、可持续的社会保障制度。

2. 新时代民生经济学研究的关键领域——教育、医疗和住房

随着我国社会经济的发展，人民生活水平得以提高，已经基本达到小康水平。目前就人民实际生活中的主要困难，尤其是相对于中低收入群体的主要生活负担而言，全面建成小康社会的主要短板集中在教育、医疗和住房三个领域，这三个领域往往被人们称为迈入 21 世纪的"新三座大山"。

教育，尤其是高等教育的市场化改革尽管取得了巨大的成绩，极大地推动了我国高等教育的发展，但其产生了一个极为严重的后果，即造成了教育机会相对贫困群体的不公平。目前，高等教育阶段相对较高的费用支出是我国低收入群体，尤其是农村地区的贫困家庭难以承受的。由此导致的"寒门难出贵子"的机会不公平不仅阻塞了社会阶层的流动，使得社会两极分化趋势出现代际传承的趋势，而且将极大地危害社会稳定。高等教育资源的公平分配从长期看将保证高等教育的健康发展，从而成为塑造我国核心竞争力不可替代的重要支撑，关系国家和民族的长远发展，兹事体大。因此，无论从哪个方面来说，彻底解决贫困地区和贫困群体的高等教育公平问题都是新时代民生经济学亟须关注和解决的重大命题。

除了高等教育，医疗也成为低收入群体尤其是农村地区低收入贫困群体的主要生活负担。由于历史因素的长期积累，我国医疗资源的分布极不均衡，且医疗保障体系的长期滞后使得广大农村地区长期处于国家医疗保障体系之外，尽管随着新型农村合作医疗（简称"新农合"）覆盖范围的大幅拓展，这种局面已经得到了很大的改善，但由于保障范围相对有限，"因病致贫""因病返贫"现象在我国城乡低收入群体中依然非常普遍。目前，我国医疗保障体系这一短板已经成为制约贫困人口彻底脱贫的主要障碍因素之一。因此，结合历史和现实，如何通过制度安排和资金筹集来保障低收入群体的公平医疗服务供给，已经成为我国全面建成小康社会的重要内容。系统全面地对这一问题进行深入研究是时代赋予民生经济学的重大课题。

此外，自 20 世纪 90 年代中期开启的城镇住房改革促进了我国城市房地产市场的发育。经过 20 多年的发展，我国城市商品房的市场价格，尤其是北京、上海、广州、深圳（简称"北、上、广、深"）等一线城市的房产价格已经远远高于当地城市居民家庭平均可支配收入水平。目前，住房问题已经成为我国城市家庭尤其是低收入家庭最主要的支出负担，成为影响城市居民生活获得感、幸福感、安全感的重要民生问题。因此，在社会主义市场经济条件下，如何综合统筹市场和政府职能，切实保障广大人民群众尤其是低收入群体的住房需要，已经成为新时代民生经济学亟须研究和解决的关键问题。

3. 新时代民生经济学研究的核心主题——民生型政府建设

新时代民生建设的目标系统而全面，任务繁重而艰巨。通过对新时代民生建设内容、标准、理念以及方法等角度的全面观察，不难发现，我国新时代民生建设是以政府主导为核心特征的民生经济发展，本质上是由我国人民当家做主的社会主义性质所决定的，是社会主义国家职能在民生领域的集中体现。因此，我国新时代民生建设的实质涉及我国民生型政府的建设。

民生型政府是坚持以人民为中心的执政理念，将坚持在发展中保障和改善民生作为制定政策的出发点，将满足人民的美好生活需要作为核心职能，将维护社会公平正义作为价值目标，将实现人的全面发展作为最终归宿的政府。党和政府始终坚持以人民为中心的发展思想，着力保障和改善民生，党的十九大报告明确提出，中国共产党必须始终把人民利益摆在至高无上的地位，永远把人民对美好生活的向往作为奋斗目标。客观地说，我国民生型政府建设在短短几十年内已取得了很大成就，实施多年的九年义务教育体制日益完善，覆盖城乡的社会保障体系初步建立，中国城乡居民在教育、医疗等方面的生活压力有所缓解，生活状况得到持续改善。但是，我们应该看到，我国政府在民生建设方面还存在一些问题，制约着民生型政府的形成与发展。

政府的民生财政支出不足，没有建立起以民生指标为核心的政府政绩考评体系。我国已经实施了多次政府职能及机构的改革调整，但在计划经济时期，由于实施经济赶超战略，直接投资经济建设一直是政府的主要工作，特别是囿于当时体制和财政收入水平的刚性约束，政府在公共教育、社会保障、就业服务、公共卫生以及贫困群体帮扶等公共服务方面长期投入不足。改革开放以后，尤其在社会主义市场经济条件下，政府公共服务职能的"缺位"以及政府与市场、政府与社会关系中的"错位"现象，已经成为制约我国社会经济进一步健康发展的重要短板。

尽管近年来我国民生领域的财政投入力度在不断加大，政府支出依旧偏重于经济建设的局面并未出现大的改观，与此同时，用于民生支出的部分存在较大不足。应该看到政绩考核是政府决策方向的指挥棒，如果政绩考核标准与改善民生的要求不一致，必然导致政府在实际决策中忽视改善民生的问题。适合我国国情的具有中国特色的民生绩效评价体系还远未建立起来，这使建立政府民生公共服务投入的绩效评价体系显得尤为迫切，以改变过多倾向于经济发展指标、形象工程、政绩工程的政绩考核标准。可以说，我国现行的政府绩效评价体系存在的上述问题，已经成为制约民生型政府建设的关键。

政府民生保障方面法定职能的不明确导致民生利益长期被忽视。这是因为，衍生于原有计划体制的政府机构设置虽然经过多次改革，但权责边界仍不清晰，不同部门之间职责交叉、权责脱节的现象仍然存在，民生建设效率不高的问题仍然比较突出。在现有机制下，由于缺乏多元利益诉求的法定参与渠道，由政府部门主导制定的公共政策有时会把部门利益凌驾到公众利益之上，不可避免地出现决策周期长、决策效率低等问题，这势必使服务于公众利益的民生建设效果大打折扣。此外，有些公职人员民生服务意识不够强，素质有待提升。与此同时，还存在着对政府权力监管不足、民生服务监督乏力的问题，外加民生领域的腐败和庸政时有出现，使得政府体制内监督不完备、体制外监督机制尚待成熟的问题比较突出，比如人民政协监督、社会团体监督、新闻媒体监督、网络舆论监督、公民个人监督尚待完善，其有效性尚须加强。这些问题在很大程度上弱化了政府民生建设的实际效果。

此外，还存在着政府价值目标取向的错位，尚未较好地做到维护社会公平正义，这就导致一些社会群体弱势化趋向明显，贫富差距不断拉大，社会保障机制缺失，部分人民群众成为社会改革成本的主要承担者和改革红利的最少获得者。特别是改革开放以后，教育、医疗和住房的"过度市场化"破坏了社会主义公平正义原则，加大了贫富差距，甚至引发了一定范围内的社会矛盾。虽然近年来，我国政府开始着手解决教育、医疗和住房的"过度市场化"问题，如加大保障性住房供给以及提出"房住不炒"定位等举措，但是前述问题依然在一定范围、一定程度上存在，如果不着力解决，势必影响政府改善民生的成效，进而阻碍我国构建民生型政府的进程。

但是要看到，经过40多年的改革开放，随着经济的高速发展，我国工业化发展水平以及综合国力已经今非昔比。作为全球第二大经济体，我国财政收入总量在2014年已经超过20万亿元。我们现在完全有能力进行全方位的统筹安排，通过系统全面的制度创新，结合社会主义市场经济体制建设和行政管理体制改革的深入，逐步完善我国的财政民生性支出制度，建设民生型政府，在更高的水平上逐步改善全国人民尤其是弱势群体的基本生活，使全国人民共享改革、发展成果，实现社会主义现代化建设的最终目标。

因此，在马克思主义政治经济学的基本理论体系内，如何立足于我国的现实基础，以党中央新时代民生建设目标为导向，在党的坚强领导下，通过制度创新完成民生型政府的制度转型，已经成为当前中国特色社会主义民生经济学的核心研究课题。

第二篇

"让全体人民学有所教"的民生经济学

教育是国之大计、党之大计，教育强，则国家强。"国势之强由于人，人材之成出于学"，要培养社会发展、知识积累、文化传承、国家存续、制度运行所需要的人，使人人成才，人尽其才，必须通过教育来完成。教育的发展有助于规范劳动力的行为，提高劳动者的素质，改善劳动力的配置结构。如果没有教育过程的培养和帮助，任何劳动力流动或转移都只会是一股"盲流"，不仅不会改善劳动力配置结构和促进经济发展，而且会在一定程度上影响社会的安定与和谐。在社会主义现代化建设和中华民族伟大复兴的历史进程中，教育对于实现新时代民生目标无疑具有先导性、基础性、全局性的作用。2014年9月，习近平总书记提出，"两个一百年"奋斗目标的实现、中华民族伟大复兴中国梦的实现，归根到底靠人才、靠教育。[①] 2016年9月，习近平总书记指出，时代越是向前，知识和人才的重要性就愈发突出，教育的地位和作用就愈发凸显。[②] 在党的十九大报告中，习近平总书记强调，优先发展教育事业。建设教育强国是中华民族伟大复兴的基础工程，必须把教育事业放在优先位置，深化教育改革，加快教育现代化，办好人民满意的教育。[③] 在决胜全面建成小康社会这一关键历史时期，人才越来越成为推动经济社会发展的战略性资源。那么，如何理解教育在当代的基础性、先导性、全局性地位和作用呢？

第一，社会性质与社会关系决定了教育的根本目标。马克思主义从社会关系决定教育的性质出发，第一次科学地阐明了作为社会上层建筑的教育的本质、作用，以及教育的历史性、阶级性等根本问题。《共产党宣言》在批判资产阶级的伪善和对共产党人的攻击时指出："而你们的教育不也是由社会决定的吗？不也是由你们进行教育时所处的那种社会关系决定的吗？不也是由社会通过学校等等进行的直接的或间接的干涉决定的吗？共

---

① 习近平. 做党和人民满意的好老师——同北京师范大学师生代表座谈时的讲话. 北京：人民日报，2014-09-10.
② 习近平：全面贯彻落实党的教育方针 努力把我国基础教育越办越好. 新华网，2016-09-09.
③ 习近平. 决胜全面建成小康社会 夺取新时代中国特色社会主义伟大胜利——在中国共产党第十九次全国代表大会上的报告. 北京：人民出版社，2017：45.

产党人并没有发明社会对教育的作用；他们仅仅是要改变这种作用的性质，要使教育摆脱统治阶级的影响。"① 这段话深刻地表明，在阶级社会中，教育在本质上是阶级性的，教育从来不是超阶级的。毛泽东指出，一定的文化（作为观念形态的文化）是一定社会的政治和经济的反映，又给予伟大影响和作用于一定社会的政治和经济。教育与社会生活具有广泛联系——教育要体现生产力发展的前进方向，要体现对文化的继承与发展，要体现对人的发展的关怀。我国是工人阶级领导的、以工农联盟为基础的人民民主专政的社会主义国家。我国的教育必须是服务全体人民的公平的教育，必须是促进人自由全面发展的有关怀的教育，必须是促进先进生产力的发展、符合先进文化的前进方向、符合最广大人民根本利益的优质的教育。正如习近平总书记所说，我们的教育必须把培养社会主义建设者和接班人作为根本任务，培养一代又一代拥护中国共产党领导和我国社会主义制度、立志为中国特色社会主义奋斗终身的有用人才。这是教育工作的根本任务，也是教育现代化的方向目标。

第二，促进人的全面发展，是社会主义教育的重要特征。人具有自然属性和社会属性两个方面，分别体现着人与自然、人与社会的关系。马克思对人的本质有过深刻论述，他在《关于费尔巴哈的提纲》中指出，人的本质不是单个人所固有的抽象物，在其现实性上，它是一切社会关系的总和。② 人的本质指的是人的社会性，人的发展必然受到社会历史发展的制约。在资本主义生产条件下，劳动者是机器的附属品，社会在阶级对立的范围内发展。一方面，少数人的发展建立在牺牲大多数人发展的前提下，广大工人阶级被排斥于发展之外；另一方面，剥削阶级的发展也是局限的、片面的，充斥着"非人的东西"。资本主义的教育从本质上来说就是为此服务的工具。社会主义的教育则致力于人的全面发展，致力于促进每一个人和全社会的解放。这不是抽象的，而是具体的。促进人的全面发

① 马克思，恩格斯. 马克思恩格斯选集：第1卷.3版. 北京：人民出版社，2012：418.
② 马克思，恩格斯. 马克思恩格斯选集：第1卷.3版. 北京：人民出版社，2012：135.

展，意味着教育不是单一的，而是全方位、多维度的，涉及性质宗旨、体制机制、目标成效、服务社会发展等方方面面；促进每一个人的解放，意味着针对不同层次和不同类型的教育对象有各自不同的要求，应根据各级各类教育的特点具体实施，扬其所长，补其所短，因材施教。我国教育体系的安排，教育体制改革发展中的理念、思想和观点，充分体现了社会主义教育的这一重要特征。

第三，教育是关于人民切身利益的重大民生问题。看待教育问题，必须坚持人民至上的价值导向，坚定人民立场，坚守人民情怀，坚持在发展中改善民生，人人参与、人人尽力、人人享有，以人民为中心，发展成果由人民共享，把维护和发展人民利益作为研究与分析问题的价值判断的唯一出发点；必须坚持面向时代的发展导向，明确发展教育事业不能脱离时代，研究教育问题要回应时代问题，参照现实处境，要将教育建立在实践的基础上，把通过教育切实促进民生福祉、改善普惠性和民众的受益程度作为研究的直接目标，在资源分配、教育体制、教学方法、考试招生、就业等方面进行深入的研究，予以明确的回应，想人民所想、急人民所急。

第一章　我国教育事业改革：成就与问题

一、突飞猛进：教育事业大飞跃

自中华人民共和国成立以来，全党和全社会不懈努力、共同奋斗，我国的教育事业虽然历经了艰难曲折，但取得了举世瞩目的成就，目前我国已经全面普及义务教育，基本扫除了文盲现象，高等教育也实现了跨越式发展，国民素质有了质的提升，教育事业的巨大成就为经济、政治、文化、社会提供了保障。

我国学前教育飞速发展。1949—1956 年，我国学前教育机构发展迅速。1956 年，全国幼儿园数为 1949 年的 14 倍，入园幼儿数为 1949 年的 8.3 倍，办园形式更加多样化。[①] 近年来，随着《国家中长期教育改革和发展规划纲要（2010—2020 年)》《关于当前发展学前教育的若干意见》等国家重大政策的颁布以及第三期学前教育行动计划的实施，民办学前教育迅猛发展，目前已经成为学前教育和民办教育事业不可忽视的内容。2010 年，全国学前教育毛入园率从 50.9% 提高到 77.4%。为了应对生育政策放开后的入学潮，我国教育部门采取政府购买服务的方式，引导和鼓励社会力量的加入，举办普惠性幼儿园，缓解公立幼儿园的压力。2017 年，全国幼儿园共有 25.5 万所，在园幼儿达到 4 600 万人，学前三年毛入园率为 79.6%，比 2012 年提高 15.1 个百分点，可见普惠性幼儿园有效缓解了"入园难"的问题。2018 年，《关于学前教育深化改革规范发展的

---

① 袁秋红. 我国民办学前教育十年发展态势、存在问题及政策建议. 教育科学，2017（1）：10 - 17.

若干意见》发布，该政策对学前教育的规定做了进一步强化，包括完善监管体系、规范办园行为、提高办园质量等。2020 年，学前毛入园率达到85.2%，普惠性幼儿园覆盖率达到 84.74%，基本建成广覆盖、保基本、有质量的学前教育公共服务体系，有效解决了"入园难""入园贵"等问题。

我国义务教育发展水平显著提高。2020 年，我国小学净入学率已达到 99.96%，初中毛入学率为 102.5%，目前已经达到发达国家中小学入学率的平均水平。此外，伴随着"免费师范生"等一系列教育普惠性政策的顺利实施，广大教师的受教育水平大幅提高。2019 年，全国小学与初中阶段专任教师学历合格率分别为 99.97%、99.88%。与此同时，我国中小学校的数量和规模都在不断扩大。2020 年，全国约有小学 15.80 万所，在校生约为 10 725 万人；初中学校约有 5.28 万所，在校生约为4 912.09万人。目前，我国义务教育全面提高，基本实现均衡发展和城乡义务教育一体化。通过全国上下的努力，我国义务教育的均衡发展已经基本实现，义务教育的发展水平也在这一时期完成了跨越。

教育扶贫取得显著成效。《国家中长期教育改革和发展规划纲要（2010—2020 年）》提出了促进教育公平的根本措施是合理配置教育资源。例如，优先向农村地区、边远贫困地区和民族地区倾斜资源，加快缩小教育差距，具体举措包括设立支持地方高等教育专项资金，实施中西部高等教育振兴计划，实施特岗计划，鼓励高校毕业生到边远地区工作等。[①]2012 年《关于实施面向贫困地区定向招生专项计划的通知》明确要求把集中连片特殊困难地区作为主战场，提高其发展能力，缩小发展差距，加大高校对农村特别是贫困地区的定向招生力度。随后，一系列扶贫政策的出台大幅提高了我国贫困地区的办学条件。目前，我国农村地区义务教育基本实现供餐学生全覆盖、供餐食谱科学化、供餐方式多样化。此外，农

---

① 袁利平，丁雅施. 我国教育扶贫政策的演进逻辑及未来展望——基于历史制度主义的视角. 湖南师范大学教育科学学报，2019（4）：74－82.

村地区学校的基础设施也得到了明显改善，陆续实现了农村初中校舍改造、农村寄宿制学校建设、教学点数字教育资源的全覆盖。

进入 21 世纪以来，我国高等教育实现了跨越式发展。《2018 年全国教育事业发展统计公报》显示，2018 年，全国各类高等教育在学总规模达到 3 833 万人，高等教育毛入学率达到 48.1%，高于全球中高收入国家平均水平。全国共有普通高等学校 2 663 所（含独立学院 265 所），比 2017 年增加 32 所，增长 1.22%。其中，本科院校为 1 245 所，比 2017 年增加 2 所；高职（专科）院校为 1 418 所，比 2017 年增加 30 所。全国共有成人高等学校 277 所，比 2017 年减少 5 所；共有研究生培养机构 815 个，其中，普通高校为 580 个，科研机构为 235 个。1949 年以来，为了促进高等教育的多元发展，党和政府对原有大学所设学科的不合理之处进行了结构调整和分类指导。1956 年前后，我国对高等院校进行了院系调整，对文理专业进行了更加细致的区分，加强了工、农、林、医以及教育等学科专业，改变了过去重文轻理的专业结构，进一步适应国家经济建设的需要。[1] 此外，我国高等职业教育的发展始于 20 世纪 80 年代。1982 年，第五届全国人民代表大会第五次会议首次以国家政策的形式提出大力发展高职教育，提出试办一批专业大学。1985 年，《关于教育体制改革的决定》明确指出，积极发展高等职业技术院校。此后，国家发布了一系列文件，以规范高职教育发展。至 2018 年，我国的高职院校已经达到 1 400 所，高职学生超过 1 100 万人，占高校在校学生总数的约 30%。[2] 此外，我国高等教育质量也大幅提升。一批批重点高校和重点学科建设通过"211 工程""985 工程""特色重点学科项目""世界一流大学和一流学科建设"等重点项目取得了重大进展，带动了我国高等教育综合实力和国际竞争力的提升。改革开放以来，党和政府把扩大教育对外开放、加强国际合作与

---

① 刘宝存，肖军. 改革开放 40 年高等教育的成就与展望. 河北师范大学学报（教育科学版），2018（5）：5-12.

② 王弟海. 中国教育发展 70 年：基于宏观数据的分析. 财经智库，2019（5）.

交流作为国家教育战略的关键环节，不断推进教育国际合作全方位、多领域、高层次发展。通过积极实现人才与教育模式的"引进来""走出去"，目前我国高等教育基本实现了国内教育与国际教育的接轨。

二、黄金有疵：当前教育领域存在的主要问题

不可否认，中国教育领域依然存在一些弊端，随着我国教育的不断发展，越来越多的人意识到教育是社会阶层跃升的主要途径。可是很多人不得不面对我国教育资源分配不平衡、劳动力供需矛盾凸显、贫富差距过大、城乡教育二元结构尚未消除等问题，这也是我国教育改革不得不面对的困境。清醒认识我国教育存在的问题对教育改革、建设新时代高质量的教育具有重要的意义。

首先，职业教育是教育发展的"短板"。我国虽然从计划经济体制过渡为社会主义市场经济体制，可是职业技术教育一直没有受到应有的重视。职业教育最重要的是职业能力的培养，职业能力的培养应建立在真实职业岗位工作任务完成、工作问题解决的基础之上，课程的主体应当围绕企业需求定位，能力培养和教学离不开企业岗位这一真实的教学场景，即专业的课程教学应当在企业岗位上完成。[①] 因此，职业学校的专业教育应该与企业深度融合，与企业共同进行人才培养。课程培养方案中应注重实操，对标企业需求，顺应行业发展。可是对于深度融合的企校合作现代学徒制模式，多数企业并不感兴趣，主要原因是企业办学的经济成本太高。建立现代学徒制模式，企业需要建立专门的教学机构，这将增加企业的经营成本、管理成本与投入。这也是企业积极性不高的重要原因。目前，我国职业技术教育培养目标和优惠政策的顶层设计不足，工人收入处于相对劣势地位，社会上受到"传统文化"（即重学术轻技术）和"学而优则仕"

---

① 林克松，石伟平. 改革语境下的职业教育研究——近年中国职业教育研究前沿与热点问题分析. 教育研究，2015（5）：89-97.

等思想的影响，我国职业教育依然有待改革和提振。

其次，城乡教育发展不均衡。目前，不论是基础教育还是职业教育，都出现了严重的城乡不均衡现象。在农村基础教育治理的实践过程中，出现了政府包揽一切、校长听从指挥、社会组织无从下手、家长漠不关心的局面。不仅如此，在国家大力提倡教育扶贫、乡村振兴战略的背景下，一些地方在农村基础教育治理过程中出现了"扶贫不扶志"的现象。农村基础教育的建设重点放在硬件设施的建设上，但在硬件设施有了一定保障之后，后续的软件及师资配置并未跟进，过度注重利用扶贫资源进行教育设施的更新、扩张，导致一些教育资源的闲置与浪费。① 农村基础教育建设过程中"重硬轻软"这一现象直接导致农村基础教育的物质环境得到改善，但是没有真正激发农村人民通过努力改变生活条件、创设优质学前教育资源、建设美好农村的愿景。

再次，校际的发展也不均衡。由于基础教育的成效外溢性过强，地方政府在基础教育建设过程中，往往大力投资建设重点小学、重点中学，以带动教育产业的发展，致使教育资源分配严重不均。改革开放以来，各地政府对重点学校投入大量资金，使择校成为制约教育公平发展的重要问题。20 世纪 80 年代至 90 年代初，为了减轻学生因小升初考试竞争而带来的课业负担，推进素质教育，教育部曾明令取消小学升初中的考试，但这并不能阻止重点学校对学生的选拔。它们将各种竞赛成绩变成衡量学生学习能力的重要指标，为了在竞赛中脱颖而出，很多奥数班、英语班等补课班应运而生，不仅没有减轻学生的负担，反而增加了家庭的教育费用，使得考试的竞争更加激烈。此外，由于重点学校的历史由来已久，并且在社会上已经得到了广泛的认可，这些重点学校依然是很多学生家长梦寐以求的"造梦工厂"，这些学校通过大量地吸收优质师源与生源，严重地破坏了地方教育生态。

----

① 孟照海. 教育扶贫政策的理论依据及实现条件：国际经验与本土思考. 教育研究，2016 (11)：47-53.

最后，人才培养模式单一。近年来，随着市场经济的发展和教育体制的深入改革，社会对人才的需求变得更加多样化，人才培养模式僵化的问题逐渐成为中国教育的重要议题。时至今日，人才培养模式的改革与创新依然是高等教育发展亟待突破的环节。目前我国教育对学生素质的评价以考试为主，"考试搏未来"几乎贯穿所有学生的全部学习历程。教育部曾经多次强调要制定全面的评价制度，对学生进行多元化考核。可是由于学生的身心素质、社交能力、自我管理能力等都没有刚性的指标，所以对学生成绩的考核依然是唯一的评价标准。目前，新的评价考试方案即将出台，提出小学升初中一律不考试，中学要实施学业水平测试和综合素质评价，并以此作为高考升学的重要依据。但如何既能兼顾公平公正，又能真正推动评价体系的多元化，有待进一步认真细致研究。

总的来说，教育发展依然存在许多问题。这些问题的存在严重影响了我国教育的均衡发展，对"两个一百年"奋斗目标的实现提出了巨大的挑战。因此，本篇在第二章、第三章、第四章主要探讨人人皆成才的教育公平问题。第二章将从细节出发，讨论近年来我国教育均衡发展的政策走向，分析影响教育均衡发展的困境。我国教育发展的出路在于改革，只有聚全社会之力，用实际行动支持教育改革，才能合力走出教育困境。第三章、第四章、第五章将以"教育扶贫""民办公助""免费师范生""划片入学"这四类改革成果为出发点，探讨近年来我国教育改革对实现优质资源合理配置以及教育均衡发展的重要影响。此外，制定"分门别类，因材施教"的改革方向与教育政策是实现"人人皆成才"的重要保障。第六章、第七章将主要以"因材施教"问题为出发点，以"分级教育"（第六章）和"走班制"（第七章）的相关改革成果为中心，探讨教育改革如何实现教育多元化。然而，在改革不断追求教育公平性、多元化的同时，也衍生出一些正在反噬教育发展的问题。因此，第八章以"影子教育"为例，讨论我国教育在改革过程中面临的困境。第九章将以就业问题为出发点，探讨高校毕业生的就业选择问题。第十章将指出，"人人成才，因材施教"的最终目的是"人尽其才"。

　　本篇从办学性质、教育扶贫、优质教育资源供给、分级教育、教学体制、影子教育、就业问题等多个热点问题出发，对我国的教育体制改革进行全方位的刻画，对人民关心的若干现实问题予以剖析和回应，为进一步深化教育体制改革提供镜鉴。

第二章 迈向有质量的
教育公平：教育均衡

教育公平是我国当前阶段民生建设的重要内容，根据 2020 年《政府工作报告》，推动教育公平发展和质量提升是保障和改善民生、推动社会事业改革发展的重要工作。2020 年作为全面决胜脱贫攻坚的收官之年，教育扶贫更是不能缺席。习近平总书记在陕西考察时强调，要推进城乡义务教育一体化发展，缩小城乡教育资源差距，促进教育公平，切断贫困代际传递。① 而教育扶贫对切断贫困代际传递、增加就业就学而言，无疑是一个重要抓手。本章主要围绕教育公平的社会重要性、教育均衡发展的政策走向、区域与城乡教育均衡发展的当前困境以及发展有质量的教育公平四个方面阐释教育公平在当代的具体实现。

一、以人为本：教育公平是社会基础性公平

教育公平是社会公平的重要基础，实现教育公平也是马克思主义教育思想的重要组成部分。马克思和恩格斯从人的解放和自由全面发展的高度，探讨教育公平的重大意义。马克思指出，最先进的工人完全了解，他们阶级的未来，从而也是人类的未来，完全取决于正在成长的工人一代的教育。② 在马克思和恩格斯看来，工人阶级要改变奴役人、剥夺人的雇佣劳动制，必须以无产者提升阶级觉悟、充分发挥历史主体性为前提，而教育在唤起无产者的阶级意识、激发其历史主体性等方面发挥着巨大的推动

① 常钦 . 富了脑袋，鼓了口袋 . 人民网，2020 - 05 - 08.
② 马克思，恩格斯 . 马克思恩格斯全集：第 16 卷 . 北京：人民出版社，1964：217.

作用。自中华人民共和国成立以来，中国共产党始终致力于推动教育公平。毛泽东同志强调，教育要为工农服务，教育向工农开门，坚持面向广大工农群众开展教育的思想。邓小平同志指出，办教育要两条腿走路，既注意普及，又注意提高。① 在这一思想的指导下，我国积极开展了普及农村小学教育和实施九年制义务教育工作。党的十八大以来，习近平总书记多次强调要优先发展教育事业，要努力让每个孩子享有公平而有质量的教育。

教育公平是现代公民的一项基本权利，这意味着具有同等公民资格的人的受教育权利是均等的。早在几百年前，空想社会主义者欧文便着手兴办学校，为包括幼儿到成年人在内的所有工人及子女提供教育，教授学生所缺乏的最有用的实际知识，尤其是培养孩子成为理性的人的适当办法。② 如今，这项权利已经被明确地写入现代国家法律之中，成为一项受到法律确认和保护的公民基本权利。

教育公平也是人的发展的起点公平，这是由教育在人的发展中发挥的主导作用决定的。恩格斯说过，一切人，作为人来说，都有某些共同点，在这些共同点所及的范围内，他们是平等的。③ 人的发展是一个复杂的过程，天性遗传、社会和教育环境，以及个体努力是影响个人的重要因素，可以说教育在很大程度上决定了人们的未来。而教育公平为个人发展提供了一个平等的起点。

二、层层深入：教育均衡政策变革时

《义务教育法》规定，国务院和县级以上地方人民政府应当合理配置教育资源，促进义务教育均衡发展。这是我国首次以法律形式规定"促进

---

① 邓小平．邓小平文选：第 2 卷．2 版．北京：人民出版社，1994：40.
② 罗伯特·欧文．欧文选集：第 1 卷．北京：商务印书馆，1979：53.
③ 马克思，恩格斯．马克思恩格斯文集：第 9 卷．北京：人民出版社，2009：109.

义务教育均衡发展"。自"促进义务教育均衡发展"以法律形式确定之后，教育均衡发展成为中国教育改革的战略目标之一。2001 年 7 月，教育部发布了《全国教育事业第十个五年计划》，明确规定进一步加大对贫困地区义务教育的扶持力度，推动西部地区教育发展。2008 年，中共十七届三中全会提出了城乡一体化发展目标。2010 年，《关于贯彻落实科学发展观 进一步推进义务教育均衡发展的意见》明确提出了 2012 年实现义务教育区域内初步均衡，2020 年实现区域内基本均衡的路线图。《国家中长期教育改革和发展规划纲要（2010—2020 年）》指出，均衡发展是义务教育的战略性任务。2012 年，《关于深入推进义务教育均衡发展的意见》进一步明确了义务教育均衡发展的目标与要求。① 2012 年底，党的十八大报告再次将均衡发展九年义务教育作为全面建成小康社会进程中的战略性任务。2020 年的《政府工作报告》总结道，义务教育学生生活补助人数增加近 40%。②

《国家中长期教育改革和发展规划纲要（2010—2020 年）》颁布后，中央与地方有关部门直面工作中的瓶颈问题，深化改革、大胆创新，采取了一系列政策措施，全面落实该纲要，取得了突出成就。2011—2012 年，教育部先后与各省签署了《义务教育均衡发展备忘录》，至此义务教育协同机制的深入推进得以保障。此外，《关于深入推进义务教育均衡发展的意见》明确了教育公平的目标，建立省内均衡发展机制，进行了义务教育均衡发展的各项任务细分，明确了县域促进义务教育公平基本细则，并且由上级定期验收，建立了完备的均衡评估和监测机制。从 2013 年开始，国务院教育督导委员会负责对教育均衡的监督工作。

学校布局逐步趋于合理。2012 年，国务院要求县级人民政府科学制定农村义务教育学校布局专项规划。《关于规范农村义务教育学校布局调

---

① 中国义务教育均衡发展目标：2020 年均衡率达 95%. 中国新闻网，2012 - 09 - 07.
② 具体目标为：2015 年，全国义务教育实现基本均衡的县（区）比例达到 65%；到 2020 年，实现基本均衡的县（市、区）比例达到 95%。

整的意见》公布，对学校撤并、学校布局进行严格规范，以保障农村少年的受教育权利。截至 2014 年，农村义务教育学校布局调整已经被严格规范，并报送国家教育体制改革领导小组进行备案。

2016 年，教育部办公厅印发了《关于农村义务教育学校布局调整有关问题的通报》，再次强调要切实高度重视规范布局调整工作，严格撤并条件，规范撤并程序并强化督促检查。2020 年的《政府工作报告》提出加强乡镇寄宿制学校和县城学校建设。

师资均衡配置逐步实现，实质性统一了城乡教师编制，多渠道稳定了农村教师队伍。2012 年，《关于深入推进义务教育均衡发展的意见》提出在逐步实行城乡统一的中小学教职工编制标准的基础上，对农村小学和教学点予以倾斜。2014 年，中央编办、教育部、财政部共同印发《关于统一城乡中小学教职工编制标准的通知》，将农村中小学教职工编制标准与城市标准统一，长期以来城乡教师编制倒挂的"老大难"问题从制度上得以破解。同时，逐步建立教师交流轮岗机制，2014 年，《关于推进县（区）域内义务教育学校校长教师交流轮岗的意见》提出，力争用 3～5 年时间实现县域内校长和教师交流轮岗的制度化、常态化，这是国家层面出台的第一份促进教师交流轮岗的专门性文件。目前，全国已有 22 个省份出台了关于推进教师流动的相关政策，并开展了改革试点。教师"无校籍化""县管校用"等管理制度创新以及校长定期交流制度引导优秀教师向农村学校、薄弱地区流动，推动了教师资源的均衡配置。

全国各地根据本地区的实际情况，以教育公平、均衡发展为原则，开展了大量的创新性实践，尤其在"健全体制机制""推进学校标准化建设""均衡配置教育资源""实行校长与教师交流制度"等方面积累了不少的典型经验。

江苏省无锡市的义务教育改革可以被视为一个典型。首先，《无锡市义务教育均衡发展条例》的出台保障了基础设施、师源、生源的均衡配置，使义务教育阶段学校的管理和教育质量水平得到提升。其次，出台了严格的问责机制，对教育均衡工作开展不力的学校与部门予以惩处。最后，各学校致力于建设"有效课堂"，从而提升教学质量，使学校从注重升学率向注重办学质量转变。

义务教育均衡发展必须是有规划、分步骤、渐进式的变革。最典型的经验是江苏省泰州"内涵式"发展的义务教育均衡之路。一是"名校＋"模式，"名校＋弱校、农校、新校"策略的实施促进了学校之间联动机制的形成。二是"互联网＋教育"的泰州微课探索。该系统通过"泰微课"共享区域教育资源，促进乡村经济的发展，目前已经成为全国规模最大的中小学生自主学习系统。三是"5＋2"评价模式，核心素养进中考。"5＋2"工程是指以主题德育、自主学习、青春活力、实践体验、未来素养五大行动，以及区域推进展示、学校微创新激励机制为主要内容，提升义务教育的质量，促进教育均衡发展。

学校标准化建设是改善硬件基础设施、实现教育均衡的重要措施。自《国家中长期教育改革和发展规划纲要（2010—2020 年）》提出推进义务教育学校标准化建设以来，全国各地涌现了许多典型的实践经验。首先，一些地区大力发展标准化建设，如天津市静海区和北京市密云区均建设了一大批高质量、有特色的学校，这些县域借助义务教育学校标准化建设，狠抓均衡发展。其次，一些地区通过建设标准化来推动教育现代化发展。如辽宁省本溪市通过加快信息化建设，逐渐推进义务教育信息化、现代化的发展。有些地区通过学校建设标准化缩小区域教育差距。如贵州省遵义市余庆县的"城乡同质、设备同配、师资同优、学生同享"促进了区域教育均衡发展。

全面提升贫困地区义务教育水平是实现义务教育均衡发展的必要路径。对贫困地区义务教育的倾斜主要分为三类。第一类是综合性倾斜，主要从物质方面对贫困地区进行帮扶，例如安徽省铜陵市的"优化教育结构、扶持薄弱学校"和河北省石家庄市井陉县的"山区教育发展模式"。第二类是重点性倾斜，注重对农村教育的重点帮扶，例如湖北省宜昌市的

"保育寄宿制度"和陕西省太白县的"寄宿制精细化管理"。第三类是对民族或边远地区的义务教育普及，例如云南省红河哈尼族彝族自治州元阳县"控辍保学"问责模式、广西壮族自治区凭祥市边境民族教育全面优惠的"控辍保学"改革等。

优质教师团队的均衡配置对促进义务教育均衡发展起到了重要作用。师资队伍均衡实践主要分为两类。第一类是基础性的义务教育师资配备。例如，山东省临朐县"校校新进一名小学英语教师"、福建省福安市出台特岗政策优厚待遇吸引教师到农村学校任教等实践模式，对促进师资力量的均衡配置具有重要的推动作用。第二类是基于公平的优质师资队伍交流，例如，山东省青岛市市南区"名师交流破解择校顽疾"模式、福建省莆田市荔城区"优质师资引向薄弱校"等，以优质师资流动保证义务教育质量均衡。

三、困境管窥：区域与城乡教育的失衡

城乡教育的发展失衡问题一直以来都是困扰我国教育改革与发展的重大问题。近年来，随着国家政策的逐渐落实，我国教育均衡发展取得了很大的改善。但是，不可否认的是，目前教育领域依然存在痼疾并长期阻碍教育的均衡发展。为加快推进义务教育均衡发展，实现义务教育由基本均衡迈向优质均衡，必须深入了解制约我国教育均衡发展的实践困境与薄弱环节。本节梳理了"攻坚段"和"深水区"时期制约我国教育均衡发展的实践困境，包括教育资源分配不公、城乡教育二元结构尚未消除、教育扶贫政策执行偏差、流动人口子女和民族地区教育公平的困境等方面的问题。

农村教育是实现教育公平的"短板"。无论是基础教育还是职业教育，其发展都出现了严重的城乡不均衡现象。目前农村基础教育所面临的困境主要体现在农村基础教育治理的实践过程中，政府包揽一切，校长听从指挥，社会组织无从下手，家长漠不关心。不仅如此，农村地区扶贫工作中出现的"扶贫不扶志"现象将帮扶的重点放在硬件设施的建设而非软件以及师资的配置上，造成了很大的资源浪费。而"重硬轻软"现象使得贫困人口通过努力改变生活条件的动力没有被真正激发。

流动人口子女是被教育政策忽视的群体。一般情况下，城市流动人口子女就读学校在私人贵族学校、公办学校、流动人口子弟学校这三类学校之间选择。但条件的限制使得大多数城市流动人口子女只能进入流动人口子弟学校就读。而这类学校的条件相对较为简陋，硬件设施不足，师资力量薄弱。由于户籍制度在城市和农村之间设立了严格的界限，城市流动人口子女没有城市户籍而难以享受福利待遇。[1] 由此可见，城市流动人口子女目前面临的社会语境相对较为恶劣。要做到该群体教育的均衡发展，依然有很长的路要走。

我国是一个多民族国家，少数民族教育是我国教育的重要组成部分。民族地区普遍存在偏远贫困、文化多样、环境复杂、生产方式各异等特点，使得民族地区教育均衡发展困难。以高等教育为例，首先，区域间发展不均衡。目前，我国"双一流"高校多集中于经济发达地区，民族地区所占数量相对较少。其次，城乡之间发展不平衡。高校一般设在区（省）内大中城市，县（市、旗）级基本没有高等院校。目前，随着远程教育、信息化教育的发展，少数民族学生可以跨越空间的限制享受更高水平的教育，但是城乡高等教育资源的差距依然很大。

此外，与经济发达的城市相比，民族地区的综合性大学和理科性大学较少，科研领域较为薄弱，较难培养出多层次的全面型人才。不仅如此，民族地区的高等学校在资金投入、师资力量、教学资源等方面与其他地区也有一定的差距。目前，民族地区经济的高速发展正在对该地区高等教育改革提出更高的要求，对教育资源的优化配置、减小政府的教育财政压

---

① 孙红玲．浅论转型时期流动人口子女的教育公平问题．教育科学，2001（1）：23－26．

力，以及促进教育的多元发展做出了重要的贡献。可是目前的教育政策并没有为民办学校的发展提供最优环境，在这样的政策语境下，民办学校不得不承受较大的体制压力和办学风险。首先，民办学校的教师未被列入编制，难以享受与公办学校教职员工平等的权益，例如社会保障、医疗保险、养老金等。其次，许多民办高校的招生只能限定在 B 类学生中录取，生源质量较差，进一步拉大了其与公办学校的差距。在教育深化改革的浪潮中，民办教育面临着政策性歧视与体制性歧视，这大大限制了民办教育的发展。[①]

四、再思前路：寻找教育均衡发展新模式

有质量的教育公平是减小社会差距，促进社会公平，构建和谐社会的重要保障。全面推进教育均衡发展，发展有质量的公平，必须深入推进教育改革统筹规划，促进教育优质发展，坚持五大理念，深化教育体制改革，做到具体问题具体分析、兜底线、保基本、抓关键、补短板、促均衡、提质量[②]，全面推动教育优质均衡发展。

第一，树立"全国上下一盘棋"的意识，科学统筹转型发展。实现教育的均衡发展是保障人们教育水平的重要指标。因此，必须树立"一盘棋"的意识，努力促进区域、城乡、校际教育的均衡发展，从而实现教育质量和教育资源的均衡。一方面，全国上下必须基于均衡发展的未来目标，做好义务教育均衡发展的整体规划和顶层设计，通盘考虑，超前部署。[③] 目前，我国义务教育改革已经进入深水区，趁早谋划省域、县域的义务教育均衡十分重要。[④] 另一方面，我们不仅要促进义务教育资源的均

①　程玮. 教育公平与追求有质量的教育公平发展的策略. 社会科学家，2013（3）：104 - 108.
②　王定华. 我国义务教育均衡发展之进展. 课程·教材·教法，2015（11）：3 - 12.
③　赵永辉. 各级政府在义务教育均衡发展中的责任及履责成效. 教育学术月刊，2015（7）：48 - 56.
④　范先佐，郭清扬，付卫东. 义务教育均衡发展与省级统筹. 教育研究，2015（2）：67 - 74.

衡配置，而且要促进教育资源的转型升级，追求更高水平的教育质量，从外延均衡转向内涵均衡、从依附均衡转向自主均衡、从同质化均衡转向特色均衡、从基础均衡转向优质均衡。①

第二，推进供给侧结构性改革，规划全面发展。教育需求与供给之间的矛盾是导致教育发展失衡的重要原因。因此，为解决这一问题，促进教育发展方式的转型升级，就必须推进供给侧结构性改革。首先，完善教育供给机制改革至关重要。要实现供给机制的优化，就必须认真落实国家有关政策要求，从数量上确保义务教育资源的供给。做到不仅经费、师资等资源供应充足，而且能够雪中送炭、补偿差异，将这些资源有效地向农村地区、西部地区、民族地区等倾斜。其次，要改革教育资源供给结构。在保证政府主要提供教育资源的基础上，不断创新教育服务供给方式，吸引更多社会力量参与教育资源的供给，打造一条多元化的教育供给道路。

第三，强化政府责任，吸引外部力量。公共事务是不可能"去国家化"的。约翰·皮埃尔和彼得·盖伊的研究发现，国家针对其外部环境进行转换和成功适应，确立了国家在治理中的良好未来。因此，只有强化政府的管理角色，才能促进义务教育均衡发展。因此，各级政府需要提高统筹力度，建立、健全义务教育均衡发展推进责任制，构建各地区教育统筹发展机制和资源分配机制，发挥主体作用，促进基础教育的高质量发展。同时，还要加强政府间各部门的联动，构建义务教育均衡发展的协同保障机制。有关教育均衡的改革不仅事关教育部门，而且涉及很多经济社会问题。② 因此，需要优化治理格局，做到政府-非政府组织、"第三部门"——公立学校与私立学校并存，实现多主体共同参与教育均衡发展的管理流程，不断释放其他治理主体的能力，吸引更多力量参与义务教育管理，保障义务教育整体质量提升。

第四，不断完善教育补偿机制。《科尔曼报告》提出，学生的家庭背

---

① 冯建军. 义务教育均衡发展方式的转变. 中国教育学刊, 2012 (3): 1-4.
② 范先佐. 义务教育均衡发展改革的若干反思. 教育研究与实验, 2016 (3): 1-8.

景对其成长至关重要。联合国教育、科学及文化组织（简称联合国教科文组织）的《学会生存》也指出，在很大程度上，儿童入学机会和成功机会的不平等是由背景分布的不平等造成的。[①] 这些都说明"人人生而有别"，家庭的物质资本以及文化资本都会对教育结果产生影响。家庭的差异性导致了教育的复杂性。一般情况下，家庭成员的受教育程度与家庭背景呈现正相关。罗尔斯补偿原则指出，社会要更加关注天赋较低的人。[②] 教育公平原则就是要坚持补偿原则，通过对教育资源的再分配来保障社会弱势群体的受教育权利，缩小区域间、学校间、城乡间的教育差距。因此，解决弱势群体的受教育问题需要完善教育补偿机制，使该机制可以有针对性地为每一个人提供与其发展相匹配的教育。[③]

---

①② 约翰·罗尔斯. 正义论. 北京：中央编译出版社，2009.

③ 雷晓庆. 当代教育公平内涵及其实现途径解析. 当代教育科学，2017（6）：3-7.

第三章 志智双扶斩穷根：
教育扶贫推动根本脱贫

教育扶贫问题是实现"人人成才"目标中的短板问题，也是最直接、最有效的精准扶贫方式。教育扶贫对我国阻断贫困代际传递，提升扶贫、脱贫质量，促进扶贫与"扶志""扶智"相结合具有重要的推动作用。马克思曾指出，教育和生产劳动结合是造就全面发展的人的唯一方法。生产实践与教育相结合使年轻人能够很快熟悉整个生产系统，他们能够根据社会需要或者自己的爱好，轮流从一个生产部门转到另一个生产部门。因此，教育将使他们摆脱现在这种分工给每个人造成的片面性。[①] 改革开放以来，我国教育政策实现了从普及阶段到精准建固阶段的成功过渡。尤其是党的十八大以来，我国教育精准扶贫已经取得了初步成效。目前，我国教育扶贫体系已经完成对城乡学段的全覆盖。教育扶贫政策使贫困地区明显增收，有效提高了贫困地区的办学条件和地区整体社会信任水平，实现了义务教育的共享式发展。与此同时，我国教育精准扶贫也面临不少较为突出的问题，例如教育扶贫机制目前还不够完善，教育扶贫资金的监管机制缺位，忽视精神性帮扶，对贫困地区教师群体缺乏重视等。因此，本章将梳理改革开放以来我国教育扶贫政策的发展，重点分析新时代我国教育扶贫的"得"与"失"，希望为今后教育扶贫的研究提供方向。

---

① 马克思，恩格斯. 马克思恩格斯文集：第1卷. 北京：人民出版社，2009：689.

一、掷地有声：脱贫是我国迈入全面
小康社会最艰巨的任务

我国扶贫开发始于 20 世纪 80 年代，目前已经取得了显著成效。近年来，随着精准扶贫政策的不断出台，党和政府把扶贫攻坚任务放到首要位置并深入推进。党的十八届五中全会从实现全面建成小康社会奋斗目标出发，明确 2020 年在我国现行标准下农村贫困人口实现脱贫，贫困县全部摘帽，解决区域性整体贫困。党的十八届五中全会把扶贫攻坚改成脱贫攻坚，就是说到 2020 年这一时间节点，一定要兑现脱贫的承诺。①

尽管近年来我国财政投入持续增长，成就巨大，但我国的贫困问题依然复杂而艰巨。首先，农村贫困人口脱贫是最突出的短板。虽然全面小康不是人人同样的小康，但如果现有的 7 000 多万农村贫困人口的生活水平没有明显提高，全面小康也不能使人信服。其次，贫困人口总体文化水平与知识技能不高，发展潜力较低。最后，我国民族地区的减贫难度大，而且容易出现返贫现象，很难实现可持续性脱贫。②

二、寻根溯源："精准扶贫"重要思想的由来

一般来说，精准扶贫主要是针对贫困人口加以扶持。2013 年 11 月，习近平总书记在湘西考察时首次提到精准扶贫；扶贫要实事求是，因地制宜，要精准扶贫，切忌喊口号，也不要定好高骛远的目标。③ 2014 年，中共中央办公厅对扶贫工作制定了详细的方案。④ 2015 年，习近平总书记指

---

① 参见 2015 年 11 月 27—28 日习近平在中央扶贫开发工作会议上的重要讲话。
② 吴霓，王学男．教育扶贫政策体系的政策研究．清华大学教育研究，2017（3）：76.
③ 习近平：坚决打赢脱贫攻坚战．人民网，2017 - 11 - 03.
④ 李婧．习近平提"精准扶贫"的内涵和意义是什么．中国经济网，2015 - 08 - 04.

出，扶贫开发工作已进入"啃硬骨头、攻坚拔寨"的冲刺期。各级党委和政府必须增强紧迫感和主动性，在扶贫攻坚上进一步厘清思路、强化责任，采取力度更大、针对性更强、作用更直接、效果更可持续的措施，特别要在精准扶贫、精准脱贫上下更大功夫。[①] 紧随其后，习近平总书记在不同场合做出了许多批示，不断对精准扶贫思想进行深化和发展。

习近平总书记的精准扶贫思想是我国扶贫工作的指导思想，我国的精准扶贫工作以共同富裕为原则，以全面建设小康社会为基础。精准扶贫工作对我国全面建设小康社会具有重要作用。[②]

三、教育扶贫：打破"穷"和"愚"的恶性循环

教育扶贫包含两层含义：一是扶教育之贫，改善贫困地区的教育条件，解决贫困人口受教育问题；二是通过教育扶贫，即通过提高贫困人口的知识与技能储备，使他们具备可持续脱贫的能力，从而促进贫困地区经济的发展。[③]

教育扶贫被认为是最直接、最有效的精准扶贫，是从根本上解决贫困地区的贫困问题，实现全面建成小康社会的重要措施。缺乏文化素质是贫困者之所以贫困的重要原因，在知识经济社会中，他们不具备读写能力、无法使用科学技术，从而导致他们的收入水平受到制约。教育扶贫就是使受教育者掌握读、写、算的能力，具备利用现代科技转换生产力的能力。

《"十三五"脱贫攻坚规划》明确提出，到 2020 年，贫困地区基础教育能力明显增强，职业教育体系更加完善，高等教育服务能力明显提升，教育总体质量显著提高，基本公共教育服务水平接近全国平均水

---

① 习近平的"三扶"脱贫论. 新华网，2015 - 09 - 11.
② 唐任伍. 习近平精准扶贫思想阐释. 人民网，2015 - 10 - 21.
③ 李兴洲. 新中国 70 年教育扶贫的实践逻辑嬗变研究. 教育与经济，2019 (5)：99.

平。教育扶贫是我国扶贫工作的重要措施，是实现可持续脱贫的重要前提。[1]

教育扶贫是阻断贫困循环的根本方法。习近平总书记多次强调，扶贫必扶智。让贫困地区的孩子们接受良好教育，是扶贫开发的重要任务，也是阻断贫困代际传递的重要途径。[2] 教育为阻断贫困代际传递提供了可能。贫困地区教育具有很强的正外部性特征，很多贫困人口通过接受教育获得更高的人力和社会资本积累，阻断了贫困循环的链条。此外，教育扶贫会为贫困地区的经济社会发展创造人才，为区域经济均衡发展打下基础。[3]

教育是扶贫与"扶志""扶智"结合的重要动力，教育扶贫不仅可以促进贫困地区经济的发展，而且可以创造精神力量，使贫困地区人口实现素质上的脱贫，转变贫困地区落后的传统观念，引导贫困家庭主动奋起致富。

四、精准扶贫：教育扶贫政策的演进逻辑

纵观 40 多年来政策发展的历程，本章将我国教育扶贫政策的演进历程划分为三个主要阶段。第一阶段是 1979—1995 年，我国教育扶贫政策主要集中在普及教育阶段，扶贫理念呈现出向普及要成效的特点。1984 年 9 月，中共中央、国务院发布《关于帮助贫困地区尽快改变面貌的通知》，第一次提出要重视贫困地区的教育，增加智力投资。1988 年 2 月，《扫除文盲工作条例》颁布，对扫除文盲问题下达了重要指令。1994 年，国务院颁发了《国家八七扶贫攻坚计划》，明确规定要将教育扶贫的重点放在贫困地区。1995 年，国务院启动贫困地区义务教育工程，明确指出

① 教育扶贫的特殊地位和作用. 中国青年网，2018 - 12 - 29.
② 习近平：让贫困地区孩子接受教育是扶贫重要任务. 中国经济网，2015 - 09 - 10.
③ 教育扶贫的特殊地位和作用. 中国青年网，2018 - 12 - 29.

要加强贫困县义务教育阶段学校的硬件设施建设。[①] 1996 年以后，教育作为变输血为造血的扶贫方式，越来越受到党和国家的重视。

随着扶贫政策的不断推进，全国农村人口的温饱问题于 2000 年左右已基本得以解决。我国教育扶贫政策开始主要聚焦于贫困地区，并进入第二阶段。

1996 年，中共中央、国务院发布了《关于尽快解决农村贫困人口温饱问题的决定》，提出把扶贫开发转移到提高农民素质的轨道上来。[②] 2003 年，教育援藏、援疆项目开始实施，此项目主要用于西藏、新疆地区的教育基础设施建设、师资力量的培训以及贫困生资助等。2006 年，少数民族高层次骨干人才计划开始实施，以西部省份为生源，为少数民族地区培养高学历人才。2007 年，普通高等教育学生资助政策开始实施，政府建立国家励志奖学金、国家助学金、国家助学贷款、师范生免费教育、勤工助学、学费减免以及"绿色通道"等多种方式并举的资助体系。这些政策的实施大大提高了西部地区和农村地区的人才储备量，为之后精准脱贫打下了坚实的基础。

党的十八大以来，国家已经建立了较为全面的学生资助体系，力图将政策设为维护贫困学生受教育权利的重要保障。与此同时，精准扶贫成为新时期我国教育扶贫工作的重要内容，我国教育扶贫政策进入第三阶段。

2010 年，《国家中长期教育改革和发展规划纲要（2010—2020 年）》公布，为促进教育公平、实现教育资源的合理配置、补足贫困地区的教育短板、缩小教育差距提出了一系列改革措施。[③] 2012 年，《关于实施面向贫困地区定向招生专项计划的通知》明确要求把集中连片特殊困难地区作为主战场，提高其发展能力，缩小发展差距，加大高校对农村特别是贫困

---

① 袁利平，丁雅施. 我国教育扶贫政策的演进逻辑及未来展望：基于历史制度主义的视角. 湖南师范大学教育科学学报，2017（4）：66.

② 关于尽快解决农村贫困人口温饱问题的决定. 人民日报网络版，2020 - 03 - 07.

③ 袁利平，丁雅施. 我国教育扶贫政策的演进逻辑及未来展望：基于历史制度主义的视角. 湖南师范大学教育科学学报，2017（4）：66.

地区的定向招生力度。2014 年，《国家贫困地区儿童发展规划（2014—2020 年）》实施，该规划将 680 个连片特困县从出生到义务教育阶段的农村儿童作为实施范围，重点围绕健康、教育两个核心领域，加快实现从家庭到学校、从政府到社会对儿童关爱的全覆盖。2017 年，党的十九大报告提出"坚持大扶贫格局，注重扶贫同扶志、扶智相结合"，教育扶贫顶层设计日趋明朗，政策配套日臻完善，实现了对全学段、全类型和全地区教育的覆盖，政策内容也日益强调分类指导、精准施策，教育扶贫政策体系初步形成。[①] 2019 年《政府工作报告》明确提出发展"互联网＋教育"，促进优质资源共享的要求。2020 年，在线开放课程大规模扩张，为边远地区难以长期吸引优质师资的学生带来享受与一线城市几乎同质教育的机会。在这一阶段，国家政策再次赋予教育扶贫阻断贫困代际传递的使命，明晰了教育扶贫在我国扶贫工作体系中的基本性和根基性作用，政策理念体现出以精准建巩固的特点。

五、成效渐露：教育扶贫精准发力拔穷根

第一，教育扶贫明显促进了贫困地区的发展。教育投入对农民收入具有稳定的正向影响，基于全国省级面板数据的实证研究表明，教育扶贫对贫困地区增加收入的作用高于其他地区。[②] 近年教育投入对增加农村人均纯收入的促进作用明显高于其他收入水平地区。贫困地区的教育投入对农村人均纯收入的影响富有弹性，即教育投入每增加 1％，带动的农村人均纯收入增加大于 1％，这说明通过教育投入使农民增收的做法是具有效率的。此外，对新疆克孜勒苏柯尔克孜自治州进行的实证研究指出，教育扶贫能使少数民族学生平等地接受教育，实现"实质自由"，缓解了贫困地

---

① 吴霓，王学男. 教育扶贫政策体系的政策研究. 清华大学教育研究，2017（3）：76 - 84.
② 彭妮娅. 教育扶贫成效如何？——基于全国省级面板数据的实证研究. 清华大学教育研究，2019（4）：90 - 97.

区学生的能力贫困。① 也有研究表明，教育扶贫提高了贫困地区的社会信任水平。② 关于 2006—2007 年中国西部地区生均义务教育投入大幅提高的"准自然实验"发现，社会公共人力资本投资的政策冲击对社会信任等社会资本有着显著的促进作用。③

第二，教育扶贫促进教育共享式发展。在当前城镇化日益推进的背景下，传统教育扶贫主要存在三条道路：其一是通过城乡教育互动，利用城市优质教育资源带动农村教育发展，从而促进农村整体发展的以城带乡精准扶贫之路；其二是结合乡村本土资源直接开门办学，从而促进农村社会发展的本土化精准扶贫之路；其三是撤并乡村学校，扩大城镇教育资源，推动农村教育直接进城的精准扶贫之路。而教育信息化是农村教育精准扶贫的第四条道路。

教育信息化并不是一个新的概念。20 世纪 90 年代，随着互联网在中国的迅速普及，在线教育（当时称为现代远程教育）已经开始蓬勃发展。自 1999 年以来，教育部陆续批准了 67 所普通高等学校和中央广播电视大学（现在名为国家开放大学）开展现代远程教育试点工作，这些试点院校纷纷成立了网络教育学院。2009 年，可汗学院和翻转课堂开始在中国流行。2010 年，一批翻译欧美影视剧字幕的志愿者开始转向美国大学公开课，比如哈佛大学的《公正》等课程，加上中文字幕后，迅速在中国流行起来。2013 年，以 VIPKID 为代表的一批在线语言类教育企业开始蓬勃发展。2020 年，全国多地教育部门陆续宣布中小学延期开学，全国多数线下教育培训机构也暂停了线下课程。在此背景下，各地教育部门和学校为保证疫情防控期间"停课不停学"，积极组织和提供线上课程，为中小学生居家学习提供必要的学习支持服务。

第三，教育扶贫推动城乡教育一体化发展。党的十九大报告明确指

① 周丽莎. 基于阿玛蒂亚·森理论下的少数民族地区教育扶贫模式研究：以新疆克孜勒苏柯尔克孜自治州为例. 民族教育研究，2011 (3)：98 - 101.

② Fukuyama, F. *Trust*. New York：Free Press, 1995.

③ 史宇鹏，李新荣. 公共资源与社会信任：以义务教育为例. 经济研究，2016 (5)：86 - 100.

出，要推动城乡义务教育一体化发展。2019 年《政府工作报告》明确提出发展"互联网＋教育"，通过教育信息化手段促进贫困地区优质教育资源共享，通过多种方式实现贫困地区城乡优质教师资源共享。谢治菊（2019）在实地调查长顺县智慧教育扶贫项目的研究中发现，大数据驱动下的教育精准扶贫能够助推教育精准扶贫新模式的形成。该模式利用大数据思维、互联网技术，使最优质的资源直接、具体、快捷地服务于师生最迫切的需求，使贫困学生接受公平而有质量的教育。[①] 在教育精准扶贫中实行信息化教学，利用现代科学、技术设备等改变之前单一的教学模式，不仅有利于丰富课堂教学内容、提升现代文化知识、激发农村学生的学习积极性和主动性，而且有利于培育乡村振兴时期所需的现代乡村文化人才，促进农村教育在精准扶贫中的作用。也有学者提出，教育信息化在教育扶贫中有着对象识别、项目实施、追踪评估、监察管理、教师队伍建设和帮扶效果六方面的精准优势，是全面推进教育精准扶贫的有效途径。利用信息技术手段可以有效解决偏远地区农村学校"开不齐课、开不好课"的问题，同时可以通过教师信息空间建设提升贫困地区教师专业水平，从而提高贫困地区基础教育发展水平。教育信息化相关平台的使用有助于城市优秀教师对农村教师进行有针对性的帮扶，有效提高农村贫困地区教师的专业知识与技能，为促进教育精准扶贫提供师资保障。

党的十八大以来，我国开始全面改善贫困地区学校的办学条件，通过开展校舍改造、信息化教育设施建设等一系列重大工程项目，我国贫困地区的硬件设施建设已经取得明显成效。据统计，截至 2017 年，中央财政投入 1 400 多亿元，带动地方投入 2 600 多亿元，义务教育阶段学校基础设施建设已经得到全面改善。[②] 自农村义务教育学生营养改善计划等一系

---

① 谢治菊．大数据驱动下的教育精准扶贫：以长顺县智慧教育扶贫为例．湖南师范大学教育科学学报，2019（1）：43 − 52，75.

② 付卫东，曾新．十八大以来我国教育扶贫实施的成效、问题与展望：基于中西部 6 省 18 个扶贫开发重点县（区）的调查．华中师范大学学报（人文社会科学版），2019（5）：49.

列政策实施后，我国农村地区义务教育基本实现供餐学生全覆盖、供餐食谱科学化、供餐方式多样化。

六、白璧微瑕：教育扶贫面临的问题

首先，在我国目前的教育扶贫行动中，往往存在"一刀切"的现象。过于注重标准的统一寻致缺少对某些贫困地区个性化特点的关照，容易造成扶贫资源的浪费，使根本问题难以解决。此外，我国贫困户的识别主要以农民家庭纯收入为基本标准。由于一些贫困户资产信息不完善，政府难以及时、准确识别贫困户的真实收入情况。此外，这种扶贫方式忽视了能力性贫困，或因学、因病、因婚等导致的支出性贫困。由此可以看出，我国的贫困识别机制依然不够健全。

我国的教育扶贫理念存在一定的偏差，主要表现为教育扶贫功能认知不足、教育扶贫思路陈旧，以及教育扶贫主体片面地认为教育扶贫仅仅是改善贫困家庭子女上学的状况，使适龄学生能够有学上，而对学生在校学习情况并没有给予足够的重视，导致教育扶贫难以走深、走实。另外，我国教育扶贫力量较为分散。一方面，政府、社会和学校的扶贫工作缺乏协同性，这样很容易造成资源浪费；另一方面，教育扶贫工作开展过程中缺乏全面、深入沟通，信息共享不及时，部分地区开展的帮扶工作针对性不强，最终导致帮扶效果不太理想。[①]

其次，教育扶贫资金监管机制存在缺位现象。随着教育扶贫资金种类与规模的扩大，资金使用与管理混乱的情况时有发生，而监管机制的缺位使教育扶贫的效率难以有效提高。目前，教育扶贫专项资金较为短缺，受地方财政收入的影响较大，挪作他用、使用不当甚至滥用的现象时有出现。例如，没有建立对贫困生资助条件审核的长效机制，使得一些贫困生

---

① 邱利见. 精准滴灌：补齐教育扶贫短板的良策. 人民论坛，2019（34）：57.

虽已摆脱贫困，却仍占用教育扶贫资金，严重影响资助的公平性。另外，随着大数据、人工智能等信息技术的发展，教育专项扶贫资金的监管必须适应新技术带来的变化。高效先进的信息化管理也是杜绝信息不对称的重要手段之一。①

再次，一些地方只重视物质性帮扶，忽视内生激励。读书无用论往往在贫困地区较为盛行，面对经济困境，贫困家庭往往缺乏对知识的重视，贫困阶层往往形成贫困文化，且这种意识形态具有代际传递性。子女往往会受父母价值观念的影响而忽视对自身素质和知识水平的提高。实现教育资源的合理配置依然有很长的路要走，在短时期内很难实现区域教育差距的大规模缩小。②

最后，教育扶贫不仅需要"依靠教师扶贫"，而且需要"扶教师之贫"。《乡村教师支持计划（2015—2020年）》提出，要建立农村教师重大疾病救助机制。调查结果显示，仅有33.9％的农村教师表示建立了重大疾病救助机制，在所调查的18个扶贫开发重点县中，教师重大疾病救助的资金非常有限，名额很少，根本满足不了乡村教师的实际需要。对新疆维吾尔自治区阿瓦提县的实地调查表明，我国少数民族乡村教师支持政策的内容模糊，间接导致政策缺损。在乡村教师支持计划中，一些略显笼统的政策内容为政策执行留足了灵活性空间，政策的模糊执行造成了阻滞现象。此外，政策执行也缺乏有效监督，精英俘获现象凸显。政府作为政策执行主体，拥有一定的行政自由裁量权，加上政策资源靶向偏差，导致政府政策执行逾越权力边界，缺乏有效监督。③

教育扶贫是实现可持续脱贫的根本途径。实现教育脱贫是一个系统性工程，政策的实施往往牵一发而动全身。随着教育扶贫实践的不断深入，

———————————

① 张明杰，吴荣顺．教育扶贫资金的运行与监管．人民论坛，2019（24）：93．

② 付卫东，曾新．十八大以来我国教育扶贫实施的成效、问题及展望：基于中西部6省18个扶贫开发重点县（区）的调查．华中师范大学学报（人文社会科学版），2019（5）：49．

③ 李钊，谭刚．教育扶贫视阈下乡村教师支持政策执行效果研究：基于史密斯政策执行理论模型．湖北农业科学，2019（17）：140-146．

教育扶贫政策也在加强和完善，教育扶贫政策的理论与实践研究也会不断深入和全面。事实证明，自党的十八大以来，我国教育扶贫工作虽然已经取得举世瞩目的成就，但也面临不少较为突出的问题，只有猛抓教育扶贫，才能实现脱贫攻坚的伟大成功。

第四章 "民办公助"与"免费师范生"：公共教育资源的优质供给[①]

我们在前文中分析了实现我国教育均衡的政策现状以及阻碍教育均衡发展的困境。可以看出，实现真正意义的"人人成才"依然还有很长的路要走。目前，优质公共教育资源的供给是提升教育质量、实现教育公平过程中亟待解决的重要问题。"民办公助"教育模式的创新和"免费师范生"政策对于优质公共教育资源供给、促进人力资本积累具有重要意义。自党的十八大以来，习近平总书记把科教兴国、人才强国战略放在国家发展的核心位置，人力资本的高质量积累将助力"教育强国"战略的实施，为我国社会经济发展、建设社会主义强国提供人才支撑。

一、峥嵘岁月："民办公助"模式的发展

党的十一届三中全会以后，我国民办教育逐步恢复发展，特别是在经济较发达的地区，快速兴办起民办学校，冲破了政府包揽的单一公办体制，形成了公办、民办学校并存和互补的局面，推进了学校办学体制改革。民办教育类型主要是文化补习班、业余培训班等，以成人教育、幼儿园为主，开展民办非学历教育。谢可滔创办的广州白云应用技术学校（后改名为广东白云学院）是这一时期比较有代表性的民办教育培训机构。在改革的进一步发展中，一种兼有公办和民办两类学校优势、同时避免两类

---

① 本章的主要内容来源于 Shilan Feng，Ya Tan，Qinghua Zhang. Heterogenous Performance of Lower-tracked Students under Tracking Program：Based on a Quasi Natural Experiment in High Schools. Working Paper，2021；翟颖佳，谭娅，封世蓝. 教师教学水平视角下免费师范政策效应评估：基于山西省某中学学生学业水平的实证研究. 工作论文，2021.

学校劣势的新型体制学校——民办公助学校登上中国教育的舞台。民办一般指企业或个体资助办学，公办即政府下属的办学，民办公助学校正是介于二者之间的一种办学模式。民办公助学校一般指由社会私人筹募资金注册、建立以及运行，并受政府监管和参与联建的学校。公助主要指学校在行政、资金及办学环境上，均比普通民办学校受到更多政策照顾。其基本特点是由政府创办或资助创办，创办或改革之后政府逐渐减少拨款（通常在三年之后停止拨款），学校主要靠收取学费运转，同时学校在经费筹集和使用方面有更大的自主权。

1989年，由杰出人民教育家王屏山首创的我国第一所民办公助学校——深圳市碧波中学经深圳特区政府批准创立，由于政府可以在扩大教育资源的同时显著减少教育支出，民办公助学校从最初的探索走向发展壮大。根据有关部门的统计，1996—1997学年度，我国有民办中小学2 920所，占全国中小学校总数（72.75万所）的0.4%；在民办中小学就读的学生有84.8万人，占全国中小学在校生总数（19 432.2万人）的0.4%。① 在民办中小学中，民办公助的模式占据绝大多数。在五年左右的时间内，我国民办中小学从无到有，从星星点点到初具规模，从自发自生到步入正轨，打破了长期以来政府包办中小学教育的格局，这无疑是我国教育事业发展和教育体制改革深化的一个重要标志。2003年，《民办教育促进法》的实施使得民办公助学校依法获得了与公办学校同等的法律地位和办学自主权。

民办公助学校的兴起有很大的积极意义。从资源与经费来看，学校吸收了社会资金，扩大了教育资源增量，改变了政府对基础教育投资过低的现状，使我国教育经费在近几十年内有了显著的增长。以我国基础教育为例，在财政性教育支出中，基础教育投入长期处于较低水平，在教育总投入中比例一直偏低。我国财政支出一直偏重于高层次教育投资的方针与分

---

① 仉珉，王文源.民办中小学发展的现状、问题与对策.中小学管理，1998（1）：20-23.

配比例政策,这种偏向无疑从结构上造成了我国义务教育资源投入的短缺。因此,仅仅依靠政府投入是难以解决基础教育投资的,需要开辟多种渠道来充分挖掘和吸纳社会潜在的教育资源。民办公助学校的教育事业费和日常运行所需经费由承办者而不是政府筹集,从而民办公助办学成为重要渠道之一。另外,民办公助学校的校舍是由政府提供的,使得办学具有很大的优越性,收入的资金可以马上投入改善办学条件中。从办学与管理来看,民办公助学校具有办学自主权,学校具有经济实力和支持力,学校教师参与工作和改革的积极性高、竞争意识强,因此这类学校在深化内部管理机制改革方面更具有优势。同时,民办公助学校依托重点中学,充分利用了"重点校"的条件和办学优势,教师是聘请的和从公办学校吸纳的优秀教师,相对稳定,整体素质好、水平高,为高质量办学提供了重要的保证。国内外民办公助办学体制具有以下几个明显的特点:绩效性、竞争性、革新性和趋利性。总之,民办公助学校在政府宏观管理、学校自主办学、社会广泛参与下,显示出强大的生命力。

近年来,民办公助学校引发了许多现实问题。例如,在施行全民公办教育时,教材是按照国家计划施行的统一教材,教师也是从师范院校分配的人员,学费也是按国家法定标准统一收取的,而教育改制后就出现了学校可以自行使用教材,聘用教师,学费由校方自定,人为地拉大了学校之间生源和办学条件的差距,这样就出现了家长根据师资力量和学费标准自主择校的现象,从而在义务教育阶段出现了难以统一管理的问题。民办公助办学制度在一定程度上妨碍了义务教育的公平性原则。教育部发布的《中国教育与人力资源问题报告》指出,"重点校"是教育不公的重要起源。义务教育的宗旨就是让每一位学生都能得到全面而健康的发展,而一些民办公助学校是依托"重点校"的"校中校",其师资都来源于原来的"重点校",且背靠大树获得的生源也远远优于普通中学,从而给花钱上名校提供了生存空间。不但如此,民办公助还在一定程度上助长了腐败之风,在某种程度上也影响了公立学校的生存状况,造成公办学校师资力量的大量流失和生源的急剧下降。在我国当前教育资源极为稀缺的条件下，教育资源争夺战的背后是"名校"和它们衍生出的民办公助学校不断扩张，而中等水平的学校则逐渐走向薄弱，最后造成教育资源供给的参差不齐。

二、前世今生："免费师范生"政策的历史

近日，全国人大代表刘发英提出的一项"两会"提议备受关注：公费师范生毕业后不当老师，应该记入诚信档案之中。这一项提议出来之后，立刻引发热议，激起较多争议，同时引发了对免费师范生政策的广泛关注。

教师是立教之本、兴教之源。自党的十八大以来，习近平总书记将完善教育体系建设、实现更高质量的就业作为建设教育强国的有效手段，并在党的十九大报告中明确指出，必须把教育事业放在优先位置，深化教育改革，加快教育现代化，办好人民满意的教育，发展素质教育，推进教育公平。拥有优秀教师是优质教育的根本保障。截至目前，我国有214所独立设置的师范院校，其中有90所本科层次院校。在本科师范院校中，第一梯队是教育部直属的6所师范大学，其学科实力和科研实力俱佳；第二梯队则包括省属重点和一本批次录取的师范院校；第三梯队则是地方属师范院校，其主要任务是为当地中小学储备教师人才。教育部直属的6所师范大学包括北京师范大学（简称"北师大"）、华东师范大学、东北师范大学、华中师范大学、陕西师范大学和西南大学，省属重点师范大学包括南京师范大学（国家"211"工程高校）、湖南师范大学（国家"211"工程高校）、华南师范大学（国家"211"工程高校）、福建师范大学（省部共建高校）、西北师范大学（省部共建高校）、江西师范大学（省部共建高校）等。地方属师范院校则分布广泛，数量众多。

2007年5月，教育部、财政部、中央编办、人事部联合颁布《教育

部直属师范大学师范生免费教育实施办法（试行）》，决定教育部直属的 6 所师范大学试行免费师范教育。2012 年，《关于完善和推进师范生免费教育意见的通知》发布，免费师范生实行提前批次录取，录取后与高校、生源所在省（自治区、直辖市）的省级教育部门签订三方协议，承诺毕业后从事中小学教育 10 年以上，其中到城镇学校工作的免费师范毕业生应先到农村地区学校任教 2 年，免费师范生在读书期间享受国家的各项优惠政策（免学费、免住宿费、补助生活费），毕业后按照协议要求履行义务，服务基础教育事业，国家鼓励免费师范毕业生长期从教、终身从教，如果违约，则需要退还所免费用并缴纳违约赔偿金。免费师范生政策始于 2007 年，第一届在全国共招收 10 933 名学生，其中，10 597 名学生在 2011 年踏入工作岗位。截至 2017 年，已累计招收免费师范生 10.1 万人，在校就读 3.1 万人，毕业履约 7 万人，其中 90% 到中西部省份中小学任教。

为进一步贯彻落实习近平新时代中国特色社会主义思想和党的十九大精神，同时解决免费师范生政策推行以来存在的一系列问题，2018 年 7 月，《教育部直属师范大学师范生公费教育实施办法》将我国师范生"免费教育"改为新时代"公费教育"，政策的主要调整点有：一，师范生享受的"两免一补"免费教育改名为"公费教育"，"免费师范生"改为"公费师范生"[①]；二，公费师范生履约任教服务年限从 10 年缩短为至少 6 年，到城镇学校工作的公费师范生应到农村学校服务的时间从 2 年改为 1 年。新政策针对新时代国家建设更高素质、更专业、更创新的教师队伍的要求，根据政策实施中实际存在的问题进行了调整完善。至此，免费师范生毕业回家乡做教师成为其就业的主要方向。

人大代表的议案也揭示了当前公众对免费师范生存在的一些认识误区。很多人认为免费师范生的免费政策可以减轻经济压力，而且高考录取

---

① 本章对"免费师范生""公费师范生"不加以区分。

降分，所以报考了免费师范生，结果因为中西部地区或者农村地区薪资水平、工作环境等问题与想象不符选择违约。事实上，免费师范生政策更多强调在此政策下培养的人才必须有公民责任的自觉担当，从而平衡教育资源，其根本目的在于吸引广大优秀学子报考，从而培养出更多具有公共责任意识和能力的教师。免费师范生毕业后选择去中西部省份和偏远乡村学校任教，不是出于无奈和被迫，而是对社会担当和公民责任的自觉践行。

三、百家争鸣："免费师范生"政策的学界研究

一部分学者研究了免费师范生的职业认同与学习动机。当前有大量研究依托心理问卷，设计职业认同量表，对本科就读的免费师范生的职业认同、教学效能感以及他们在大学期间的学习状况和学习动机进行调查研究。对北京师范大学学生的研究发现，免费师范生对该项政策的满意度与从教动机、职业认同之间呈现显著正相关。[①] 在研究免费师范生的职业认同类型和学习动机特点的文章中，有学者对北京师范大学和陕西师范大学的免费师范生采取整群抽样法发放问卷，并对反馈得到的教师职业认同问卷和学习动机量表进行了聚类分析，发现约一半的学生对教师职业处于兴趣与功利的矛盾冲突中，缺乏充足的内在学习动机。[②]

也有一部分学者研究免费师范生的教学技能与职业发展。在应用研究方面，有学者通过对陕西师范大学已经入职的免费师范生的工作状况、教学技能、职业发展意愿进行问卷调查分析，发现已经迈入工作岗位的免费师范生承担着较大的工作压力，其专业素质和教学技能也有待提升。[③] 有

---

① 赵宏玉，张晓辉. 教育政策对免费师范生从教动机、职业认同的影响. 北京师范大学学报（社会科学版），2015（4）：51-59.
② 魏彩红，张晓辉，赵宏玉，等. 免费师范生的职业认同类型及其学习动机特点研究. 教师教育研究，2013（3）：66-71，35.
③ 王丽，皮悦明，王有智. 免费师范生职后工作现状与发展意愿调查. 教师教育论坛，2017（11）：59-65.

学者基于教学技能的要素分析，提出免费师范生需要在教学设计技能、课堂操作技能、课外组织技能方面进一步提升。[①] 还有学者提出了免费师范生在职读研的有效学习模式——"一核三极"模式，即以师范生专业发展为内核，创建"三极"联动——教学（教师教育课程）、自学（教育实践）、网学（网络资源）模式。[②]

还有一部分学者对免费师范生政策进行了解读。一方面，大量文章阐述了免费师范生政策对推进教育公平的重要意义与价值。另一方面，一些研究也进行了反思，提出当前课程设置、师资配备不足，免费师范生自身学习动力不强，以及招生退出机制不健全等问题仍然存在。为了进一步促进免费师范生培养与地方基础教育实际情况匹配并顺利推进政策实施，需要对免费师范生政策从制度保障、教学模式、职业发展等方面进行更细致的调整改进。

四、时代先锋：牢记初心使命，谱写青春之歌的优秀公费师范生

2014 年 9 月 9 日，习近平总书记在到北京师范大学考察并与师生代表座谈时强调，全国广大教师要做有理想信念、有道德情操、有扎实知识、有仁爱之心的好老师，为发展具有中国特色、世界水平的现代教育，培养社会主义事业建设者和接班人做出更大贡献。《光明日报》记载了北京师范大学一批优秀公费师范生的故事，书写了他们的青春理想，也为我们展示了师范生的真实生活，在此摘录如下：

古丽加汗·艾买提是习总书记在北师大座谈会上唯一的学生代表，她向总书记汇报了扎根基层、奉献家乡教育事业的决心，这成为

---

① 邹绍清. 免费师范生教学技能培养方式创新研究. 西南大学学报（社会科学版），2012（3）：62-68.

② 龙宝新. 免费师范生在职读研的有效学习模式. 学位与研究生教育，2013（8）：19-24.

她追梦路上最大的动力。从上学第一天开始,古丽加汗·艾买提就特别热爱那方讲台、那块黑板、那些粉笔。"我就觉得这个位置将来应该属于我。"2011年,作为新疆地区民语系统高考文科状元,她毫不犹豫地选择了北京师范大学,选择了免费师范生。预科2年、大学4年,在北京求学的6年,古丽加汗·艾买提付出了超乎常人的勤奋和努力,为的就是离自己梦想中那方安身立命的三尺讲台再近一点。从没接触过的古文和英语,让初入大学的古丽加汗·艾买提一次次掉下眼泪,心中的教师梦让她永不言败。每天坚持晨读,从古文最基本的文字音韵学起,一到周末就去国家图书馆借阅书籍,而今她可以流利地浏览和背诵大量古籍;技能实训课上,为了提升教学能力,她每天坚持在公共水房的镜子前练习讲课;她还自学了手语和盲文,希望能够丰富自己的教学技能,为成为一名优秀的教师打好基础。"我的大学没有太多的华丽篇章,但充实而有意义;我的青春没有太多的豪言壮语,但踏实而有价值。"古丽加汗·艾买提说。毕业时古丽加汗·艾买提践行志愿,到祖国最需要的地方去书写青春。5年时间,从乌鲁木齐市二十三中到喀什地区叶城县第三中学,她已经从一个"小菜鸟"成长为可以讲经验、讲方法、讲技巧的骨干教师。

任教于浙江省温州第二高级中学的青年教师林蔚在高三时参加了北师大自主招生考试,自愿选择成为免费师范生。获得过国家奖学金、宝钢奖学金、北京师范大学"十佳大学生"称号的她,在教师工作中延续着她的优秀,获得过浙江省优质课一等奖、全国历史优质课评比高中组一等奖、"一师一优"课部级优课等荣誉。在第一年工作时,她经常为了备好一节课,"动手动脚找材料"到深夜一两点;从教5年,她的教学笔记、教学反思本已经占满了整整一排书架……过程固然辛苦,但是这种尝试和实践让她和学生们都能够一同去追索历史学"求真"的历程,体会到历史学超越时间、空间的魅力,让学生真正地爱上历史、爱上历史学习。①

　　在公费师范生政策背景下，全国还有许许多多的师范生与古丽加汗·艾买提、林蔚一样，选择回到家乡，回到祖国需要的地方。他们在三尺讲台上，牢记嘱托、奉献自我，谱写新时代的青春之歌！

　　文章对优秀公费师范生的记录彰显了他们为国奉献的人生观与价值观，也为公费师范生的自我发展与成长提供了值得借鉴之处。怎样充分利用本科期间公费师范教育资源，从而不断充实自我、提升自我，树立正确的职业观，提升工作技能和教学水平，有待每位公费师范生自身和政策制定者深思。

五、他国之月：印度尼西亚的"免费师范生"政策

　　当前国际上推行免费师范生计划的国家较少，除中国外，印度尼西亚（简称"印尼"）是较早开展该项目的国家之一。印度尼西亚是一个多民族、多宗教信仰的国家，地域跨度广。由于历史原因，不同地区的经济差异比较悬殊，使得印尼的教育资源存在分配不均的问题，经济发达地区如西部地区及部分大城市的师资情况、教学能力等明显强于不发达地区。根据《印尼 UPH 免费师范生计划》一文的介绍，印尼的教育经费有三大来源：一为国家预算；二为市政开支；三为个人、企业或集团捐献。高等教育经费以中央提供为主，普通教育经费以省和地区提供为主，同时政府允许私人按国家教育政策开办各级各类学校。

　　在多民族、多宗教的背景下，为了鼓励和发展本族教育，印尼出现了一批受族人支持的特色学校，其中，印尼的私立大学——希望之光大学（Universitas Pelita Harapan，UPH）与当地教育基金会联合开展了免费

_____

① 靳晓燕. 为了那份沉甸甸的嘱托：记北京师范大学优秀公费师范生群体. 光明日报，2019-07-08.

师范生计划。该计划为印尼本国人和其他国家的部分学生提供四年的免学费、杂费和生活补助的学习，学业考核合格者将根据前期目标课程培养计划带薪前往不同地区、不同层次的希望学校支教3～5年。其中：被派遣到分布在人口密度较小的偏远地区的学校，需要提供3年的支教时间；被派遣到分布在人口密度中等地区和人口密集的大城市的学校，需要提供5年的支教时间。派遣工作期满后，免费师范生与"100％奖学金计划"项目签订的合约便终止。

除了常规的本科教学之外，该计划还为免费师范生设置了在校生实习项目。此项目要求免费师范生毕业前在雅加达偏远地区中小学参加2 000小时的教学实习。总实习次数为三次，分别设置在第三学期、第六学期和第七学期。三次实习的时间安排以叠加式呈现：第二学年提供两周实习时间；第三学年提供三周实习时间；第四学年为长期实习，提供四个月实习时间。这为免费师范生在实际步入工作岗位前的准备和适应过程提供了有效的帮助。

自项目启动以来，UPH为印尼的在校生提供了不断学习和进修的机会。为了更好地激励品学兼优的教师提高学术造诣，学校还与美国哥伦比亚大学联合开启了培养硕士学位的进修计划。截至2015年，已经有550～600名优秀教师深造成功并回国继续任教。目前，参与该项目的五所师范院校已经有878名免费师范生成功毕业。该项目为免费师范生提供了追求职业进一步发展的途径，也丰富了他们的教育生活和教学体验，有利于提升他们的工作热情。

印尼免费师范生政策由于仅由私立大学自行组织创设，实施规模相对较小，但在学生培养方面设计更为精细化，值得我国参考借鉴。例如，在本科阶段要求免费师范生提前进行教学实习，有利于学生提早适应教学环境、培养教学技能。对优秀免费师范生提供的出国进修计划也有利于增强免费师范生自我提升的个体能动性，从而进一步提升免费师范生的教学质量。

六、一举多得："免费师范生"政策的效果

一方面，"免费师范生"政策对国家的教育事业发展和人才培养具有重要意义，通过这项政策，国家旨在实现三个"就是要"：就是要进一步形成尊师重教的浓厚氛围；就是要培养大批优秀的教师；就是要提倡教育家办学，鼓励更多的优秀青年终身做教育工作者。当前免费师范生的相关研究指出，中西部地区特别是农村地区原本的教育基础相对薄弱，由于经济发展水平相对较低，教育投入有限，教育资源匮乏，与东部地区的教育差距逐渐拉大，进而导致了恶性循环。由于该项政策要求毕业生回到所在省份中小学任教十年，其中两年在农村，因此"免费师范生"政策在一定程度上拓宽了农村和中西部地区教师的补充渠道，有助于满足教育资源匮乏的农村中小学的迫切教育需求，缩小城乡教育差距与地区教育差距，促进教育公平。属于"211工程"的部属师范院校培养出的毕业生也有助于保证高质量教师的稳定供给，加强教师队伍建设。[1]

另一方面，就业是民生之本，也是经济社会发展的重要支撑。党的十八大提出，推动实现更高质量的就业，实施就业优先战略和更加积极的就业政策，并把"实现就业更加充分"作为全面建成小康社会的重要目标。自党的十八大以来，以习近平同志为核心的党中央高度重视就业问题，根据经济新常态下的就业形势和特点，进一步丰富和发展了就业优先战略，我国就业规模持续扩大、就业结构更加优化、公共就业服务不断加强。党的十九届四中全会进一步指出，要健全有利于更充分、更高质量就业的促进机制，实施就业优先政策，创造更多就业岗位。健全公共就业服务和终身职业技能培训制度，完善重点群体就业支持体系。免费师范生政策在推动教育公平、有效增加教育资源供给的同时，也为免费师范生就业提供了

---

① 翟颖佳，谭娅，封世蓝．教师教学水平视角下免费师范生政策效应评估：基于山西省某中学学生学业水平的实证研究，工作论文，2021.

稳定途径，保障了就业出口，提高了教育质量，加快了人力资本积累。推进高质量就业、提升人力资本配置效率具有教育、就业两方面的积极贡献。

针对当前我国免费师范生政策实施过程中存在的问题，结合关于免费师范生政策的研究，目前有以下几个调整改进的方向：

一是通过调整原来的免费补助水平增强免费师范生学习的正向激励。调整原来的免费师范生统一的"两免一补"政策，师范院校对表现优异的免费师范生提供更多的生活补助或学习资源，以增强免费师范生在本科期间的学习积极性。

二是加强对免费师范生准入机制的考核，使学生在高考结束填报相关志愿时结合自身的职业规划综合考量、慎重选择，从而使更多真正有强烈从教动机、对教师工作充满热情的学生加入免费师范生队伍，确保有良好从教意愿的学生有充分的内在、外在学习动机并获得优质的教师教育。

2018 年 7 月，《教育部直属师范大学师范生公费教育实施办法》对我国原来的免费师范生教育政策进行了一系列调整，比如将"免费"改名为"公费"以增强公费教育师范生的自我认同与职业认同。公费师范生政策的体系化配套改革正在朝着进一步提升教育质量、促进教育公平的方向不断迈进，使得越来越多的人将成为公费师范生作为自己理想的专业方向，将毕业回家乡当教师作为自己满意的就业选择。

第五章　公立和私立学校的竞争：
"划片入学"如何实现优质教育资源共享

第四章谈论了"民办公助"教育模式的创新和"免费师范生"政策对于优质公共教育资源供给、促进人力资本积累的重要意义。诚然，实现优质教育资源共享是教育公平的重要保障。因此，在这个议题上我们在第五章引出第二个热点问题，即"划片入学"如何实现优质教育资源共享。近年来，一些公立学校与私立学校的恶性竞争导致"马太效应"出现，严重阻碍了教育公平。公办教育和民办教育是我国教育制度下相互补充的两股力量。随着国民经济的发展，私立学校凭借课程灵活多样等特点显现出了持续的活力，公立学校与私立学校的竞争也越来越激烈。

在"划片入学"的政策背景下，实现优质资源共享，促进公办、民办教育的良性竞争是实现"教育公平，人人成才"的重要保障。本章将从学前教育、小学教育与中学教育三个方面的现状出发，通过具体分析公立学校和私立学校的竞争，探讨"划片入学"背景下的优质资源共享问题。

一、学前教育：教育链条上的薄弱一环

改革开放以来，学前教育体制随着政府这双"有形的手"不断发生变化。1979—1998年，学前教育体制以政府为主导，形成了以具有单位福利性质的集体办园和其他部门办园的公办园为主、民办园为辅的体制。20世纪90年代末至21世纪初，伴随着市场经济体制改革，学前教育被推向市场，供给资源急剧减少，供需矛盾增大，民办园进入一个黄金发展时期，公办园持续萎缩。2010年后，学前教育重回"国策"层面。我国以

政府为主导，大力发展学前教育，重建学前教育公共服务体系，但在这一轮发展中，民办园仍然快速发展。虽然学前教育资源的供给不断，但是仍然存在着严重的优质资源短缺的情况。

目前，优质公立幼儿园资源稀缺，入园门槛高。在大城市，优质公立幼儿园已经成为稀缺资源，"示范园"更是稀缺资源中的珍品。公立幼儿园与小学招生不同，幼儿园不分片内片外，家长要想让孩子进入好的公立幼儿园，除了孩子通过学校的入学考查之外，还需要动用大量的社会关系，给幼儿园交捐资助学费。

私立幼儿园则两极分化严重，办学质量较好的私立园收费都较高。首先，私立幼儿园的运作遵循逐利的商业模式，为了树立品牌，往往需要投入大量成本进行形象宣传，这些成本必定会被转嫁到家长身上，而公立幼儿园是不存在这样的问题的。其次，政府部门对幼儿园的收费并没有明确的审核机制，更多的是采取备案的形式。一些幼儿园为了迎合部分家长"贵即好"的逻辑，不顾教育的公益性，在一些实际上与教育无关的方面下功夫，大做表面文章，不断上调价格，努力体现其"贵族性"。这样一来，私立幼儿园呈现出两头大、中间小的格局。一方面，"贵族幼儿园""天价幼儿园"层出不穷；另一方面，散落在城乡接合部的大量私立幼儿园收费很低，但质量难以保障，甚至存在安全隐患。

二、小学教育：减负难减焦虑

近年来，全国很多地区都掀起给小学生减负的热潮，缩短上课时间，减轻作业负担，甚至在校门口进行无记名问卷，调查到底是否存在违反减负要求的情况。关于应不应该给小学生减负，大家看法不一。部分家长支持给小学生减负，认为学校减负给课外兴趣、家庭教育留出时间，可以实现教育的多样化，给孩子不同成长路径的可能性，而不是全民统一的培养模式。学习讲究的是效率，不是学校教的内容越多越好，现在中国学生的上课时间仍然是全世界最多的，因而减去一些过度的重复练习是应当的。但更多家长对减负持负面态度，原因在于很多地区小升初是否全民摇号的政策还不明确。小学虽然减负，但是中考、高考又不减负，真要减负，就不能"头疼医头、脚疼医脚"，整个教育环节上各部位的改革都得跟上。何况事实上没有多少家长真的会给孩子减负，即便学校减负，很多家长仍会把孩子送到培训机构。

三、中学教育：冲出划片限制，民办中学火爆

小升初划片招生一直成为很多家长忧心的问题，尤其是孩子成绩不错的家长，很担心孩子被划到某所升学率一般的初中。于是，学区房成为比好成绩更重要的条件，这直接导致近年很多优质生源开始涌向异军突起的民办中学。以前从来不担心生源的公办中学不得不与民办中学争抢优质生源。对于优质生源，民办中学的火爆使得他们冲破了划片招生的限制，凭借小升初考试时的分数，迅速投奔到民办中学。

这些受青睐的民办学校往往管理严格，当各地教育局纷纷发文，要求各所学校对学生课业负担减负的时候，民办学校总是在暗地里使劲，对学生课业不敢掉以轻心。因为公办学校减负，就算学生成绩低，照样可以划片招生；而民办学校的升学率一旦降低，就意味着失去竞争力，变得无人问津。

当家长带着孩子选择某所学校的时候，不是看准了该校素质教育的光环，而是更在乎学校实打实的升学率。当一所民办学校的升学率可以力压众多公立学校的时候，该校的招生立刻就会门庭若市。以前，很多家长总是认为民办学校的教师不是铁饭碗，因而师资力量不够强。如今，民办学校可以凭借优厚的待遇，吸引优质教师，甚至去公办学校"挖来"优秀教师。不知不觉，民办学校的教学质量开始与公办学校相抗衡。在民办学校，从管理层到普通教师，都将升学率视为办学成绩的最重要标志。当升

学率逐渐提高后，民办学校自然开始吸引优质生源及家长，也为"挖来"优秀教师提供了基础。如此一来，民办学校就会进入良性循环——社会评价高，教师待遇高，生源素质高，学校收入高。

四、路在何方：优质资源共享的实现方式

在"划片入学"的大背景下，如何实现优质教育资源共享已经成为各个阶段都需要解决的问题。目前，学区制正处于从"单校划片"到"多校划片"的过渡阶段。

2013年，党的十八届三中全会通过的《关于全面深化改革若干重大问题的决定》明确提出试行学区制。2014年9月出台的《关于深化考试招生制度改革的实施意见》提出，义务教育免试就近入学，试行学区制和九年一贯对口招生。学区是地方教育行政部门为了落实与推进义务教育的就近免试入学要求，根据公立义务教育学校的分布情况及适龄学生的分布状况，以户籍为依据，对城市居民区进行划分形成的。[1]《义务教育法》规定，义务教育阶段教育学校必须坚持免试就近入学原则。因此，我国学区的划分是根据区域内学校情况、招生规模、适龄学生人数等情况制定的，主要以街道或街镇行政区划为划分依据。目前，我国大多数城市执行"单校划片"的入学政策，即一个小区对应一所小学及初中，学校和学生之间不能相互选择。然而，"单校划片"的弊端很严重。由于城镇化加速推进，城市发展变化日新月异，一些区域人口已经十分密集，但只有一所学校对口招生，而另一些区域已经出现人口大量外迁的"空心化"现象，造成学校资源闲置浪费。[2] 教育资源的不均衡，例如客观上存在的优质学校和薄弱学校的区分，使得"单校划片"的政策并不能获得广泛支持。针对"单校划片"的弊端，一些地区已经开始试行"多校划片"政策，即同

---

① 黄道主，许锋华. 扣问教育公平：从学区房现象谈起. 基础教育，2010 (11)：7-10.
② 郭丹丹，郑金洲. 学区化办学：预期、挑战与对策. 教育研究，2015 (9)：72-77.

一学区内义务教育阶段学校的数量不止一所，覆盖各个教育阶段，而且既有优质学校，也有薄弱学校。只要户口及房产符合规定，在入学时就可以选择所在片区的多所学校中的一所报名。与之相配套的还有"摇号入学"政策，如果所报学校报名人数超过计划招生数，那么就采用摇号的方式分配名额，未被摇中的学生就近安排到区域内其他学校读书。这样做的目的就是通过给学生以同等的择校机会，倒逼义务教育均衡发展，使得家门口的学校都成为好学校，进而促进义务教育起点公平。[①] 然而，"多校划片"政策虽然一定程度上遏制了"单校划片"的弊端，促进了相对就近入学，缓解了"学区房热"，但也存在一系列的问题。

"多校划片"在一定程度上解决了择校的问题，但没有根本解决择区的问题。需要肯定，"多校划片"政策使家长意识到，即便买了学区房，也不一定能进入该学区内心仪的目标学校，这样一来，可以降低家长择区的意愿和动机。[②] 然而，在现实生活中，教育资源的分布不均衡问题经常体现出区域性，即某个区域的教育水平要整体高于另一个区域，有可能出现某个学区内都是好学校，而另一个学区内没有一所好学校的现象。"多校划片"政策并不能撼动导致"择校问题"的精英主义价值取向。只要择校的收益大于择校的成本，家长就有择校的动力。在"多校划片"政策下，有可能将学区房问题从点状变成片状，原本与"名校"相距较远、本不属于学区房的小区，有可能通过在周边建设学校、与优质学校合作办学形成教育联盟，成为新的学区房。

值得注意的是，教育行政部门对于"多校划片"的方式并没有明确的规定，原则性的建议多，可操作的具体措施少。中国社会科学院法学研究所发布的《中国政府透明度指数报告（2016）》显示，45个县级政府未公开本年度小学划片信息，52个县级政府未公开本年度中学划片信息。[③] 在

---

① 熊丙奇. 理性评估"多校划片"政策的效用. 上海教育评估研究，2016（2）：23-25，30.
② 熊丙奇. "多校划片"要因地制宜. 商周刊，2016（7）：84.
③ 万静. 半数县未公开义务教育划片信息. 法制日报，2017-03-21.

这种情况下，如果缺乏相应的监督问责机制，在学校教育资源分配不均衡的情况下，很有可能出现暗箱操作。[①]

无论是"单校划片"，还是"多校划片"，其政策设计的初衷都是好的，但政策本身固有的局限和政策实施过程中出现的问题都需要我们重新审视和思考。需要认识到，"划片入学"政策不能是孤立的，只有不断提高教育资源供给质量，推进教育资源均衡供给，大力促进薄弱学校的提升改进，实现优质教育资源的共建、共享，才能从更深层次解决当前面临的各种问题。

---

① 杨东平．试论教育腐败．北京大学教育评论，2003（2）：109-112.

第六章　分级教育：面面观[①]

　　第五章谈论了涉及教育公平的热点话题，即划片入学如何实现优质教育资源共享，可以看出，实现"人人成才"必须不断提高教育资源供给质量，大力促进薄弱学校的提升改进，实现优质教育资源的共建共享。目前社会经济的飞速发展对"全方位、多层次"的人才培养政策提出了较高的要求。实现"人人成才"的教育目标不仅要做到"公平教育"，而且要做到"分门别类，因材施教"。劳动力要实现合理配置，必须有多层次、多门类的教育，以培养能够适应各种岗位和工作的人才。"分门别类，因材施教"即分级教学的制度安排在全世界都是常见的。许多国家的公立学校体系将学生按照学习能力区分开来，分流至不同的班级或学校，使用不同的教学方法，教授不同的课程，以期实现不同的培养目标。但各国在实施分级教学的手段、方法和程度上有着很大的不同。比如，在欧洲，学生通常在中学阶段就被分流至不同类型的学校，有的学校为学生提供学术教育，而有的学校为学生提供职业教育，因此不同类型学校的学生在未来的发展方向上有着很大的不同。而在美国和加拿大，往往是在同一所学校内根据学生的能力分层分组，实行差异化的培养。有理由相信，这两种分级教学的模式会产生十分不同的培养效果和社会效果。校内分级不改变学生在校级层面所能接触到的同伴群体，而如果将学生分流至多个专门化的学校，学生所能接触到的同伴群体的特征将发生很大的变化。而且，在校内分级教学的制度安排下，学生在不同层次之间的流动相对来说更容易，也许他们在某个学科上被分至较低的层次，而在另外的学科上会被分至较高

　　① 谭娅，封世蓝，张庆华，龚六堂．同群压力还是同群激励？——高中合作小组的同群效应研究．经济学（季刊），2021（2）：533－556．

的级别。

对于分级教学，历来有很大的争论，这些争论主要聚焦于公平与效率两个方面。支持分级教学的观点认为，将学生根据能力或学术兴趣进行分组能在很大程度上提高教育资源的利用效率，提升教育的效果。理论上，在分级教学的条件下，教育工作者可以针对特定的学生群体调整他们的教学方法，做到"因材施教"；学校也可以将各种资源有针对性地提供给不同类型的学生群体，以提高资源利用的效率。反对分级教学的观点认为，被置于较低层次的学生会受到不公平的待遇，其未来的发展也会受到影响；同时，现行的对学生进行分级的依据——无论是学习成绩、学习兴趣还是其他更为复杂的标准，都不一定是科学的、可信的、客观的。学生本身也在成长，如果在低年级时就对学生进行分级，出错的情况就更容易发生。实际上，学习成绩等主流标准之外的因素也会对分级产生影响，比如出身于经济条件优越、社会地位更高的家庭的学生更有可能通过一些途径被分至较高层次。此外，分级教学也会改变每个学生的同伴群体的特征，被分至较低层次的学生可能会因为同伴群体的整体水平的下降而受到负面影响。

形形色色的争论可以归结为如下三个问题：第一，分级教学能否提高学生的平均水平，即能否实现"帕累托改进"，至少是"卡尔多改进"，即分级教学是否有利于效率的提高？第二，分级教学是否在改善了一部分学生的境遇的同时恶化了另一部分学生的境遇，即分级教学是否扩大了不公平，以及这种不公平是否与学生的家庭背景等因素挂钩？第三，是否存在科学的、客观的、公认的分级标准，使得分级的结果确实与学生的学习能力、学习兴趣、发展方向相匹配，而不是近乎随机分配、"听天由命"？无论如何，分级教学、"因材施教"几乎是所有国家都要面临的必然选择，围绕着分级教学的理论、实践争论也在各个国家实际发生着，人们普遍期待一种既能促进效率、又能实现公平的分级教学制度安排。

一、实事求是：分级教学的理论探讨和实证研究

从理论上分析，分级教学会在很多方面对学生的学习产生直接和间接的影响。对学生学习成绩的决定因素的研究有很多方法，但最富有吸引力而且最为有效的方法是被经济学家称为"生产函数"的方法。通常认为，学生的学习成绩是由学习的先天能力、家庭背景、教师的资质及尽责程度、采用的教学方法、所在学校的水平和培养特色、同伴群体的特征、课外补习等因素共同决定的，这些因素构成了一个决定学生学习成绩的"生产函数"。而分级教学正是通过改变这些因素，进而对学生的学习成绩产生影响。假设先前没有采取分级教学模式的学校某天决定要立即实施分级教学，并根据分级教学的实际需要来重新配置学校的资源，那么这个学校的学生会面临相比于分级前大不相同的学习环境。上述因素中除了先天能力、家庭背景以外，几乎所有重要的影响因素，如授课教师、班级规模、同群效应、课程设置、教学方法、培养导向等都会发生变化。如果采取像德国、意大利等国的分级教学模式，学生被分流至不同培养导向的中学，学生面临的环境将更加不同，这自然会对学生的学习乃至未来的发展产生巨大影响。还有一个比较微妙的因素，就是分级教学的实施会影响家长为孩子报名参加课外辅导的决策。比如，在没有分级教学时，为了获得更为优质、更为丰富的学习资源，让孩子取得更好的成绩或找到更好的工作，实现"弯道超车"，经济状况较好的家庭可能会花更多的钱让孩子参加各式各样的课外补习。一旦实施了分级教学，家长会认为将孩子分至较高层次对课外补习是一种"替代品"，用于课外补习的花费可能会减少。如果孩子被分至较低层次，家长可能会花更多的钱让孩子参加课外补习。这个现象的存在可能会在一定程度上弥合由分级教学带来的不公平。

分级教学具有内生性。为什么一些国家采取分级教学，而另一些国家

不采取？为什么某些国家的一部分学校采取分级教学，而另一部分不采取？对于这些问题的思考将有助于我们理解分级教学的本质，有助于我们理解不同国家、不同社会的内在运行机制。决定公立学校是否采取分级教学模式的因素相当复杂，而这些因素本身可能就是影响学生学习成绩的因素，分级教学模式采取与否也许是"果"而不是"因"。例如，私立学校相对于公立学校的竞争程度会影响一个国家或地区内的公立学校是否采用分级教学的决策（Epple，Newlon，and Romano，2002)[1]，但这种竞争本身会通过多种渠道影响公立学校学生的成绩。从平等主义社会政策的角度来看，较为保守的社会更有可能利用分级制度来帮助富裕家庭的孩子，社会分裂程度较高的社会更有可能会利用分级制度将不同背景的学生分开。另外，种族、宗教、移民等因素也会影响分级教学制度的运用。Figlio 和 Page（2002)[2] 的研究表明，往往较富裕的学生更倾向于选择实行分级教学制度的学校。

有大量实证研究从不同角度来评估分级教学的效果，但结论多种多样。Slavin（1990)[3] 通过对美国和英国一些学校的研究发现，对采取分级教学的学校和不采取分级教学的学校进行比较，两者之间教学效果的差异大小不一，但实际上都接近于 0。他又分别研究了分级后高、中、低层级学生与未分级时同类学生之间的学习成绩差异，也没有得出一致的结论。但是，Kerckhoff（1986)[4] 对一个数量庞大的英国中学生群体的研究发现，分级对学生整体的平均水平有微小但正向的影响，高层次班级学生

① Epple，D.，E. Newlon，and R. Romano. Ability Tracking，School Competition，and the Distribution of Economic Benefits，*Journal of Public Economics*，2002（83）：1-48.

② Figlio，D. N. and M. E. Page. School Choice and the Distributional Effects of Ability Tracking：Does Separation Increase Inequality? *Journal of Urban Economics*，2002，51（3）：497-514.

③ Slavin，R. E.，Achievement Effects of Ability Grouping in Secondary Schools：A Best-Evidence Synthesis，*Review of Educational Research*，1990，60（3）：471-499.

④ Kerckhoff，A. C. Effects of Ability Grouping in British Secondary Schools，*American Sociological Review*，1986，51（6）：842-858.

的测试成绩要显著高于低层次班级学生。Hoffer（1992）[1] 研究了分级教学对中学生数学和自然科学成绩的影响，发现分级教学中较高层级的学生要比未分级的同类型学生表现出色，而较低层级学生表现得更差，同时分级教学未能对整体学生水平有显著影响。这说明，分级教学不但没有促进效率，反而扩大了不公平。Gamoran 和 Mare（1989）[2] 同样发现中学的分级教学会加剧不公平。Argys、Rees 和 Brewer（1996）[3] 也发现，分级教学会显著地加剧不公平，使得中高能力学生的成绩提高而低能力学生的成绩下降，同时发现分级教学使得平均水平有略微增长，增长值约为 2%。Betts 和 Shkolnik（1999）[4] 进行了一个有趣的模拟实验。图 6-1 反映了初始水平

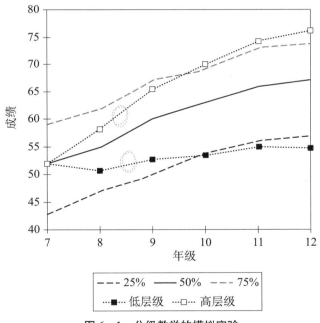

图 6-1　分级教学的模拟实验

　① 　Hoffer，T. B. Middle School Ability Grouping and Student Achievement in Science and Mathematics，*Educational Evaluation and Policy Analysis*，1992，14（3）：205－227.

　② 　Gamoran，A. and R. D. Mare. Secondary School Tracking and Educational Inequality：Compensation，Reinforcement，or Neutrality? *The American Journal of Sociology*，1989，94（5）：1146－1183.

　③ 　Argys，L. M.，D. I. Rees，and D. J. Brewer. Detracking America's Schools：Equity at Zero Cost? *Journal of Policy Analysis and Management*，1996，15（4）：623－645.

　④ 　Betts，J. R. and J. L. Shkolnik. The Effects of Ability Grouping on Student Achievement and Resource Allocation in Secondary Schools. *Economics of Education Review*，1999，19（1）：1－15.

在整体中位于 25%、50% 和 75% 的学生的数学测试成绩在 7 年级及之后几年的变化，同时他们给出了两个假想的典型学生，他们在初始时水平相同且位于中等水平，但被随机分入高层级和低层级。在随后几年，两者的水平发生了如图 6-1 所示的分野。这说明分级教学确实会对学生的学习产生明显的影响。

以上实证研究的结果存在较大差异，或许是由于研究对象的不同。关于分级教学对公平和效率的影响，可能并不存在一个适用于各国各地区的普遍定论。因此，我们更应聚焦本国的具体实践，解剖"麻雀"，分析现状，探究机制，发现问题，从而进一步优化我国教育体制，助力培养社会主义合格建设者和可靠接班人。

二、一石多鸟：分级教育的实践现状

国运兴衰，系于教育；教育振兴，全民有责。党和国家历来高度重视教育，中国始终把教育摆在优先发展的战略地位。中国的教育体系是多层次、全方位的，主要分为义务教育、学前教育、特殊教育、高中阶段教育〔包括普通高中（简称"普高"）、成人高中、中等职业教育〕、高等教育、成人与扫盲教育、民办教育。截至 2018 年，全国共有各级各类学校 51.88 万所，在校生 2.76 亿人，专任教师 1 672.85 万人。各阶段、各类型教育的详细数据见表 6-1。[①]

表 6-1　2019 年中国各教育阶段基本情况说明

阶段	类型	学校数量（万所）	在校生人数（万人）	专任教师数量（万人）	生师比
义务教育	小学	16.010 0	10 561.24	626.910	16.85∶1
	初中	5.240 0	4 827.14	374.740	12.88∶1
	总计	21.250 0	15 388.38	1 001.650	—

---

① 参见教育部网站《2019 年全国教育事业发展统计公报》。

续表

阶段	类型	学校数量（万所）	在校生人数（万人）	专任教师数量（万人）	生师比
学前教育		28.120 0	4 713.88	276.310	17.06：1
特殊教育		0.219 0	79.46	6.240	12.73：1
高中阶段教育	普通高中	1.400 0	2 414.31	185.920	12.99：1
	中等职业教育	1.010 0	1 576.47	84.290	18.70：1
	成人高中	0.033 0	4.12	0.193	21.35：1
	总计	2.440 0	3 994.90	270.403	—
高等教育	普通本科院校	0.126 5	3 031.53	174.010	17.42：1
	高职（专科）院校	0.142 3			17.42：1
	研究生培养机构	0.082 8	286.37	—	—
	总计	0.351 6	3 317.90	174.010	—
民办教育	民办幼儿园	17.320 0	2 649.44	—	—
	民办普通小学	0.622 8	944.91	—	—
	民办初中	0.579 3	687.40	—	—
	民办普通高中	0.342 7	359.68	—	—
	民办中等职业学校	0.198 5	224.37	—	—
	民办高校	0.075 7	708.83	—	—
	总计	19.139 0	5 574.63	—	—
总计		71.519 6	33 069.15	—	—

通过这张表，我们可以形成一个直观的感受：中国教育的一大特点就是分级分类。一方面，我国完整的教育体系能够为经济社会发展培养全方位、多层次的人才；另一方面，各个类型的群体都有机会接受教育，通过教育提升能力、改变人生。中国是一个超大型国家，教育的涉及面很广，受众类型多样，经济社会发展对人才的需求结构也十分复杂。这决定了中国的分级教学不可能存在一种包打天下的单一模式，而必须是多方面、多层次的。既有普通教育、职业教育、成人教育、特殊教育的种类之分，每个类型内部又有不同阶段和学校水平高低之分，同一所学校内部还分有不同层次的班级。下面我们主要聚焦高中阶段教育，选取两个角度来分析中国的分级教学实践。

　　我国的高中阶段教育包括普通高中、成人高中、中等职业学校，其中普通高中和中等职业学校在数量上占绝大部分。普通高中教育是在九年义务教育基础之上进一步提高国民素质、面向大众的基础教育，是使学生进入高等教育学校或社会的过渡阶段。中等职业教育是我国高等中级教育的重要组成部分，做强实体经济、推动高质量发展、创造高品质生活，离不开职业教育。习近平总书记指出，发展职业教育前景广阔、大有可为。特别是在中国经济从高速发展转向高质量发展，传统的要素驱动已不适应经济发展需要，我国正努力建设制造业强国，建设创新型国家，向全球价值链中高端攀升的大背景下，越来越需要高质量的职业教育，以培养更多应用型、技能型人才。

　　普通高中教育和中等职业教育培养不同层次、不同类型的人才，都必不可少。然而，一系列重要的问题随之产生：哪些人应当接受普通高中教育？哪些人应当接受中等职业教育？什么样的分流标准和分流比例才是公平的、有效率的？

　　我国高中阶段学校采取考试招生的制度，也就是所谓的"中考"。初中毕业生经过"中考"被分流至各个普通高中或中等职业学校。《国家中长期教育改革和发展规划纲要（2010—2020年）》指出，要根据经济社会发展需要，合理确定普通高中和中等职业学校的招生比例，今后一个时期总体保持普通高中和中等职业学校招生规模大体相当。《关于进一步推进高中阶段学校考试招生制度改革的指导意见》要求，各省（区、市）要按照普职招生规模大体相当的要求，切实做好中等职业学校招收初中毕业生工作，鼓励和引导动手能力强、职业倾向明显的学生接受职业教育，为培养高素质技术技能人才奠定基础。积极创造条件，使有意愿的初中毕业生都能进入中等职业学校学习。但实际上，2018年全国普通高中招生792.71万人，中等职业学校仅招生557.05万人，占高中阶段教育招生总数的41.3%。

　　被分流至不同类型的高中阶段教育学校，不仅意味着在高中阶段学到的知识内容不同，而且意味着走上了不同的人生道路。普通高中的毕业生通过参加普通高等学校招生全国统一考试进入普通高校，而中等职业学校的毕业生直接工作或参加"对口高考"进入高职院校。

在过去，一些学生虽未达到普通高中录取分数线，但仍可以通过各种非制度性渠道建立普通高中学籍，进入民办普通高中，参加普通高考。随着各地考试招生制度改革不断深化，普通高中和中等职业学校的招生比例的执行力度也越来越严格，各地普遍执行严格的规定，未达到普通高中录取分数线的一律不得建立普高学籍，且对参加中考的往届生降分之后再进行录取。目前，社会上对职业教育还存在着各种偏见，认为进入普高就能考大学，改变命运，而一旦进入职高就只能当工人。随着考试招生制度的严格执行，加之义务教育阶段学校的"减压""减负"力度不断加强，初中阶段的学生家长纷纷勒紧裤腰带让孩子参加各种培训班、补习班，生怕孩子过不了通往普通高中的独木桥。这种状况亟须改变。首先要矫正观念，大力弘扬工匠精神，让人们意识到，三百六十行行行出状元，职业只有社会分工的不同，而无高低贵贱之分。其次要加大投入力度，高质量发展职业教育，变考生及家长对职校的排斥力为职校对考生及家长的吸引力。最后要积极转变经济发展方式，加快制造强国发展步伐，扩大社会对高质量职业技术人才的需求，提升中国制造含金量。经济社会发展要靠人才推动，只有职业教育做大做强，培养一支支能力过硬、技术过硬的产业大军，我国经济转型发展才有源头活水、才有后劲、才有希望。

《国家中长期教育改革和发展规划纲要（2010—2020 年）》指出，推动普通高中多样化发展。促进办学体制多样化、培养模式多样化，满足不同潜质学生的发展需要。探索发现和培养创新人才的途径，鼓励普通高中办出特色。

普通高中的一个重要的培养目标是让学生在高考中取得好成绩，能够进入理想中的大学。在高考的指挥棒下，很多中学都根据学生的学习成绩设置不同层次的班级，如"实验班""重点班""普通班"等，以优化资源配置，实现不同的培养目标。

以衡水中学为例，衡水中学设置三个层次的班级，分别为奥赛班、实验班和普通班。三年内，学校组织三次分班，分别为高一第一学期、升高二时，以及升高三时。奥赛班初期人数大约为 300 人，学生在高一、高二将很大精力用于数学、物理、化学、生物、信息奥赛，力争在奥赛中摘金夺银。其中有很多学生最终能够通过各种方式进入北京大学、清华大学学习，其余的奥赛生则在高三分流到实验班后基本全部考入 985 大学。实验班按照中考成绩和进入衡水中学后的考试成绩择优选拔，开始时人数大约为 1 200 人，每年根据考试成绩动态调整，高三时大约保持在 900 人。这部分学生中的佼佼者担负着"裸分"冲击北大、清华的使命，其余学生基本都会考入 985 大学。普通班则由奥赛班、实验班之外的学生组成，其中的优秀者会考入 985 高校，中下游学生考入 211 高校，其余学生进入普通一本院校。

北京十一学校构建了一套分层、分类、综合、特需的课程体系，与传统模式有很大不同。学校设立了学科课程、实践课程、职业考察课程，以及社团和学生管理岗位，供学生自由选择，最大限度地满足每一位学生的学习需求。通过选课，每位学生均形成了自己的课表，有选择地将课程体系落实到每一个学习过程。传统的行政班转变为教学班，教室从单一功能转变为更符合学科特点的学科教室，需要承载更多的教育功能。[1]

以上两种模式虽然差别很大，但在本质上都属于分级教学。前者是以学生的成绩为唯一尺度，统一标准、统一分班，不同层次的班级享受不同的资源、承担不同的使命任务，同层次班级内的学生接受同质的教育。后者则以学生自由选择为依托，由学生根据自身能力、兴趣、意愿、定位来制定自己的专属课表，有点类似于我国大学现行的教学方式。

那么，普通高中的分级教学会对学生的学习产生怎样的影响？根据国

---

① 参见北京十一学校官网。

外文献，分级教学对学生学习产生的影响，在很大程度上是基于改变了学生同伴群体的特征，也就是"同群效应"。为了研究在中国的分级教学实践中"同群效应"对学生学习成绩的影响，我们选取了国内某所公立省级示范中学的 2017—2018 学年高一年级 616 名学生进行研究。在分级教学的政策背景下，该校根据中考成绩将学生分配到 11 个班级，包括 1 个竞赛班、6 个重点班和 4 个普通班，竞赛班和重点班以培优冲刺"双一流"名校为目标，普通班则以本科达线为目标。该校采取固定教室教学、任课教师在班级间轮换的方式（这也是国内现行的标准教学方式）。为了便于管理和教学，所有学生的分组和座位固定，在课堂时间他们必须坐在自己的座位上，该规定保证了座位邻近学生间的交流更为密切。该校紧密的作息时间安排要求同组的学生每天大部分时间一起学习、打扫卫生、参加活动，保证了同群效应的作用时间，便于我们进行研究。

结果表明，重点班中成绩下游的群体表现出很强的负向同群效应，而普通班中成绩上游的群体则表现出正向的同群效应，这形成了"凤尾"和"鸡头"的对比。由于重点班教师的教学目标倾向于培优，学生成绩普遍非常优异，且入学成绩差距很小。在重点班成绩处于下游的学生虽然面对高质量的同伴群体，但由于其在班内相对成绩偏低，在较高的成绩要求和激烈的竞争环境压力下，反而受到负向的同群效应影响。反观普通班，教师以增加高考本科达线率为目标，为学生制定的成绩目标相对较宽松，在压力相对较小的环境中，学生反而能够从同群效应中获益。

我们发现，学业成绩整体上呈现出较弱的同群效应。但这并不代表同群效应在高中教育中作用甚微，也不代表分级教学无法通过改变同伴群体影响学生的学习。首先，不同班级类型、不同学生群体受到的同群效应影响存在着较大差异，说明了"因地制宜，因材施教"的思想在激发同群效应方面同样成立。其次，在分级教学的制度背景下，重点班成绩相对落后的学生受到负向同群效应的影响，反而中考成绩相对较差，而在普通班成绩相对领先的学生受到正向的同群效应影响。这是由于在激烈竞争的环境下，部分成绩落后的学生反而可能由于自信心受挫、心理压力过大或者自我成就感过低等原因表现为负向同群效应。最后，竞争过于激烈的压力环境不利于正向同群效应的发挥，基于升学压力较小的欧美学校成绩数据进行的研究往往能够估计出正向的同群效应，而以升学压力相对更大的中国学校为样本的研究中，同群效应则不显著甚至为负。

上述研究结论对家庭和学校教育有着重要启示和实践意义。首先，在中国高竞争性、高筛选性的教育制度下，不一定会表现出很多国外研究中提出的正向同群效应，这使得中国的家长和学校需要采取更加合理的激励机制来促使个体从优秀的同群中获益。这同时说明，分级教学的效果不能一概而论，而应具体问题具体分析。其次，如果学生周围都是优秀的同群，家长也不宜过早地为之雀跃，在激烈竞争的环境下，部分学生可能并没有见贤思齐，反而因与同群之间过大的成绩差距而在学业上更为落后。家长和班主任需要关注学生心理状态，及时进行沟通，帮助他们树立自信心，正确认识与同群之间的差距，并将同群压力转化为学习动力。最后，在分级教学的制度安排下，学校应充分考虑到各个层次学生的学习需求，通过更为有效的方式帮助学生树立学习目标、立下奋斗志向。当学生对自身有了更为明确的定位后，与同群之间的差距才更有可能转化为动力，而不是过大的学习压力。

分级教学是一个复杂的课题，值得更加深入的探索。同时，它又是十分生动的实践，真真切切地影响着每一个人、每一个家庭乃至整个国家的发展。对分级教学，不同的人站在不同的立场，因此会有不同的评价。但无论如何，促进效率和确保公平永远是人们追求的目标，也是教育应当具有的特质。而对于国家，着眼于经济社会长远发展和人民日益增长的美好生活需要，投入更多资源发展教育、花更多的精力谋划教育，实事求是、审时度势、不失时机地进行教育体制改革，使得教育事业永远适应时代要求、引领时代发展，则是中华民族千秋伟业的重要保证。

第七章　教学效果评估：
"走班制"还是"固定班"

第六章提到分级教育是实现"分门别类，因材施教"的重要措施。近年来，走班制作为一种新兴的教学组织形式被广泛关注。与分级教育的目标一致，走班制的实质其实也是因材施教。走班制这种教学形式最早在大学实行，而中学走班制的探索最早在美国进行，之后世界各国都有所实践。近年来，各地纷纷出台了新高考改革方案，高考采用"3＋3"模式的省市数量不断扩大，"选课走班"的现象日益普遍。马克思曾说过：在共产主义社会里，任何人都没有特定的活动范围，每个人都可以在任何部门内发展，社会调节着整个生产，因而使我有可能随我自己的心愿今天干这事，明天干那事，上午打猎，下午捕鱼，傍晚从事畜牧，晚饭后从事批判，但并不因此就使我成为一个猎人、渔夫、牧人或批判者。[①] 走班制的目标正是使学生通过可选择的课程发现自己、唤醒自己，拥有自主学习的内生动力，从而更好地实现全面而有个性的发展。目前，关于走班制与固定班孰优孰劣，走班制应该怎样"走"的问题一直被广泛讨论。

一、雨后春笋："走班制"的现状

走班制是指按照课程的内容、类型、层次进行重新分班，使学生可以根据自己的兴趣爱好、未来发展路径以及现在的知识水平选择自己适合的班级，打破原来固定的班级授课形式。在走班制的整个实施过程中，学生

---

① 马克思，恩格斯．马克思恩格斯全集：第 3 卷．北京：人民出版社，1960：37．

游走于各个班级，没有固定的班级，所以这种教学模式被形象地称作"走班制"。

在新课程改革的背景下，固定的传统班级授课制度无法适应现实需要，这是我国推广走班制的背景。为了确保学生拥有课程的选择权，实现个性化的发展，许多学校根据国家的课程标准对教材进行二次加工，投身于"国家课程校本化"研究，分门别类开设各种个性化课程，构建更有可选择性的课程体系。学生可根据自己的学习能力和兴趣爱好选择适合自己的课程。走班制落实之后，每名学生的课程内容、授课时间、教师和教室都不相同，拥有了独一无二的课程表，这些要求是原来的固定班级授课制无法适应的。"走班制"让固定班级授课制的同一性与同步性被打破，它以灵活的流动性更切合课程选择的需求，使学生自主选课程、自主制订个性化修习计划行之有效。

21世纪教育研究院副院长熊丙奇认为，走班制教学可以分为四个层次：第一个层次是学校开设一些选修课；第二个层次是在必修课层面进行分层教学，让学生走班；第三个层次是必修课、选修课融合在一起；第四个层次就是完全的学生自主选择。① 我国中学目前开展的"走班制"水平还普遍停留在前三个层次，最后一个层次几乎没有学校可以达到。尽管这样，我们依然为完全的学生自主选择的目标而努力。总的来说，每个层次的走班制教学都具备课程多样化、学生自主选择空间大的特点。

走班制教学最重要的特点是课程多样化，主要表现为课程数量多、课程种类全、课程层次性强。没有足够的课程数量，走班制教学是"走"不起来的。新课程改革前夕，学校只开设国家规定的课程，学生无法做出自主选择，走班制也就难以实行。新课程改革之后，除开设国家规定的课程之外，学校又开设了一些独具特色的校本课程，学生可以依据自己的兴趣自主选择课程，这样就催生了走班制教学模式。走班制教学能否"走"好

---

① 马晖．"没有班级"的学校：北京市十一学校改革考．21世纪经济报道，2014-04-29．

的关键是学校课程的种类和层次性。必修课推行走班制意在注重学生学习效果的不同，因此对学生学习效果差距大的学科开发不同梯度的课程。选修课实行走班制意在注重学生兴趣特长和天资禀赋的差异，因此需要认真做好特色校本课程的开发和研究。全员全科选课走班制需要关注学生的个体差异，优化课程设计，设计出不同梯度、多种多样的课程，以弘扬学生个性。由此可见，与传统的固定班教学相比，走班制教学的课程在种类、数量、层次等方面差异显著。

走班制教学的另一个突出表现是班级的流动性，这主要表现为班级的流动和学习伙伴的流动。在传统教学模式下，班级被看作一个固定的单元，学校的各项活动都以班级为基本单位来开展。在走班制教学模式下，学生不再局限于一个固定的班级，而是要根据自己所选学科到相应的班级上课。这就打破了传统的班级概念，更大程度上是教学班的定义。另外，传统的班级教学是学生固定在一间教室里学习，学习伙伴是固定不变的。在走班制教学模式下，学习伙伴是不断发生变化的。对于学生而言，每个人的课程都是自主选择的，每个学生都有自己独一无二的课程表，在学习不同的课程时拥有不同的学习伙伴。随着年级的增长，学生所选课程每学期都会发生变化，相应的学习伙伴也会发生变化。

具有自主选择性是走班制学生的特点，学生对自己的课程进行选择是基于自我的认知。走班制教学赋予了学生充分的课程选择权，与过去学校规定每个学生应该在哪个班级上课、学习哪些课程是不同的。在走班制教学模式下，学生需要学习什么课程、想要学习什么课程，都是自主决定的，学校只要求学生在规定的时间内达到完成学业的修习要求。由于学校设置的课程众多，可选择性强，但是学生在每个学年学习的课程量是一定的，这就要求学生在面对多种多样的课程时要学会做出最适合自己的选择，非常考验学生自我认知的程度。对于必修课程，学生按照自己的学习能力选择适合自己的层次；对于选修课程，学生根据自己的兴趣特长和能力选择适合自己的课程。在这个过程中，学生不像从前一样是被动的学习者，而是主动的学习者。

二、内视反听："走班制"的典型案例

北京十一学校实现了一人一张课表的选课走班，达到了走班制最高的层次。学校根据国家课程方案和课程标准，充分考虑学生的实际需求，构建了"分层、分类、综合、特需"的课程方案。

北京十一学校实行课程难度分层，以满足不同学生的发展需要。数学和科学领域的物理、化学、生物学科自身体系逻辑严密，在基础教育的不同阶段，按照难度螺旋上升。这样的学科特征表现为学生对难易知识点掌握程度的差异。同时，学生的学习效果不同也反映了他们特有的发展需求，不同的发展需求对这些课程的难度要求也不同。因此，根据学科特点以及学生的学习基础、学习能力和自我发展方向，北京十一学校在数学和科学领域对课程进行分层设计。

以高中数学为例，学校设置了数学Ⅰ、数学Ⅱ、数学Ⅲ三个层次的课程。其中，数学Ⅰ是为将来升入大学准备选择人文社会、语言、法律、经济、商科、农林、中医、艺术、教育、心理等专业的学生以及有出国留学意愿的学生开设的。它立足普通高中数学课程标准，包括国家必修和选修Ⅰ的内容，满足国家统一高考的要求。数学Ⅱ主要针对准备选学金融、工程、矿业、师范等专业的学生开设。它将普通高中数学必修和选修Ⅰ课程进行整合，在课程标准的基础上略有拓展。数学Ⅲ是为喜欢数学，并且自主学习能力强，善于独立思考，准备未来攻读计算机、数学、物理等专业的学生开设的。数学Ⅲ在数学Ⅱ的基础上进行拓展和延伸，并与高等数学的内容有关联，是为计划参加自主招生考试、数学竞赛的学生准备的。

此外，学校还为喜爱数学且学有余力的学生开设了微积分、线性代数等大学先修课程。学生进入高中即开始选择分层课程，在学习过程中可以根据实际情况进行调层。

如果说学生在数学、物理、化学、生物等学科上的学习需求主要表现在"层"的差异上，那么学生在语文、英语、政治、历史、地理、技术、体育这些学科上的学习需求则主要表现为"类"的差异。"类"的差异主要表现为一种横向的志趣差异，不同学生往往对同一学科的不同方面感兴趣。分类课程的设置同样是为了满足有不同兴趣爱好的部分学生的需求，满足学生个性化的成长需求。以体育课程为例，北京十一学校有篮球、足球、排球、羽毛球、棒球、武术、飞盘、游泳、皮划艇、攀岩等 34 个种类的体育课程，学生可以根据自己的兴趣爱好自主选择。同样，在技术课程中，为了引领学生对未来发展方向的思考和规划，让学生感受到更专业的技术门类，学校将技术课程设置为通用技术和信息技术两大门类，下设 21 个模块，包括机器人、电子技术、机械技术、虚拟现实（VR）赛车、服装设计与制作、汽车三维（3D）设计与建模等。分类课程既考虑到学生对不同类别课程的兴趣程度，也关注到了学生未来发展的不同方向，这些也都造成了"类"的差异。以历史学科为例，依据学生未来发展方向的不同，学校开设了历史Ⅰ、历史Ⅱ两个类别的课程。历史Ⅰ类课程主要面向参加合格性考试的学生以及有出国意愿的学生，历史Ⅱ类课程主要针对参加等级考试的学生。这种分类课程的设置使教学变得更有针对性，使选考不同组合的学生既能打下坚实的基础，又能发展自己的个性。

北京十一学校致力于培养志存高远、诚信笃志、思想活跃、言行规范的社会栋梁和民族脊梁。要达成这样的培养目标，除了需要开设丰富的学科课程外，还需要多样的综合课程来支撑。著名教育家陶行知指出：教育的根本意义是生活之变化，生活无时不变，即生活无时不含有教育的意义。基于这样的课程理念，除分类课程和分层课程之外，学校还依据地方特色研究和开发综合课程，纳入学生的日常行为规范、社团生活、职业体验、游学课程、高端项目等学习内容，为拓展学生的综合素养打造了一条重要通道。

为适应学生的个性差异，学校会根据学生的特殊需求设计相应的课程方案。北京十一学校为有特殊需求的学生开设了特需课程。例如：因为身体原因不能参加正常体育活动的学生可以选学学校开设的"特种体育课程"，主要有台球、气功、瑜伽、慢走、太极拳等节奏舒缓的体育项目。这样的课程不限选课人数，不设最低班额。学校还为在某一方面有超常才华的学生定制"书院课程"，以充分发扬其特长。比如，为语文素养特别高、已开始小说创作的学生开设小说阅读与写作课程，为英语特别好的学生开设英文原著赏析课程，为提前保送大学的学生开设大学课程。

三、两难之局："走班制"还是"固定班"

总结我国中学走班制的教学经验，可以发现无论是哪个层次的走班制教学，都与学校开设的课程密切相关。选修课走班制教学要求学校开设不同类型的课程，必修课走班制教学要求学校对必修课内容进行合理的分层，全员全科选课走班制教学要求学校的课程既多种多样，又有着不同的层次。可见，学校的课程设置是实行走班制教学的基础。想要走班制有好的效果，真正地满足学生个性化发展的需要，拥有合理的课程结构、多样化的课程是必需的。

走班制的意义是毋庸置疑的，走班制实行的基础与条件也同样不容忽视。除去课程、教室、师资等外部因素，实施走班制的一个重要条件是学生要有充分的自我意识。学生只有正确认识自己的兴趣爱好、潜能特长，才能够真正在走班制提供的各种课程中做出适合自己的选择，以及真正地充分参与，拥有属于自己的课程组合和学习模式，进而有效地发展自己的个性。如果学生缺乏这种正确的自我认知，走班制的实施效果则只能大打折扣、事倍功半，甚至南辕北辙。

走班制不仅需要多样而全面的课程设置，也需要有与走班制相符的课程评价体系。如果走班制下学生没有配套的成绩评价体系，依然局限于应试教育评价的框架，那将会束缚学生个性的发展，势必违背教育规律，从某种程度上也就失去了实行走班制的初心。除了评价体系要跟上以外，走班制也需要一系列配套措施。与稳定的固定班相比，走班制的学生在选课上拥有充分的主动权，但学生的兴趣爱好不稳定，以及他们对未来发展的不确定性，都会导致盲目选课的可能。一味按照自己的兴趣爱好选择课程，容易造成自身的知识结构不合理。走班制下教室和同学都不是固定的，没有传统的班集体的概念，对于部分学生而言，师生情感可能会趋于淡薄，也难以建立深厚的同学友谊，而这些问题在固定班中是不存在的。实行走班制还是固定班，既要根据学生的具体需要，也要立足于学生自身的特点，更重要的是要做好一系列配套措施。

第八章　课内课外的国际比较：
反噬教育的"影子教育"

前几章从教育公平的角度讨论了"民办公助""免费师范生""划片入学"等相关政策是否真的能够做到使人人成才，以及分级教育、走班制是否能有效地因材施教等热点问题。可是在追求教育的公平性、多元化、针对性的同时，也出现了一些正在反噬教育的发展的衍生问题。以"影子教育"为例，该类教育主要指在学校的主流教育之外进行收费的课外收费活动。"影子教育"随着学校主流教育发展和改变。近二十多年来，"影子教育"在全球迅速扩展，它弥补了学校教育的不足，通过小班化和一对一的教学，在课外时间加强课程的学习。但与此同时，它也造成了加重学业负担、加剧教育不公平乃至社会不公平的现象。本章将对"影子教育"产生的收益与代价进行有针对性的讨论。

一、全民教育："影子教育"的实质

"影子教育"在包括日本和韩国的东亚部分地区盛行已久。许多研究者认为这种现象的背后因素是强调勤奋的儒家传统文化。在东欧，20世纪90年代的经济转型是"影子教育"扩张的一个重要因素，经济转型造成教师群体的工资大幅下降，迫使教师通过寻找其他赚钱渠道来满足家庭消费需要。在发达的资本主义国家也存在着"影子教育"扩张的情况，这反映了教育的国际竞争日趋激烈和教育国际排名的影响。在20世纪初，一国的教育制度服从国家建设的需要。如今，教育体系更加强调公平和创造力。"影子教育"作为学校主流教育的补充，它的扩张在某种程度上是

"全民教育"运动的结果。

从世界范围来看，"影子教育"主要有四种展开形式。第一种是小组或者一对一的形式，往往在学生或者教师的家中进行。第二种与学校的主流教育形式相同，以班级为单位在教室中进行。第三种在有视频设备的大型阶梯教室内进行，往往人数众多。第四种为通过互联网的线上教育。

课外辅导的提供者以大学生、全职教师和专业的公司为主。大学生提供非正式的课外辅导的目的往往是挣取生活费，基本没有受过专业培训，没有劳动合同，也无须纳税。更为正式的是由专业的教育机构提供的辅导。许多国家允许在职教师利用下班时间为学生提供课外辅导，但教师的课外辅导更多的是大班教学，一对一指导较少。

二、强中更强："影子教育"的现实收益

舒尔茨和贝克尔在有关人力资本理论的开创性著作中认为，培养儿童的过程是人力资本的积累，教育是对人力资本的投资。中国家庭对私人辅导的需求反映了舒尔茨和贝克尔的人力资本理论，课外辅导可以帮助学生在竞争激烈的教育体系中取得成功，并最终改变他们的经济命运。此外，接受课外辅导的学生可以从私人教师和辅导机构处获得关于外部学术资源、大学和未来职业规划的其他信息。中国教育体系中私人辅导的存在，在一定程度上可以用标准的微观经济学理论来解释。这一理论指出，公立学校可能会达到它们的容量极限，从而无法提供家长或学生需要的教育。与公共教育相比，课外私人辅导可以满足学生和家长对教育的需求，并鼓励家庭将更多的钱投资于课外教育。

中国的教育制度可以分为义务教育和非义务教育。义务教育基本上是免费的，是为来自不同社会经济背景的学生提供普及教育，高中与大学教育不是免费的。中国大约有 2 300 所大学，然而只有 112 所大学被

列为"211 工程",这些大学是比其他普通大学获得更多财政支持的重点大学。为了在重点大学接受教育,学生必须在高考中取得更为优异的成绩。因此,中国家庭在孩子的义务教育阶段就已经投入了大量资金。

政府向所有青少年提供的义务教育的服务质量也各不相同,部分原因是"重点学校"制度。《义务教育法》规定,禁止区分重点学校和非重点学校(或班级)。然而,在现实中,事实上具有"重点"地位的学校在声誉和资源方面远远超过普通学校。进入重点学校,进而取得更高的社会地位,已成为一个共识。

鉴于各地义务教育发展的不平衡,政府开始实施"就近入学"政策,限制了家庭为孩子选择最好学校的能力。因此,虽然价格十分昂贵且受到户籍制度的限制,在有重点学校的学区买房,成为最直接也是最困难的教育投资。但是,即使一个社会经济条件优越的家庭在一个有重点学校的地区买了房子,家庭中的孩子仍然需要争夺有限的教育机会。因此,所有社会经济地位的家庭都认为课外补习班是一种增强孩子的人力资本、提高孩子在学校和考试中的竞争力的方法。

三、缓释焦虑:"影子教育"的心理收益

在过去的 30 多年里,中国家庭的价值观发生了巨大的变化。独生子女已成为"唯一的希望",成为家庭的中心和未来。父母将教育投资作为促进孩子的人力资本和教育成功的一种方式。此外,由于中国经济的快速增长,家庭投资在孩子身上的经济资源数量也在增加。这种关注和压力已经对父母和孩子的心理健康产生了影响。课外辅导除了教育方面的收益以外,对家长和孩子可能也有着心理上的好处,因为广泛的教育竞争已经在中国社会引起了集体焦虑。许多家长,尤其是低收入和中等收入的家长,对课外辅导班都有着一种矛盾的心态。一方面,他们十分警惕,因为家教是一笔巨大的开支,会给家庭增加不少负担。另一方面,他们可能会从课

外辅导中寻求心理安慰。社会经济地位高的学生和来自发达地区的学生更愿意接受私人辅导，因为他们的竞争更为激烈。这些学生的辅导服务也更加丰富和多样化，对孩子的教育投资已经成为解决"地位恐慌"的一种方式。中国政府已经认识到上述问题，并一直在努力采取措施减轻学生应试教育的负担，如缩短上课时间，减少作业和考试的频率等。这些政策是基于良好的意愿实施的，但它们可能反而增加了家长和学生的压力和焦虑，从而增加了家庭对私人辅导的需求。因为家长认为经过减轻负担的努力后，学校课程更难以达到高中乃至入学考试的标准，进而选择参加课外辅导来弥补这中间的差距。

四、噬主之像："影子教育"反噬教育公平

马克思曾指出，教育深深地根植于"现实的人"的社会基础——政治和经济的发展状况。与低收入家庭相比，高收入家庭能支付起质量更高的课外辅导。前面已经提到过，"影子教育"能带来人力资本和更强的竞争力。高收入家庭可能由于社会经济地位的优势进行教育投资，从而获得更高的收益。因此，"影子教育"在没有政府干预的情况下，很有可能成为加剧社会不平等的因素。

"影子教育"带来的不平等也与城乡差距有关。在我国，城市地区课外辅导比乡村地区更为普遍，部分原因可以归为经济因素，城市人口一般拥有更高的收入水平和更强的经济实力。另外一个原因是城市人口密度大，所以能支撑各种课外辅导公司的运作。有学者通过分析全国数据证实了中国的"影子教育"确实存在城乡差距。除了经济和城乡因素，性别也是一个重要的因素。在孟加拉国，男孩比女孩有更多的机会接受课外辅导。这一结论符合我们的直觉，家长普遍认为男孩更需要通过学历来换得经济收入和社会地位。

五、他山之石：日本与欧盟的"影子教育"分析

1. 日本的"影子教育"

日本将各类课外辅导的培训班称为"私塾"。日本在第二次世界大战后经历了一次婴儿潮，到了 20 世纪 60 年代，这些孩子普遍到了上学的年龄，人口的增加导致入学竞争更加激烈，各类升学辅导班应运而生。20 世纪 60 年代末，日本实行课程教育改革，大大地增加了课程难度，大量学生跟不上学校的进度，需要补习课程，大量落榜生也造成了社会问题。日本学生上私塾的原因和中国学生类似，都是为了能够顺利升学，进入理想的学校。私塾教师对学生的课程讲解有耐心，环境也较为简单，满足了学生学习的需求。课外上私塾的孩子大多有强烈的上进心，私塾具有独有的浓厚学习氛围，家长放心将孩子送入私塾进行学习，往往能获得在学校中无法取得的成效。1965 年以后，日本"影子教育"发展迅猛。日本初中三年级参加课外辅导培训班的学生高达 2/3，此外还有将近 7％的初三学生在家接受课外辅导，有 15％的学生接受函授课程。[①] 高中入学考试对日本学生的未来十分关键，重要程度甚至超过高考，因此，日本学生参加课外辅导最多的年级是初中三年级。日本文部科学省公布的资料显示，2009 年，日本有大约 36％的小学生上私塾，中学生有大约 63％。2010 年，日本家长为孩子支付的课外辅导费用高达 120 亿美元。[②]

20 世纪 70 年代，日本开始探索课外辅导机构的管理方法。1988 年，私塾被划归教育服务产业，由经济产业省管辖，并受文部科学省监督，由《公司法》《法人税法》《特定商业交易法》《儿童权利公约》等法律法规进行约束。同年，经济产业省下属机构全国学习塾协会成立，专门负责规范

---

① 马克•贝磊. "影子教育"之全球扩张：教育公平、质量、发展中的利弊谈. 比较教育研究，2012（2）：13 - 17.
② 赵霞. 中国和韩国的影子教育比较研究. 上海：华东师范大学，2013.

协调整个课外学习辅导班市场，加强了法务、讲师资格认定和培训、课外辅导机构的认证。近年来，全国学习塾协会受日本经济产业省委托，研究并设计了"私塾讲师能力评价体系"，在集团指导、个别指导两个层面对私塾讲师进行考核和能力认证，对考试合格者授予认定证书，从而达到确保私塾讲师教学能力的目的。

2. 欧盟的"影子教育"

欧盟国家的经济和福利水平总体较高，居民的生活水平高，但随着国际竞争的日趋激烈，政府越来越关注学生的学业表现。欧盟中一些相对落后的国家将教育视为实现社会进步的有效手段，致力于提升本国的教育质量。"影子教育"作为主流教育的补充和发展，能缩小本国教育水平与其他国家教育水平的差距，缩小国家间学生学业水平的差距，逐渐被国家和民众普遍接受。欧债危机之后，政府的公共教育投入大幅削减，学校教师的工资收入下滑，许多优秀教师放弃教师岗位，转而寻求收入水平更高的其他工作，这导致了公共教育质量的下降。公共教育质量的下降使得重视子女教育的父母不得不让孩子参加课外辅导。"影子教育"能够提供更多的就业岗位、拉动消费，甚至有促进社会稳定的作用，政府出于本国的经济政治的考虑，都对影子教育采取放任或者鼓励的态度。比如法国政府对参加课外辅导的家庭给予50%的税收减免。影子教育具有补充主流学校教育的功能，不但能辅导学生提高学习成绩，还能减少父母照看孩子的时间，给父母带来更多的闲暇，因此深受父母欢迎。

据统计，欧盟辅导参与率最高和最低的国家分别为希腊和挪威，辅导参与率分别为74.9%和8.2%。欧盟国家中，希腊和塞浦路斯的家庭辅导费用最高，分别达到了两国当年对中小学教育支出的20.1%和17%。[①] 就课外辅导的科目而言，总体上还是以数学、科学和语言（特别是英语）这些大学入学考试必考科目为主。

---

① 陈全功. 补习教育的地域延展及其社会效应分析. 比较教育研究，2012（3）：42-46.

放眼全球，虽然各国经济社会环境不同，"影子教育"兴起的具体原因也有所差别，但是主要原因可以归结为以下几个：（1）追求高等教育。高等教育属于稀缺性资源，许多学生选择参加课外辅导来提高升学的概率，以进入梦想的大学。（2）个性化发展需要。随着生活水平的提高和教育观念的改变，主流学校提供的教育过于同质化，课外辅导能够对学生因材施教，能更好地满足人们个性多样的需求。（3）公共教育质量有待提高。目前公立学校教师薪资相对较低，教师教学积极性普遍不高，难以留住人才。为了寻求质量更高的教育，家长依托课外辅导来对子女教育进行补充。

"影子教育"在全球范围的兴起是复杂的经济、政治、文化等因素共同作用的结果。每个国家的教育体系的建立都有不同的社会历史背景，每个国家的公民秉持的教育观念也不尽相同。面对"影子教育"问题，我们不能完全照搬其他国家的政策，而是应该对本国的"影子教育"情况做好研究，以国内外的经验教训作为借鉴，提出针对我国的解决方案。

第九章　高等教育的归宿：
"好就业"还是"就好业"①

"人人成才"的目的是"人尽其才，才尽其用"。就业是最大的民生。

2020年《政府工作报告》指出，2020年的目标是：城镇新增就业900万人以上，城镇调查失业率6%左右，城镇登记失业率5.5%左右。2019年，全国高校毕业生人数达到834万人，受新冠肺炎疫情影响，2020年高校毕业生就业形势更加严峻。据统计，2020年高校应届毕业生已达到874万人，比2019年增加了40万人。如何让人才"好就业"与"就好业"一直是民生经济学关注的热点问题。

进入21世纪后，高等教育由精英走向大众，普通高校数量和在校学生数量不断增加。高等教育快速发展，在为我国现代化建设各行各业提供人才的同时也出现了一系列问题。从劳动者的角度来看，一方面，有些人很难找到工作；另一方面，相当大一部分人处于高知识水平、低职业地位、专业工作不匹配的状态。马克思曾经指出："一个人'在通常的健康、体力、精神、技能、技巧的状况下'，也有从事一份正常的劳动和停止安逸的需求"。② 可见，就业在人的整个发展过程中起着举足轻重的作用。大学扩招带来了高等教育机会的增加。如何提高高校毕业生的就业质量，从好就业到就好业，进而提高人力资本配置效率，是我们现在亟待讨论的问题。

---

① 本章的主要内容摘自如下两篇文章：封世蓝，谭娅，蒋承. 家庭社会网络与就业质量：基于2009—2015年"全国高校毕业生就业状况调查"的分析，金融研究，2019（10）：79-97；封世蓝，谭娅，黄楠，等. 户籍制度视角下的大学生专业与就业行业匹配度异质性研究：基于北京大学2008—2014届毕业生就业数据的分析. 经济科学，2017（5）：113-128.

② 马克思，恩格斯. 马克思恩格斯全集：第46卷（下册）. 北京：人民出版社，1980：112.

一、寻根究底：大学生就业何以难

1. "过度教育"——大材小用

弗里曼在《过度教育的美国人》中首先提出了"过度教育"一词，认为自 20 世纪 70 年代以来，教育收益率下降的原因是"教育过度"，即教育的供给超过了社会对教育的需求。[①] 从那以后，"过度教育"一词被广泛使用。总结学界的研究发现，"过度教育"的定义具有以下特点：评价维度有个体、工作要求和社会发展三个方面；结果是教育的回报率下降，教育资源被严重浪费；明显的表现是严重的失业现象，社会普遍追求高水平的教育。

学术界对"过度教育"现象有四种解释：人力资本理论、工作竞争理论、不充分信息理论和信号理论。根据人力资本理论，人力资本不仅可以像其他固定资本一样获得收益，而且有比其他资本更高的收益率。因此，一些国家，如美国和日本，积极投资教育，特别是高等教育。对个人来说，教育投资也是非常有效率的，不仅带来了工资的增长，而且能够带来社会地位的提高和阶级的跃升。在这一理论的影响下，国家和个人纷纷进行教育投资，接受过高等教育的劳动者迅速增加，对教育水平的追求也越来越高。根据工作竞争理论，雇主在劳动力市场上始终试图寻找培训成本最低的劳动力。当雇主选择劳动力时，他会尽量选择受教育程度高的劳动力以降低培训成本。在竞争就业的环境下，就业者争相增加对教育的投资，高学位开始贬值，过度教育现象越来越严重。不充分信息理论认为，人们对就业市场的乐观估计是"过度教育"的原因。弗里曼在他的著作《过度教育的美国人》中指出："根据当前劳动力市场的信息，人们对未来的劳动力市场有着良好的预期。事实上，高等教育的劳动力供给增加后，就不能被劳动力市场吸收，许多毕业生不得不接受低于自身教育水平的工

---

① 曲恒昌，曾晓东. 西方教育经济学研究. 北京：北京师范大学出版社，2000：328.

作。"劳动者由于对市场信息的把握不充分，盲目认为教育投资越多，就能获得越多的收入。信号理论认为，由于雇主的"有限理性"，在招聘员工的过程中，他不能完全识别员工的工作能力和经验，他必须依靠信息传输机制。最简单和最经济的传输机制是员工的文凭。员工文凭的水平和质量越高，员工就越有能力。对于员工，文凭成为他们在求职过程中向雇主推荐自己的最重要砝码。因此，员工必须使他们的文凭比其他人更有价值，以便在就业中占据有利地位。他们必须不断追求文凭的水平和质量。对文凭的追求越来越高，因此重点大学的文凭竞争越来越激烈。

2. "专业错配"——学不致用

根据《2016 年中国大学生就业报告》，大专生的就业专业相关度为57％，本科生的相关度为59％，研究生的相关度为68％，表明相当大一部分大学毕业生的专业不匹配。其他学者的研究也发现，专业与工作不匹配的问题存在于中国约 30％的大学毕业生当中。[①] 如果有很高比例的学生工作与学术应用不匹配，那么就难以发挥大学专业教育的优势与工作效率，很难实现"学以致用"的初衷。

学术界已经有许多关于这方面的研究，Robst（2007）将专业和工作之间的非相关性定义为横向不匹配，发现 45％的员工存在横向不匹配或部分匹配的现象。对于具有相同教育背景的劳动者，专业不匹配的收入低于专业匹配的收入。[②] Nordin 等（2010）利用瑞典的数据研究了横向错配对收入的影响，研究结果表明横向错配对收入的影响具有性别差异，男性的收入降低了 11％，而女性的收入降低了 6％。[③] 国内学者也有一些相关的探讨，王子成和杨伟国（2014）发现，横向错配对起薪没有显著影响，

① 刘扬. 大学专业与工作匹配研究：基于大学毕业生就业调查的实证分析. 清华大学教育研究，2010（6）：82-88.

② Robst, John. Education and Job Match: The Relatedness of College Major and Work. *Economics of Education Review*，2007（4）：397-407.

③ Nordin, Martin, Inga Persson, and Dan-Olof Rooth. Education-Occupation Mismatch: Is There an Income Penalty? *Economics of Education Review*，2010（6）：1047-1059.

但是会影响之后的工资水平，专业匹配严格的大学毕业生的工资水平比不匹配的高 14.55%，近似匹配比不匹配的高 6.68%。[1]

专业与职业的匹配程度不仅会影响收入水平，而且会影响工作的满意程度。Allen 和 Velden（2001）发现，如果员工不能在工作中充分展示他们的所学，工作满意度就会降低。[2] Wolbers（2003）发现，与专业匹配者相比，专业错配者较少参与职业培训，职位也更低。[3]

二、家庭资本：影响就业的重要因素

社会资本的内涵是社会关系网络。[4] 在就业相关的研究中，一般将社会资本理解为就业者在就业过程中获取和使用的嵌入社会关系网络的资源。[5] 这种资源又分为先赋性因素和后致性因素。[6] 先赋社会资本是指人一出生即可通过家庭背景形成的社会资本，与家庭的社会经济地位息息相关。后致社会资本是指通过自身的社会交往不断积累所形成的社会资本。

随着社会资本的重要作用逐渐得到认可，经济学家围绕社会资本的形成和作用机制进行了大量的理论和实证研究。相关理论研究重点关注社会资本在经济增长和区域发展方面的作用，发现其能够促进个体之间的信任和合作，进而提高集体行动的社会效率[7]，促进经济增长和社会发展[8]。

① 王子成，杨伟国. 就业匹配对大学生就业质量的影响效应. 教育与经济，2014（3）：44－52，57.

② Allen，Jim and Rolf van der Velden. Educational Mismatches versus Skill Mismatches：Effects on Wages，Job Satisfaction，and On-the-Job Search. Oxford Economic Papers，2001（3）：434－452.

③ Wolbers，Maarten. Job Mismatches and Their Labour-Market Effects among School-leavers in Europe. *European Sociological Review*，2003（3）：249－266.

④ 边燕杰. 社会资本研究. 学习与探索，2006（2）：39－40.

⑤⑥ Lin Nan. Building a Network Theory of Social Capital. *Connections*，1999（22）：28－51.

⑦ Ostrom，E. and T. K. Ahn. The Meaning of Social Capital and Its Link to Collective Action. *Handbook of Social Capital：The Troika of Sociology，Political Science and Economics*，2009：17－35.

⑧ Coleman，J. S. Social Capital in the Creation of Human Capital. *American Journal of Sociology*，1988（94）：95－120.

相关实证研究也发现社会资本在健康、移民、就业、创新等方面都发挥着一定的作用。[①]

　　“就业优先”作为国家“十三五”时期经济发展的政策保障，是关乎民生的头等大事，社会网络在劳动就业中起着非常重要的作用。国外研究发现，超过 50% 的工作机会是通过社会网络获取的[②]，社会网络在工作搜寻过程中能够为求职者提供诸多的便利条件[③④]，以及更直接的信息资源[⑤⑥]；同时，雇主希望雇用自己更熟悉或者更符合自身偏好的求职者[⑦]，因此，在社会网络的帮助下，求职者能够在劳动力市场中获得更高的预期回报和社会地位。在前人关于社会网络和就业质量的研究中，家庭社会网络与工作搜寻中的收入和就业满意度息息相关。

　　一些学者通过实证研究发现，家庭社会资本存量对大学生的求职结果具有显著影响。家庭社会资本水平越高，毕业生越愿意在企业就业、期望更高的月薪、拥有更强的求职信心、具有更大的推迟就业的可能性、付出较少的求职努力，以及更有可能落实工作单位。[⑧] 人力资本和社会资本是相互影响、相互转化的。一方面，父母的人脉能够向子女提供更好的教育

　　① Putnam，R. D. The Prosperous Community：Social Capital and Public Life. *The American Prospect*，1993（13）：35 - 42.

　　② Holzer，H. J. Informal Job Search and Black Youth Unemployment. *American Economic Review*，1987（3）：446 - 452.

　　③ Putnam，R. D. Bowling Alone：America's Declining Social Capital. In *Culture and Politics*，Palgrave Macmillan，New York，2000.

　　④⑤ Yakubovich，V. Finding Jobs in a Local Russian Labor Market. *American Sociological Review*，2005（3）：408 - 421.

　　⑥ Davern，M. and D. S. Hachen. The Role of Information and Influence in Social Networks：Examining the Association between Social Network Structure and Job Mobility. *American Journal of Economics and Sociology*，2006（2）：269 - 293.

　　⑦ Bian，Y.，X. Huang，and L. Zhang. Information and Favoritism：The Network Effect on Wage Income in China. *Social Networks*，2015（40）：129 - 138.

　　⑧ 闵维方，等 . 2005 年高校毕业生就业状况的调查分析. 高等教育研究，2006（1）：31 - 38；郑洁 . 家庭社会经济地位与大学生就业：社会资本的视角. 北京师范大学学报（社会科学版），2004（3）：112 - 119.

机会，影响子女人力资本的形成。[①] 另一方面，受过更好的教育和培训，以及拥有丰富的人力资本的个人更有机会在上层的社会圈子内流动。[②] 大学教育不仅对学生的人力资本积累有重要的作用，而且对社会资本有重大的影响。学生不仅获得知识，而且建立起了以校友为基础的人脉网。[③]

三、破局之路：就业困境的出路何在

我国每年高校毕业生达到 800 多万，2020 年更是达到巅峰。解决就业问题的呼声被推向高潮。由于新型冠状病毒肺炎（简称"新冠肺炎"）疫情的影响，众多毕业生无法按时开学，各大企业招聘会也不得不推迟，2020 年的毕业生面临着严峻的就业形势。针对就业市场需求下降、毕业生求职延后等情况，政府正积极地研究解决策略，通过各种政策鼓励企业复工，以加快全国所有行业的"复工复产"来缓解就业压力。然而在中国这个拥有 14 亿多人口的国家，解决就业问题的任务无疑是繁重、艰巨和紧迫的。从教育改革出发，以改善大学生的就业状况，无疑是解决就业困境的一剂良方。

首先，加强体制改革，优化教育资源配置。尽快发展更完备的社会保障体系，支持和帮助无法找到工作的失业者，解决他们的问题和需求，缓和他们因就业压力而带来的教育需求。此外，应通过政府调控来减少由受教育程度造成的工资差异，降低提高学历的内生动力；通过改革教育制度和结构，建立不同层次、不同类型的教育之间相互作用的流通渠道；通过

---

① Moerbeek, Hester, Wout Ultee, and Henk Flap. That's What Friends Are For: Ascribed and Achieved Social Capital in the Occupational Career. The European Social Network Conference, London, 1995; Barbieri, Paolo. Household, Social Capital and Labour Market Attainment. ECSR Workshop, 1996.

② Bourdier, P. The Forms of Capital. In *Handbook of Theory and Research for the Sociology of Education*, Westport, CT: Greenwood, 1986; Coleman, J. S. Social Capital in the Creation of Human Capital. *American Journal of Sociology*, 1988 (94): 95 – 120.

③ Lin Nan. Social Network and Status Attainment. *Annual Review of Sociology*, 1999 (25): 467 – 487.

规章制度积极指导建立终身教育体制，促进各种培训班的发展，使劳动者可以根据工作需要随时随地进行学习。

其次，建立创业型教育体系。在"大众创业，万众创新"的时代，大学生的创业教育尤为重要。创业教育离不开政府的支持、高校的融合、社会的推进，三方合力才能为当今社会培养出需要的人才。

我国与新加坡同属东亚儒家文化圈，在价值观念上具有相似性。新加坡的创业教育体系建设具有丰富的成功经验，对我国大学生创业型教育体系的建设具有一定的借鉴意义。与新加坡相比，我国想要建设创业型教育体系的问题和困难在于，我国高校缺乏有丰富创业经验的教师。因此，我国高校必须注重该类师资的引进，建立高校与优秀企业间的联系，从企业中寻找理论水平高、实践经验足的企业家担任大学生创业导师。此外，国内的大学虽然也开设了一些创业课程，但是专业课程契合度不够，没有形成自己的体系。国内大学应该与世界范围内创业教育经验丰富的学校进行合作，减少自身的教学薄弱环节，建立与国际接轨的创业型教育体系。

再次，健全就业服务体系，促进多渠道就业。目前，中央和地方政府在基层就业的某些优惠措施上存在着界定模糊的情况。通过分析基层就业情况可以发现，措施越明确的地区，基层就业的状况越好，对毕业生的促进作用就越大。所以中央和地方政府需要进一步明确政策，降低毕业生心理的不确定性，增强他们去基层发展的信心。

最后，还要健全就业服务体系。我国存在着严重的劳动力供需不匹配现象，政府应该承担起消除劳动力市场信息不对称的责任，搭起劳动力和企业之间的桥梁。对职位需求情况、学校专业情况、岗位需求人数、工资水平、福利待遇、未来发展路径等相关信息进行整理与发布。政府和高校还要通过出台实习政策、举办职业培训班、开展就业讲座的形式对学生就业提供指导和帮助。为了支持大学生创业者，政府要主导建立中立机构，为创业者提供风险评估、效益评估、信用担保等服务，并给予适当的资金支持，降低大学生创业的风险。

第十章 愿"人人成才，人尽其才"

教育是民生之基，不仅关乎国家发展大计，而且关乎百姓的切身利益。教育作为全面建成小康社会、加快推进社会主义现代化的基础工程，作为社会主义精神文明建设的重要组成部分，承担起全面建成小康社会的重要责任。教育措施的一举一动都牵动着千家万户。只有使每一位公民都公平地接受良好的教育，才是服务民生和社会的重要保障。

自 1949 年以来，经过全党、全社会的不懈努力和共同奋斗，我国教育彻底改变了底子薄、整体落后的情况，取得了举世瞩目的成绩。可以看到，随着教育的不断深化改革，学前教育、基础教育、高等教育均实现了跨越式发展，国民素质有了质的提升，人民的受教育权利得到了切实的保障。尤其近年来教育扶贫工作的切实开展，通过不同形式的知识培训进行教育扶持，使贫困地区的人口无论在思想文化素质还是技能水平方面，都得到了全方位的提升，大幅改善了贫困人口素质不高、文化水平低、缺乏技能的现状。与此同时，教育扶贫对斩断贫困的恶性循环链、为贫困地区的经济社会发展输送优质的人力资源，以及缩小我国居民的收入差距发挥着重要作用。

然而，我国是人口大国，且正处于体制深刻转换、结构深刻调整、社会深刻变革的历史时期。在这样一个新的历史时期，我国教育事业的发展所面临的挑战相当严峻。总的来说，教育发展依然存在着许多问题。这些问题的存在严重影响了我国教育的均衡发展，对两个一百年奋斗目标的实现构成了巨大的挑战。

在本篇中，我们围绕实现"人人成才，人尽其才"的目标这一主线，谈论"如何使人人皆成才"的教育公平问题、"如何因材施教"的教育政策问题和"如何人尽其才"的就业问题，全面阐述笔者对中国教育领域改革成就与未来发展方向的一些思考。"人人皆成才"是教育的最终目的，"分门别类，因材施教"的改革方向与教育政策是实现"人人皆成才"的重要保障。"人人皆成才"的最终落脚点是"人尽其才"。本篇选取与这三大主题息息相关的八个热点问题进行深入讨论，以期对人民关心的若干现实问题进行剖析和回应。

新时代赋予中国教育前所未有的重任。唯改革者进，唯创新者强，唯改革创新者胜。教育改革已经进入"深水区"，剩下的都是难啃的"硬骨头"。只有拿出"敢为人先"的勇气，锐意改革，激励创新，才能让教育改革持续深入，才能朝人民满意的目标稳步迈进，才能为教育发展装上强大的引擎。目前，改革开放和社会主义现代化建设、促进人的全面发展和社会全面进步对教育和学习提出了新的更高的要求。我们要抓住机遇、超前布局，以更高远的历史站位、更宽广的国际视野、更深邃的战略眼光，对加快推进教育现代化、建设教育强国做出总体部署和战略设计，坚持把优先发展教育事业作为推动党和国家各项事业发展的重要先手棋，使中国教育既要注重教育公平、科学选拔人才、引导学生全面发展，又能把握世界教育发展的大趋势，拓展国际视野，增强国际竞争意识，探索国际经验的本土化实践。不断使教育同党和国家事业发展要求相适应、同人民群众期待相契合、同我国综合国力和国际地位相匹配。

从更高的要求来看，本篇的内容尚不足以成为"新时代民生经济学"关于教育的系统性理论，仅仅是对一些教育问题进行初步的探讨与分析。新时代发展中国特色教育事业需要坚持马克思主义的指导地位，坚持社会主义的办学方向，加快推进教育现代化，以习近平新时代中国特色社会主义思想作为理论指导，发展让人民满意的教育。仅以本篇内容抛砖引玉，期待新时代民生经济学理论成果更加完善。

第三篇

"让全体人民病有所医" 的民生经济学

医疗关乎人们的健康。健康是促进人的全面发展的必然要求，是经济社会发展的基础条件，是民族昌盛和国家富强的重要标志，也是广大人民群众的共同追求。

健康是人生存和发展的前提，是人全面发展的基础。有了健康的身体，人才能够从事劳动，在劳动中收获快乐与满足；有了健康的身体，人才能够安心学习，在学习中感受知识的美好；有了健康的身体，人才能够积极参与公共事业，在奉献中收获自己的人生价值。随着人民生活水平的提高，人们对健康的要求也在不断提升，对医疗资源的需求也在不断增加。所以，在全面建成小康社会的进程中，习近平总书记指出，"没有全民健康，就没有全面小康"，可见医疗在民生领域的重要地位。

首先，医疗条件和个人发展密切相关。人的生老病死，无不与医院有着密切的联系，无不需要医疗卫生资源的保障，医疗对每一个人来说都至关重要。人们出生在医院，在医院治疗成长过程中遭遇的疾病和伤痛，也多在医院去世。医院提供的医疗服务的可得性，直接关系到人们生活的基本尊严。除了身体健康之外，心理健康的保障也离不开医院提供的心理咨询服务。身体健康和心理健康，是人全面发展的基础。因此，享受医疗服务是人的基本权利。

其次，医疗是经济社会发展的基础条件。一方面，医疗条件决定了劳动力的健康水平，健康的劳动力是社会再生产的必要条件，社会再生产的顺利进行是经济发展的重要条件。另一方面，医疗对社会发展也有重要作用。当疫情蔓延时，人们会不自觉地将生活的重心转移到预防生病中去，从而使得社会的正常运转出现摩擦甚至停滞，许多原有的社会生活被迫推迟。因此，俗话说"身心康泰、延年益寿"，能够"病有所医"是每个家庭的期望，是居民"幸福感、获得感和安全感"的重要源泉。

最后，良好的医疗条件也是民族昌盛和国家富强的重要标志。医疗是一个国家综合实力的重要体现，不同国家对待、治疗疾病时的举措直接关乎着本国人民的幸福感、安全感与自豪感。习近平总书记在党的第十九次全国代表大会上指出，人民健康是民族昌盛和国家富强的重要标志。要完善国民健康政策，为人民群众提供全方位全周期健康服务。从这个意义上说，医疗具有准社会公共产品的特征，是维护社会和谐、推动社会发展的重要条件。

因此，良好的医疗条件对保障民生、服务民生非常重要。可以预见的是，随着我国经济社会水平的不断提高，人们对健康的需求、对优质医疗资源的需求继续增加，这将成为人们不断追求美好生活的重要组成部分。

习近平总书记高度重视人民群众的健康问题，提出"没有全民健康，就没有全面小康"的定位。2020年，针对肆虐全球的新冠肺炎疫情，习近平总书记要求各级党委和政府及有关部门要把人民群众生命安全和身体健康放在第一位，制订周密方案，组织各方力量开展防控，采取切实有效措施，坚决遏制疫情蔓延势头。中央指导组也参照这一要求，提出并践行了"应收尽收、应治尽治"等思路，努力带领全党全国打赢疫情防控阻击战。如何从马克思主义政治经济学的立场、观点、方法出发，科学地分析、认识医疗问题，客观地评估我国在医疗领域取得的成就和存在的问题，深刻地领悟习近平总书记关于医疗问题的重要论述精神，全面地理解当前我国针对医疗领域的新思路、新政策，是我们能够在医疗这一民生关键领域进一步取得进步、最终实现"全民健康"目标的思想理论基础。

在本篇中，我们将围绕实现"全民健康"目标这一主线，阐述我们对医疗问题，特别是我国医疗领域改革发展实践的一些看法。在第一章中，我们介绍了我国医疗卫生领域的总体成就，有针对性地指出了我国医疗卫生领域曾经并且至今仍存在的三大问题——看病难、看病贵和医患矛盾及冲突。第二章梳理了2009年新医改以来，针对这些问题我国发布的相关政策，客观评价了我国新医改在各个领域所取得的成就。第三章针对看病难问题，指出看病难的根源在于医疗资源的错配，而分级诊疗是良方。在第四章中，针对当前主张通过社会办医解决看病难问题的声音，我们梳理了当前针对社会办医的相关支持政策，指出了社会办医在取得成就的同时存在的不足，将社会办医增加医疗资源供给明确为看病难问题的辅助解决方案。第五章指出，当前我国看病贵问题的根源在于医疗保障制度的不完善，并结合《关于深化医疗保障制度改革的意见》给出了相应的建议。第六章着眼于全球，对英国与美国的医疗保障体制进行了有针对性的总结，为我国的医疗保障体制改革提炼了经验与教训。第七章指出，医疗保障制度改革需要多方参与、多方协调和共同治理，从而对社会组织参与医疗保障制度改革进行了展望。第八章针对医患冲突问题指出医患冲突的根源在于医患矛盾，医患矛盾本身不可避免，但在长期，随着医疗技术手段的进步，医疗领域参与的各方都能够分享相应的红利，因此，通过一系列制度设计，医患冲突将逐渐改善，医患矛盾也将逐渐减少。

第一章　效率与廉价的悖论：
我国医疗卫生领域的成就与问题

作为经济社会发展过程中永恒存在的矛盾，医疗卫生资源如何以最小的投入换取最大程度的资源配置效率这一问题，始终是影响人民群众对医疗卫生事业发展获得感的关键性问题。本章将结合我国医疗卫生领域发展所借鉴的相关理论，介绍我国医疗卫生领域整体的发展成就，指出我国医疗卫生领域面临的三大问题：看病难、看病贵和医患矛盾及冲突。

一、问道四方：我国医疗卫生领域的理论建设

评价一个国家医疗卫生发展所取得的成就和面临的问题，首先需要关注其发展中所参考的理论。

由于缺乏相应的实践，从中华人民共和国成立开始，我国卫生领域的理论建设长期以他国为师。中华人民共和国成立初期，我国主动学习苏联在医疗领域的相关经验，引进苏联医疗设备，开办了一系列联合诊所。改革开放以后，对西方卫生经济学有关理论的研究和借鉴促进了我国医疗界的迅速发展。我国卫生经济学经历了一个从传统卫生经济学转向不断融合最新健康发展内涵的健康经济学的发展过程。

卫生经济学侧重于站在经济学的研究视角，从成本-收益角度对医疗行为性质产生的影响进行一定的价值评价。例如，在一定的医疗市场条件下，医疗行为具有明显的边界性特征，集中体现了卫生经济学对医疗行为的价值评价，进而对产生适度医疗与过度医疗的界限进行区分。从简单的主体角度而言，过度医疗是指由于医生给予患者的医疗超过患者疾病的诊

断和治疗需要而给患者造成不必要的痛苦与经济上的浪费的医疗行为。这种医疗行为的成本-收益联系既体现在患者对医疗卫生服务的直接意愿支付价格和因医疗卫生服务供给而产生痛苦的机会成本的评价上，也体现在医疗服务供给方为维持可观的经济收益及其必要的生存而产生的各种成本的对比上。进而，小到医疗预防保健方法的选择、大到大病诊疗方案和普遍医疗方法的选择都能使用成本-收益进行定性分析乃至定量评价。这一分析的最终路径是通过一定的技术分析方法，对所有可评价的因子都以成本-收益方式进行货币价值的测算，在众多医疗卫生行为或方案中比较全部方案，进而可以评价某一医疗行为或方案是否存在问题。

进一步地，随着主体数目的增多，由个体的成本-收益评价所引发的问题会被不断放大和加强，加之市场上存在的信息不对称，容易诱发道德风险、逆向选择以及医生信息优势等问题，在医疗服务市场上最终容易发展为存在供方垄断和需方被动的特殊情况。在这一背景下，供方医生对卫生服务的利用具有决定作用，往往能左右消费者的选择，进而为公共卫生领域及宏观领域某一类主体的医疗卫生行为提供判断的决策与依据，如有关卫生政策的执行是否有效和有关卫生系统体制的改革是否合理等。

但传统卫生经济学的理论亦存在缺点和局限。我国的学者在马克思主义经济理论的研究视域下，将处于一定医疗关系背景下的人作为主要的研究切入点，从而对传统的卫生经济学理论做出了重大改进。传统的卫生经济学无法挖掘医疗卫生服务发展对"人"这一主体产生异化的重要性，进而忽略了由于"人"的异化性而产生的医疗保障等价值评价。事实上，传统卫生经济学领域的形成正是在医疗行为商品化的背景下展开的，而医疗行为的商品化则是在医疗行为的报酬上形成社会性的价格。这一过程正是以医疗行为的社会性价格的完成为前提的，而这一社会性价格取决于特定阶段社会对医疗行为保障所能带来的劳动力再生产能力的社会性价格的评价，这种评价往往具有一定的限制性条件。从当代资本主义发展的视角来看，在福利经济学思潮影响下的部分西方国家虽然在外延上扩展了与个体发展有关的健康需求与概念，但由于缺乏理论的价值支撑，在界定医疗卫生行为及其可以产生的变化等条件上存在过度与泛化的倾向。例如，仅仅依据"健康产业""工具性自由""维护健康人权"等容易产生模糊的价值导向，进而在卫生经济学理论本身局限的影响下诱发新的问题。因此，要想全面、科学、合理地界定医疗行为，需要对上述理论、理念做必要的价值判断和内涵约束。

理论是行动的先导，理论的建设和争鸣也一直是我国医疗卫生体制改革过程中的主线。而任何伟大思想和理论的诞生，都离不开滋养其形成的时代大背景和环境。改革开放以来，我国学界吸收借鉴了西方卫生经济学的相关理论，对医疗卫生领域的理论进行了多番探索，同时及时总结了我国的有益经验。自 2009 年新医改实施以来，在批判性发展和实践西方卫生经济学有关理论的基础上，结合我国先前的经验和教训，逐渐树立起以人为本的医疗卫生发展理念，始终坚持马克思主义基本原理和中国特色社会主义道路的前进方向，及时总结历次医改过程中的经验和教训，将我国特有的"历史望远镜"准确融入和运用到最新发展阶段，准确把握医疗卫生健康事业发展的内涵，进而在实践中逐步形成、丰富和发展出一套包含认识论、方法论和实践论的医疗卫生和健康发展理论体系，这一体系具有显著的人民性、系统性、民族性和开放性特征。

二、蒸蒸日上：我国医疗卫生领域取得的总体成就

自中华人民共和国成立以来，特别是改革开放以后，在前述理论的指导下，随着我国医药卫生体制改革的推进和经济社会的高速发展，我国在医疗卫生领域取得了巨大的成就，居民的医疗条件得到了显著改善。

首先，我国居民的人均期望寿命大幅提高、婴幼儿死亡率大幅降低。人均期望寿命是衡量一个城市、一个国家居民医疗条件的最基础及最直观

的指标。在中华人民共和国成立之初，我国人均期望寿命仅为 35 岁，到了 2018 年，这一指标达到了 77 岁。[①] 对于这一指标的改善，提升营养摄取、扑灭传染病以及提高医疗卫生水平均功不可没。婴儿死亡率指婴儿出生后不满周岁死亡人数与出生人数的比率，是反映一个国家和民族的居民健康水平和社会经济发展水平的重要指标，特别是衡量妇幼保健工作水平的重要指标。中华人民共和国成立前，我国婴儿死亡率约为 200‰；中华人民共和国成立后，该指标迅速下降，到 2018 年，这一数据仅为 6.1‰。[②] 相比之下，2017 年，美国婴儿死亡率为 5.7‰，英国婴儿死亡率为 3.7‰，法国婴儿死亡率为 3.5‰，德国婴儿死亡率为 3.1‰，日本婴儿死亡率为 1.9‰，我国已逐渐接近发达国家水平。

其次，我国医疗卫生服务的供给主体显著增长。中华人民共和国成立初期，我国医疗卫生水平很低，且大部分医院集中在城镇。20 世纪 50—70 年代，经过努力，我国公共卫生体系初步建立。1978 年末，我国医疗卫生机构有 17 万个，床位有 204 万张，卫生技术人员有 246 万人，但医疗卫生事业总体水平依然不高。改革开放以来，公共卫生领域投入不断加大，医疗科技水平迅速提高，医疗卫生体系逐步建立健全。2018 年末，全国共有医疗卫生机构 99.7 万个，比 1949 年末增长 271 倍；卫生技术人员 952 万人，比 1949 年末增长 17.8 倍。供给主体的增长意味着医疗卫生服务供给量的增加，这也是我国医疗卫生条件不断改善的重要标志。

最后，我国对重大传染病的防控工作取得了重大进展，中华人民共和国成立以前，我国大地上传染病肆虐，严重威胁着人民群众的生命安全。中华人民共和国成立之后，通过疫苗等措施，我国在 20 世纪 50 年代末基本消灭鼠疫、真性霍乱及血吸虫病，20 世纪 60 年代初基本消灭天花。2003 年，我国成功战胜重症急性呼吸综合征（简称"非典"或 SARS）。2020 年，我国在应对新冠肺炎疫情时，也取得了阶段性的胜利。

---

① 70 年人均预期寿命增长一倍，中国为什么能？新华社，2019 - 09 - 21.
② 卫健委：2018 年我国婴儿死亡率从 6.8‰下降到 6.1‰. 新民晚报，2019 - 05 - 27.

总体来看，我国在医疗卫生领域取得了巨大成就，各项指标显著改善，在应对各种突发疫情时也更加从容不迫。正因如此，我国居民也对我国的医疗卫生提出了更高的要求。

三、美中不足：我国医疗卫生领域存在的问题

在看到成就的同时，我们也应聚焦医疗卫生领域存在的问题。我国医疗卫生领域存在的问题主要有：看病难、看病贵和医患矛盾及冲突。

第一大问题是由健康服务需求引发的医疗卫生资源稀缺问题，也就是看病难问题。一直以来，看病难问题都是群众反映较为强烈的问题。改革开放前，受制于经济发展水平和整体医疗卫生条件的落后，问题主要表现为医药供给量的不足，许多病人得不到应有的救治。改革开放以后，随着经济发展水平的提高，我国医院整体医疗水平显著提升，医疗服务的供给量也大幅增加，但人们对健康的要求也相应提高。受制于日益增长的医疗卫生服务需求和有限的医疗资源之间的矛盾，医疗服务自然演化出"马太效应"。患者对大医院医疗服务的追捧使得黄牛号现象屡禁不止，人们往往要花几倍的钱才能挂到专家号，社会各界对此充满怨言。

近年来，受益于互联网等技术的发展，传统的看病难现象有所缓解，却表现出更加多样化的形式。对于病人而言，随着近年来网络挂号、手机挂号、微信预约、挂号机自助挂号等多重方式的推广，传统挂号流程有了很大优化，挂号实名制的推出也使黄牛号现象基本被杜绝。但是，看病难依然是很多病人在看病时的直观感受。

首先，挂号号源尤其是代表优质医疗服务的专家以及各三甲和专业性医院的号源紧张成为突出的问题。随着各类门诊排名的发布，排名前列的三甲医院科室一号难求的现象已成常态，优质专家号源往往在发布瞬间便被挂完。而普通号源有时则面临供大于求的局面。

其次，病床位置一床难求，即使成功挂号，人们也经常面对无床导致

无法收治的尴尬局面。尤其是每年秋冬季节，流感导致的呼吸系统疾病多发，更是给医院的住院系统带来了压力。随着住院群体平均年龄的增长，住院恢复时间也在不断延长，从而加剧了住院难问题。

最后，医院的检查项目设置繁多，由于患者和医生之间难以建立起有效、畅通的沟通渠道，医患之间的信息不对称和看病流水化作业的冗长流程消磨了医患之间的信任和信心，尤其是对于部分疑难杂症患者的诊疗过程，每个项目等待检查时间的累加使得这些病人看病难的体验感更加强烈。

对于医生而言，也存在着自己的看病难问题。

一是医生给患者看病的自由度受到限制，缺乏必要的医疗服务质量激励机制。取消以药养医之后，医生看病时往往受到医院和科室创收的双重压力。医保控费从上到下，存在一个压力传导途径，医保部门将控费目标与医院获得的基金份额挂钩，影响医院的收入。医院为了实现目标，将控费与科室和个人的绩效奖金相关联，将控费压力分解给科室和医生。这有时候反而造成了医生看的病人越多，开的药物越多，奖金反而越少的局面。

二是医生供给的总量和结构与需求不匹配的问题。有数据显示，2012年，我国医学生毕业 60 万人，其中进入医疗行业的只有 10 万人。这也导致医生人才缺口的不断扩大，单个医生的工作强度也在放大，医生的工作压力也在变大。同时，医生科室结构不协调。有限的医学生在选择科室的时候，经常由于工作性质等原因而拒绝选择儿科、急诊科等科室，从而避免面对态度不佳的患者，避免经历更多的医患冲突，这进一步放大了这些科室医生的工作压力。

三是现有医生职业晋升路径和考核评价条件设置不合理。医生除了需要负责临床治疗之外，为了晋升还需要在科研领域有所建树，这就进一步加大了他们的工作难度，尤其使主要负责临床一线医护的医生背负着巨大的精神和心理压力。另外，现存医患关系的紧张复杂容易导致医生逐渐丧失工作热情，甚至有些医生放弃从医，这更加剧了看病难的困境，反过来又造成了医患关系更为紧张的恶性循环。

第二大问题——看病贵问题则诞生于医疗市场化推进过程中。看病贵问题主要体现在个人对医疗卫生支出的负担比重上。在我国放开医疗卫生体制改革的初期，主要表现为居民看病的自付比例过高。如图1-1所示，在2000年前后，我国医疗卫生费用中，个人卫生支出所占的比重一度达到60%，居民医疗负担明显过重。

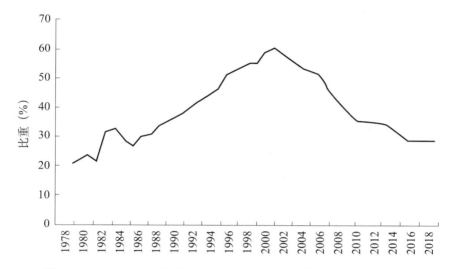

图1-1 1978—2018年我国个人卫生支出占卫生费用比重的变化趋势

资料来源：Wind数据库。

当前，虽然我国个人卫生支出占卫生费用的比重显著下降，但看病贵问题依然未能有效解决，其表现形式更加隐蔽，这些问题通过各种渠道形成患者看病的各种机会成本，事实上加重了患者的负担。此外，分担主体范围的不断扩大和负担最终归宿的不明晰也间接形成了隐性的负担。随着全民医保体系的建立，传统的居民看病贵问题开始困扰患者、医保基金和政府部门等多个主体，影响医疗卫生资源分配的公平性和可及性。

首先，对于患者个人而言，其面临的看病贵问题主要表现为医保支付的不即时性和覆盖的不全面性。不即时性即看病住院需要患者先行垫付相关费用，出院后医保再行结算，这给很多不富裕的家庭带来了一定的经济压力。覆盖的不全面性则表现为医保支付的项目覆盖不全面，一些用药、耗材、服务等不列入医保支付项目，患者必须自己买单。而对于整个患者群体而言，看病贵问题对这类群体的看病获得感形成了实质性的支出压力，其更多地表现为医保基金的收支压力及政府的财政支出压力的增加。

以居民基本医疗保险为例，尽管相关数据显示，近年来我国居民基本医疗保险收入始终大于支出（如表 1-1 所示），但在大多数年份中，支出的增速均高于收入的增速，实际情况不容乐观。

表 1-1　2011—2018 年居民基本医疗保险基金收入与支出情况

年份	居民基本医疗保险基金收入（亿元）	收入增速（%）	居民基本医疗保险基金支出（亿元）	支出增速（%）
2011	2 614.29		2 064.07	
2012	3 262.00	24.78	2 994.00	45.05
2013	3 926.74	20.38	3 688.38	23.19
2014	4 477.35	14.02	4 242.98	15.04
2015	5 404.72	20.71	4 784.85	12.77
2016	6 094.60	12.76	5 472.03	14.36
2017	6 838.33	12.20	6 121.16	11.86
2018	7 967.64	16.51	7 269.45	18.76

资料来源：Wind 数据库。

早在 2016 年，就出现了中南大学湘雅二院因为长沙医保基金常年拖欠医保款项而公开拒收长沙医保患者的新闻。自 2017 年底开始，陆续有多家医院的内部"控费令"被相关媒体报道。尽管数据显示当年医保基金还有结余，但地方医保的控费压力已经凸显。随着我国人口老龄化的不断发展以及疾病谱系的变化，在可预见的未来，医保基金从年轻人手中获得的收入增速将不断放缓，而向老年人发放的支出将越来越多，医保基金将面临巨大的潜在压力。

其次是政府支出的压力问题。2010—2016 年，全国公共财政支出对基本医疗保险基金的补助逐年上升（如图 1-2 所示），这导致了政府卫生支出占财政支出的比重也在波动上升（如图 1-3 所示）。

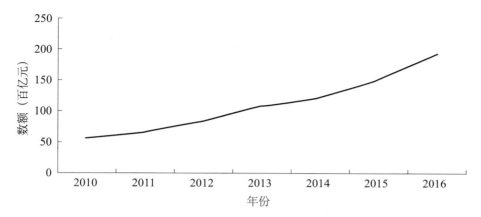

图 1-2　2010—2016 年全国公共财政支出对基本医疗保险基金的补助

资料来源：Wind 数据库。

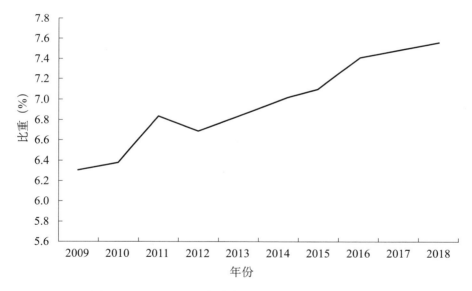

图 1-3　2009—2018 年政府卫生支出占财政支出的比重

资料来源：Wind 数据库。

随着我国经济增长进入新常态，全国一般公共预算收入增速放缓，加上医保基金未来缺口的扩大，未来，财政势必要将更多的资源投入医疗领域。当更多的医疗卫生支出成为刚性支出时，各级政府财政收支面临的矛盾和问题就会被显著放大，进而容易形成刚性支出压力，甚至引发财政风险。

最后是我国的医患矛盾及冲突问题。近年来，医患矛盾呈现出一种渐趋极端化的倾向，矛盾在积累中演化成冲突的案件屡见不鲜。医患矛盾由来已久，但有记载可循的医患冲突始于 2006 年的哈尔滨医科大学附属第二医院（简称"哈医二院"）天价医药费案。自此之后，医患矛盾事件屡屡见诸网络和报端，且数量逐年攀升，呈现居高不下的态势（如图 1 - 4 所示）。例如，2012 年哈尔滨医科大学附属第一医院（简称"哈医一院"）和 2019 年底民航总医院所发生的伤医事件，不仅给整个医生群体带来了巨大的心理创伤，而且给整个医药卫生体制改革增添了不少压力。

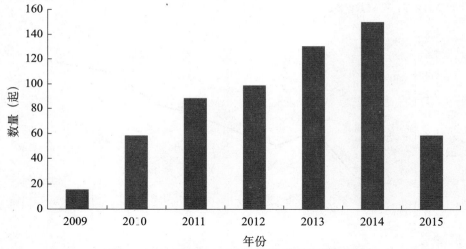

图 1 - 4   2009 年至 2015 年 4 月伤医事件数量统计

资料来源：丁香园。

说明：2015 年数据仅截至 4 月。

医患冲突导致的恶性事件暴露出背后更深层次的医患矛盾问题。2012 年哈医一院的伤医事件发生后，某网站对读者对这一事件的反应做过统计，竟然有不少网友对这一伤医案表示"高兴"。这一数据表明，医患冲突并不仅仅是单纯的孤立事件，背后是患者在面临看病难和看病贵问题时所酝酿的负面情绪的累积，以及对医生的不信任。

与看病难和看病贵问题相比，医患矛盾尤其是激烈的医患冲突虽然不是广泛存在的问题，但每一次爆发都会给社会带来巨大的心理冲击。无论是医生群体还是普通民众，都震惊于伤医手段的残忍，并结合自身的看病难体验给予解读。

对于医生群体而言，由于医患矛盾的升级，医患之间的交流沟通不畅导致医患间的信息不对称问题更加突出，直接体现为医生给患者看病越来越注重"防御性医疗"——这是在一些特定情况下医生所采取的医疗行为，目的更多在于避免医疗风险与诉讼，而宁愿牺牲最优治疗方案，比如给患者开一些原本不必要的检查等。而对患者而言，个别群体的激进措施使得整个患者群体要为医生的"防御性医疗"买单，这又进一步加剧了看病难和看病贵问题。

医患冲突问题在全球都是普遍存在的，但我国医患冲突的激烈程度在全球也是不多见的。2018年11月，在中国医学科学院与医学界的顶级期刊《柳叶刀》合办的"柳叶刀-中国医学科学院医学会议"上，《柳叶刀》的主编理查德·霍顿（Richard Horton）表示："对比中国和其他国家的投稿，中国医生对医患关系的关注度更高……我确信，其他国家也面临同样的问题，但是没有一个国家的医生像中国医生这样担心。"由此可见，解决我国现有的看病难和看病贵问题，需要从我国当前医患关系矛盾的现实性角度出发，进一步挖掘我国医药卫生体制改革中存在的问题和风险。

总体而言，医患冲突的加剧是对我国医疗卫生体制改革成果的潜在威胁，其因看病难和看病贵问题而起，又反过来加剧了看病难和看病贵问题，由此成为我国当前医疗卫生体制改革所需要解决的重大问题。

总之，本篇从理论入手，介绍了我国在医疗卫生领域取得的成就，以及看病难、看病贵、医患矛盾及冲突等多个热点问题，从而引出下文——我国在新医改中试图解决相关问题的努力和成果，以及对未来进一步巩固这些成果从而解决问题的思考。

第二章　新医改十年纪：
我们从哪里来，我们向何处去

新医改已经走过了十余个年头，关于新医改应当何去何从依然是学界研究的热点，系统地回顾新医改走过的历程，科学地评价这一轮新医改所发挥的作用和贡献，不仅对下一步我国深化医药卫生体制改革具有重要意义，而且能使我们更加牢固地把握改革主动权，更好地为我国健康发展战略目标的实施提供重要的参考和依据。因此，本章主要运用定性分析和实证研究，根据第一章所描述的医药卫生体制在市场化推进阶段所存在的问题，指出我国在 2009 年开启新医改时设定的目标，从而回答"我们从哪里来"的问题。同时，本章将介绍新医改十年，在全民医保体系构建、药品综合保障制度改革、分级诊疗制度探索、现代医院管理制度改革和综合监管制度改革五大领域中所取得的成绩，以及这些成绩为何还不足以解决看病难和看病贵问题。最后，本章结合习近平总书记关于应对新冠肺炎疫情时的讲话，指出我国现行医药卫生体制的不足，明确未来医药卫生体制改革的方向，从而解决好"我们向何处去"的问题。

一、历史记忆：2009 年新医改启动的背景及准备过程

20 世纪 70 年代末，卫生部党组根据党的十一届三中全会的决定，提出医疗卫生事业也要探索按照客观经济规律办事，转换机制，通过改革促进卫生事业的发展，这标志着医疗领域的市场化改革正式启动。

在改革开放的前 30 年，我国医药卫生体制改革取得了举世瞩目的成绩。我国主要医疗卫生服务的技术手段、配置水平有极快的发展，技术水

平、服务能力得到显著提高。

但是，前卫生部政策法规司司长刘新明认为，市场化改革在推进过程中也存在着六大问题：资源配置失衡的问题仍然没有得到解决；卫生费用增长过快；保障制度不健全；政府投入不足；医疗卫生服务系统公益性弱化；药品定价机制不健全。

2003年"非典"疫情暴发以后，国务院发展研究中心对医药卫生体制的市场化改革进行了全面调研，最终给出了"基本不成功"的定性判断。在这一阶段，党和政府进行了深刻总结，认识到在经济高速发展的同时，必须高度关注社会事业的发展，必须解决好经济与社会事业统筹协调发展的问题，必须坚持以人为本，必须更加关注卫生事业的发展。

2006年下半年，中共中央政治局组织了第35次集体学习，党中央决定把卫生改革问题作为集体学习的内容。胡锦涛总书记就坚持公共医疗卫生的公益性、人人享有基本医疗服务发表了重要讲话。国务院多次召开国务院常务会议研究医改问题，听取各方改革意见，并多次召开部际协调会议，研究医改问题。2006年6月下旬，国务院专门成立深化医药卫生体制改革的部际协调工作小组，协调推动医改问题。

2007年，陈竺就任卫生部部长。同期，国务院委托国内外重要的研究机构，如世界银行、世界卫生组织、国务院发展研究中心、北京大学、复旦大学等开展独立的研究，提出医药卫生体制改革的思路和方案。

在深入调查研究并向全社会公开征求意见之后，2009年初，国务院常务会议讨论修改后，原则上通过了改革的文件。中央政治局随后听取小组的汇报。2009年，《关于深化医药卫生体制改革的意见》《医药卫生体制改革近期重点实施方案（2009—2011年）》正式下发。这两个文件的出台标志着新医改的正式启动。

二、全民共享：全民医保体系的建立

在医改中，医疗保障改革，即建立覆盖全民的医疗保险制度框架。事实上，这个领域的改革先于新医改的整体起步。长期以来，医疗保障面的覆盖程度、规模和层次是为医药卫生制度改革起铺垫和定调作用的关键性问题。2002年10月，《关于进一步加强农村卫生工作的决定》发布。2003年，新农合开始试点，并在2007年实现了农村人口的全覆盖，这也为2009年后新医改方案的启动打下了重要的基础。再加上1998年建立的城镇职工医疗保险制度，以及最后启动实施的城镇居民医疗保险制度，以这三大制度为主体的医疗保障体系在2011年共覆盖了全国人口的95%。2016年，国务院发布《关于整合城乡居民基本医疗保险制度的意见》，将城市居民医保与新农合合并为城乡居民基本医疗保险，以缩小城乡居民差距，缓解城乡之间的收入分配不公问题。在基本医疗保险制度构建和完善的同时，我国也先后建立了城乡医疗救助制度、疾病应急救助制度等救助制度。除此之外，商业健康保险、职工互助保险等补充性保险发挥了重要作用。最终，我国逐步形成了以基本医疗保险为主体、以商业健康保险为补充、以医疗救助为底线的多层次医疗保障体系。这一医疗体系的形成标志着新医改的总体目标是在明确"人人享有基本医疗卫生服务"的基础上，深化相关保障面的有效覆盖，形成合理的保障面基本格局。

医疗保障是增量改革，不涉及过多的利益纠葛，因此，改革的阻力最小。同时，医疗保障制度改革意味着居民看病费用的降低，也是民众获得感最高的改革。对于社会而言，医疗保障制度的建立与完善符合社会各界的统一认知，无论是医改的市场派还是政府派都将其视为应有之义。在诸多的共识中，医疗保障制度改革自然也成为新医改的先行者和主力军。

伴随着医疗保障水平的稳步提升，政府对医保基金的补助和支出也在同时提升。2010—2013年，全国公共财政支出对基本医疗保险基金的补助逐年上升。全国公共财政的医疗支出由2010年的4 804亿元上升到2018年的15 700亿元。可观的财政补助也带动了医保参保人数的上升。2017年，全国参加基本医疗保险的人数为117 681万人，比2016年末增加43 290万人。其中：参加职工基本医疗保险的人数为30 323万人，比

2016 年末增加 791 万人；参加城乡居民基本医疗保险的人数为 87 359 万人，比 2016 年末增加 42 499 万人。在参加职工基本医疗保险的人中，参保职工为 22 288 万人，参保退休人员为 8 034 万人，分别比 2016 年末增加 568 万人和 223 万人。2017 年末参加基本医疗保险的农民工人数为 6 225万人，比 2016 年末增加 1 399 万人。

2017 年，全国基本医疗保险基金总收入为 17 932 亿元，支出 14 422 亿元，分别比 2016 年增长 37％和 33.9％。2017 年末，基本医疗保险统筹基金累计结存 13 234 亿元（含城乡居民基本医疗保险基金累计结存 3 535 亿元），个人账户累计 6 152 亿元。进而，从稳步提高保障水平的角度来看，新医改目前已取得了成效，初步形成了具有中国特色的医疗保障体系，有效满足了人民群众的医疗健康需求。

三、有求必应：药品综合保障制度的建立

在医疗保障水平实现有效覆盖的基础上，精细化治理医药卫生资源分配中的价格问题就显得非常重要。在此基础上，药品作为医药卫生事业发展的重要产品，不仅对应着健康和发展的民生需求，而且直接关系到医疗保障可持续发展的重要环节；不仅是直接关联政府作为和市场调节的重要枢纽，而且是牵涉多方主体的利益的核心所在。因此，在围绕解决药品资源分配现实性矛盾的基础上，结合我国实际，新医改中对有关药品供应保障也落实了重要的改革举措，其中，药品供应保障制度改革主要包括"四加四减"，其核心在于以下几道程序：

第一道加法是建立基本药品目录，逐渐将该制度覆盖全部公立医疗机构，取消药品加成，从而阻断以药养医的渠道。基本药品是适应基本医疗卫生需求的药品，2009 年后已先后两次动态修订基本药品目录，目前基本药品已增加到 685 种，其中，西药 417 种，中成药（含民族药）268 种。目前基本药品已纳入医疗保险药品甲类目录，满足临床治疗基本需要。对

于实行"基药制度"而带来的医疗机构收入的减少问题，则通过增加政府财政补贴以及提高医疗服务价格两条途径进行弥补。

第二道加法是完善药品供应的保障体系。这种保障主要分为两部分。第一部分是采购机制完善，让医院、药企更多地参与采购，从而让药品价格更好地反映市场供需，让价格机制、市场机制更充分地发挥作用。第二部分则是针对市场机制不容易照顾到的罕见病用药部分，充分发挥政府作用，利用部门联动会商机制，健全短缺药品监测预警和分级应对体系，落实监测时效，建立短缺药品储备基地，重点做好罕见病用药等短缺药品保障工作。

第三道加法是促进药品合理使用。建立总药师制度，在二级及以上医院设立总药师，通过总药师全面提升医院药事管理能力和水平。

第四道加法是强化综合监管。一方面实现药品采购、配送、使用、结算全流程的监管；另一方面建立药品耗材督查队伍，围绕药品采购使用，开展专项督查。对不合理的药品使用采购，建立起清退制度。

在做好相关保障的同时，我国也通过以下四条途径对药品供应保障制度做减法：

一是减价。通过建立多层级的药品价格谈判体系，将全省需求、全国需求等汇总起来，形成强大的买方市场，从而在谈判中降低药品价格，在保障生产企业合理利润水平的基础上，实现企业和患者的利益共赢。

二是减量。药品使用从来不是越多越好，改革通过处方点评等手段，减少医院对重点监控用药的使用力度。同时鼓励医院优先采购和使用低价药品，减少高价药品的使用份额，最大限度地降低患者的用药费用。

三是减利。通过服务价格调整、药品零差价出售等一系列措施，斩断医院与药品的利益链条，使药品的利润不再被医院分割，从而减少患者的用药费用。

四是减环节。医药费用过高的原因之一在于药品流通中伴随着诸多环节，如销售、运输、交付等多个环节。对此，通过细化实施"两票制"、遴选招标配送企业承担配送职能等方式，有效减少医疗药品的流通环节。

通过"四加四减"，我国目前已基本完成药品供应保障制度的建设，预计未来将继续针对基本药品目录进行调整，使其更好地适应人口老龄化对药品需求结构的调整。总体来看，药品环节的改革是新医改不断深化的需要，深化医改需要整体推进，也需要突出重点。药品综合保障制度的建立在客观上为下一步医改指明了重要的突破口，即抓住重点，围绕医改的重点领域进行突破。

四、轻重缓急：分级诊疗制度的探索

随着前两项改革的推进，看病贵问题得到了一定程度的缓解。只有看病贵问题暂时缓解了，才能为看病难问题的解决提供良好的环境。在此基础上，解决好看病难问题也同时提上了日程。由于看病难问题更多涉及现实中医疗卫生诊疗和服务领域，我国开始着手探索分级诊疗制度。

2015年，国务院办公厅发布了《关于推进分级诊疗制度建设的指导意见》，为指导各地推进分级诊疗制度建设，围绕总体要求、以强基层为重点完善分级诊疗服务体系、建立健全分级诊疗保障机制、组织实施四个方面提出了意见。其主要内容可总结为十六个字：基层首诊、双向转诊、急慢分治、上下联动。

基层首诊就是坚持群众自愿的原则，通过政策引导，鼓励常见病、多发病患者首先到基层医疗卫生机构就诊。双向转诊通过完善转诊程序，重点畅通慢性期、恢复期患者向下转诊，逐步实现不同级别和类别医疗机构之间的有序转诊。急慢分治是通过完善亚急性、慢性病服务体系，将度过急性期的患者从三级医院转出，落实各级各类医疗机构急慢病诊疗服务功能。上下联动是在医疗机构之间建立分工协作机制，促进优质医疗资源的纵向流动。

在《关于推进分级诊疗制度建设的指导意见》的指引下，全国多地进行了卓有成效的探索。其中有三种模式最为突出，分别是：强调大型公立医院与基层医疗机构合作的医联体模式（以深圳罗湖为代表）；强调夯实基层医疗机构的家庭医生模式（以上海为代表）；强调放大现有医疗资源的互联网＋分诊模式（以浙江宁波云医院模式为代表）。

在 2019 年 3 月的全国两会上，国家卫生健康委员会主任马晓伟在部长通道接受媒体集中采访时对分级诊疗制度给予了很高的评价和期待：分级诊疗制度是新医改以来推行的一项重大制度。从某种意义上说，分级诊疗制度实现之日，乃是我国医疗体制改革成功之时。

关于如何做好分级诊疗，马晓伟提出了"四个分开"。

第一，我们必须以学科建设为抓手，做到区域分开。有计划、有步骤地在全国建设一批国家医疗中心和区域医疗中心，提高各个地方疑难重症的诊治水平，缓解北京、上海、广州（简称北上广）的医疗压力，改变就医格局，使得每个省、每个区域都能解决自己的疑难重症问题。

第二，以县医院为抓手，解决城乡分开问题。我国看病难问题很突出，而农民看病难问题就更加突出。如何解决农民看病难问题呢？就是以县医院为抓手，把县医院建设好，成为农村医疗卫生服务的龙头。这样，影响农民健康且容易导致灾难性医疗支出的重大疾病都能够在县域内得到解决，农民就不至于因病致贫、因病返贫。

第三，以病种为抓手，解决上下分开。下一步，我们要以病种为抓手，常见病、多发病在社区基层诊治，疑难重症在大医院诊治，建立双向协作和转诊的机制。这样就能够实现小病在社区、大病去医院、康复回社区，形成合理的就医格局。

第四，以支付方式改革为抓手，解决急慢分开问题。我们国家的医疗服务体系以急性病为主导，所谓急性病就是需要医疗干预的疾病，不是指急诊的疾病。现在，由于恢复期、康复期的服务发展缓慢，甚至可以说是短板，很多慢性病患者都在急性病医院住院，换句话说，都在城市里的三级甲等医院住院，比如肿瘤化疗病人、脑卒中病人。特别是随着我国人口老龄化的加快，对慢性病医疗服务的需求大大增加。一方面要发展这部分卫生事业，另一方面要利用医保价格调节杠杆来发挥作用。分级诊疗就要分级定价、分级收费。比如，一个患者在城市三级甲等医院做骨科手术，诊断明确、手术成功后立即出院，去康复医院治疗。他在三级甲等医院住院的时间就比较短，按病种收费，到康复医院治疗则按床位收费，这样费用就比较低。这样做既缓解了大医院的压力，节省了医保资金，也减轻了病人个人的医疗负担。

"四个分开"的核心在于，使医疗资源合理分配，通过患者对医疗资源的选择来实现符合资源的最优化配置，让最有需要的人拿到最合适的医疗资源。"四个分开"的理念以及分级诊疗制度改革切中了深化医改过程中的核心问题，即以人民群众为中心，紧紧围绕群众的需求实现全方位、全周期的保障和对接，通过改革形成能动、有效的体制机制。

五、以章为纲：现代医院管理制度改革

新医改在实施过程中，由于其牵涉面广，容易形成各种利益交织的局面，因此，要破解这一难题还必须及时梳理清楚医改过程中仍然存在的各类问题，统筹推进改革有关举措，做到突出重点、协调各方、循序渐进。其中，由于医院一直是医药卫生体制改革过程中各方问题和利益交汇的枢纽，因此，建立现代医院管理制度不仅是新医改建设的必然要求，而且是实现医药卫生事业长效治理的关键。为了实现这一目标，2017年，《关于建立现代医院管理制度的指导意见》发布。该指导意见提出了完善医院管理制度、建立健全医院治理体系、加强医院党的建设、组织实施四大意见。

首先，在管理制度上，该指导意见明确提出了制定医院章程，健全医院决策机制、民主管理制度、医疗质量安全管理制度、人力资源管理制度、资产管理制度、绩效考核制度、人才培养培训管理制度、科研管理制度、后勤管理制度、信息管理制度等十多项要求。2017 年，全国所有公立医院都取消了实行 60 多年的药品加成政策。为了逐步完善补偿机制，公立医院纷纷按照"腾空间、调结构、保衔接"的路径，积极推进医疗服务价格改革，使诊疗费、护理费、手术费等收入占自身医疗收入的比重持续提升。

其次，在建立健全医院治理体系方面，该指导意见则指出，要明确政府对公立医院的举办职能、明确政府对医院的监管职能、落实公立医院经营管理自主权、加强社会监督和行业自律。这实际上是对公立医院与政府之间关系的全面厘清，是对医院管办分开的总体安排。在这一文件的指导下，各地纷纷探索公立医院管办分开的多种有效实现形式，形成了以政府成立的城市建设投资公司办医院的上海模式、以行政单位医管局凭借国有资产出资人身份办医院的北京模式、以市政府直属事业单位办医院的深圳模式和以市国资委直属事业单位办医院的成都模式。在此基础上，各地出资人通过多种手段，合理控制公立综合性医院的数量和规模，为民营医院的发展留下了空间。同时，各地纷纷落实公立医院经营管理自主权，人事薪酬制度改革不断深化，推行聘用合同制度，薪酬制度改革试点范围扩大到所有城市。

再次，在加强医院党的建设方面，公立医院党的建设也在持续加强，具体表现为提升公立医院基层党建工作水平，推进党的建设与业务工作深度融合。2018 年，中共中央办公厅印发《关于加强公立医院党的建设工作的意见》，进一步对医院党建要求进行了细化。

最后，在组织实施方面，该指导意见还提出了加强组织落实、总结推广经验、做好宣传工作的三大实施建议。

总体而言，现代医院管理制度改革是在坚持以人民健康为中心、坚持公立医院的公益性、坚持政事分开管办分开、坚持分类指导的四大原则下，以权责清晰、管理科学、治理完善、运行高效、监督有力为目标的系统性改革。根据《关于建立现代医院管理制度的指导意见》，这一改革将不断提高医疗服务质量，努力实现社会效益与运行效率的有机统一，充分调动医务人员的积极性，实行民主管理和科学决策，强化公立医院引领带动作用，完善多元办医格局，加快医疗服务供给侧结构性改革，实现医院治理体系和管理能力现代化，为推进健康中国建设奠定坚实基础。现代医院管理制度改革的深入推进，不仅有助于理顺现有医改成果，而且有助于实现改革的长效化推进。

六、各司其职：综合监管制度的完善

作为制度建设的重要支撑和保障，监管直接决定着制度运行的成效。为充分保障医药卫生制度改革的成效，2018年8月，国务院办公厅印发《关于改革完善医疗卫生行业综合监管制度的指导意见》，提出将全面保障人民群众的健康权益作为综合监管制度的出发点；清晰地界定了医疗卫生行业中政府与服务机构的关系，为健康领域建立依法共建共治共享的治理机制打下了基础；积极推进全行业、全过程、全要素、多主体的监管体系和监管制度的建立；实现了从传统的行政性管控到被动孤立监控再到主动综合协同监管的转变。

这份文件还明确提出了综合监管制度的四大原则：政府主导，综合协调；依法监管，属地化全行业管理；社会共治，公开公正；改革创新，提升效能。这四大原则明确了综合监管制度的多项主体：在充分发挥党的领导作用的前提下，政府监管起主导作用，医疗卫生机构担负起自我管理的主体责任，行业组织和社会监督也应当发挥相应作用。

在明确政府监管主导作用的基础上，该文件以附录的形式制定并完善了部门权责清单，明确了政府内部各部门的监管职责。其中规定：卫生健康行政部门依法负责医疗机构和医疗服务全行业监管，加强医疗服务质量、安全和行为监管，建立完善医疗质量管理与控制体系、医疗安全与风险管理体系，负责职责范围内的公共卫生管理和执法监督，负责医疗卫生机构、医务人员、医疗技术、大型医用设备的行政审批和监管，牵头开展对医疗卫生机构的运行监管和绩效考核。

发展改革部门会同中国人民银行负责完善社会信用体系。公安部门负责依法查处打击各类扰乱医院秩序、伤害医务人员等违法犯罪行为，打击非法行医犯罪活动，配合加强平安医院建设。民政部门负责医疗卫生行业民办非企业单位和医疗卫生行业组织登记管理工作。司法行政部门负责指导医疗纠纷人民调解工作，会同卫生健康行政部门加强医疗纠纷人民调解组织、队伍和专家库建设。财政部门会同有关部门开展财务和专项资金监管。人力资源社会保障部门负责医疗卫生行业有关从业人员资格认定的监管。商务主管部门负责外商投资医疗卫生机构设立及变更事项的审批和监管。审计部门依法对医疗卫生机构开展审计监督。税务部门负责医疗卫生行业税收管理。市场监管部门负责医疗卫生行业价格监督检查。医疗保障部门负责组织制定和调整药品、医疗服务价格和收费标准，制定药品和医用耗材的招标采购政策并监督实施，会同银行保险监管部门按照职责监督管理纳入医保范围内医疗机构相关服务行为和医疗费用。中医药管理部门负责中医医疗机构、中医医师、中医医疗卫生服务监管。药品监管部门负责药品、医疗器械的行政审批和监管，负责执业药师的管理。军队卫生部门负责军队医疗卫生机构和服务监管。教育、生态环境、住房城乡建设、水利等部门依职责承担相关公共卫生服务监管。民政、司法行政、教育、国资、海关、中医药管理、军队卫生等部门依照职责负责所办医疗机构日常监管工作，加强信息共享和联合惩戒。其他相关部门按照职责做好医疗卫生行业综合监管工作。

总体来说，《关于改革完善医疗卫生行业综合监管制度的指导意见》的出台明确了医疗卫生领域各部门监管的职责，确定了以卫生健康行政部门（国家及各地卫生健康委员会）为中心、多部门协同配合的监管制度，有力地为我国医改保驾护航。

七、检阅当下：2019—2020 年新冠肺炎疫情
对新医改成绩的检验

2003 年后，国家相关部门总结应对"非典"疫情时的经验，结合当时医药卫生体制存在的诸多问题，给出了当时医药卫生体制改革"基本不成功"的论断，从而做出了启动新医改的重要决断。17 年后，一场由新型冠状病毒引发的公共卫生事件再度袭来，并在短短几个月的时间内快速蔓延到全球各地。

中央指导组成员、国家卫生健康委员会主任马晓伟在 2020 年 2 月 28 日的新闻发布会上介绍，这次新冠肺炎疫情是中华人民共和国成立以来，传播速度最快、感染范围最广、防控难度最大的重大突发公共卫生事件。[1]

这次疫情是对我国近十年医改成果的重要检验。

在全民医保体系建设方面，2020 年 1 月 20 日，我国依法将新冠肺炎纳入乙类传染病，采取甲类措施进行严格管理。2020 年 1 月 22 日，国家医疗保障局（简称"国家医保局"）联合财政部发布《关于做好新型冠状病毒感染的肺炎疫情医疗保障的通知》，其中明确规定对于确诊新型冠状病毒感染的肺炎患者发生的医疗费用，在基本医保、大病保险、医疗救助等按规定支付后，个人负担部分由财政给予补助，实施综合保障。在后续的补充通知中更是将疑似患者的医疗费用纳入财政支持政策之中。

财政部于 2020 年 3 月 24 日公布的数据显示，截至 2020 年 3 月 21 日，各级财政共安排疫情防控资金 1 218 亿元。其中，中央财政安排

---

[1]　新冠肺炎是新中国成立以来重大突发公共卫生事件. 新浪新闻, 2020 - 02 - 28.

257.5 亿元，基本实现了不因经费问题延误医疗救治和影响疫情防控的目标。①

在药品供应保障制度方面，为应对新冠肺炎疫情，国家药品监督管理局（简称"国家药监局"）加快了相关检测试剂和治疗药物的审批过程。国家药监局药品监督管理司司长于 2020 年 3 月 12 日在国务院联防联控机制发布会上表示，截至 3 月 11 日，已审批了 16 个新冠病毒检测试剂，包括 10 个核酸检测试剂和 6 个抗体检测试剂。这有力保障了疫情防控需求。② 而在药物方面，以连花清瘟胶囊为代表的中医和各类西医药物，成为支持我国抗击新冠肺炎疫情的重要保障。

自 2020 年 2 月 6 日开始，为实现"应收尽收、应治尽治"，湖北省启动方舱医院建设，将轻症患者集中到方舱医院收治，将各大医院的床位留给更有需要的重症患者。同时，针对疑似病例以及其他密切观察者，也都设立了隔离点进行观测。方舱医院建设是在分级诊疗思想下，针对疫情期间医疗资源配置的重大创新，是缓解武汉市医疗系统压力的重要法宝。

同时，疫情暴发后到 2020 年 2 月 23 日，我国共组织 29 个省区市和新疆生产建设兵团、军队等，调派 330 多支医疗队、41 600 多名医护人员驰援湖北。在短期内组织大批医务人员支援疫情暴发地，是对我国现代医院管理制度的一次重要检验。

尽管在疫情初期，"湖北和武汉前期防控工作存在严重问题"③，但历经十年新医改后的我国医疗卫生系统仍旧调动了足够多的资源和人力，为战胜疫情做出了重大贡献。当前，我国疫情防控工作已经取得了阶段性的胜利。④

---

① 各级财政已安排疫情防控资金 1 218 亿元. 中国新闻网，2020 - 03 - 24.
② 药监局：已审批 16 个新冠病毒检测试剂. 光明网，2020 - 03 - 12.
③ 习近平：在统筹推进新冠肺炎疫情防控和经济社会发展工作部署会议上的讲话. 新华网，2020 - 02 - 23.
④ 李兰娟：疫情防控取得阶段性胜利 但形势依然严峻. 人民网，2020 - 03 - 23.

八、蓝图新画：对新冠肺炎疫情后我国医改的展望

2016 年的全国卫生与健康大会及《"健康中国 2030"规划纲要》，为 2016—2030 年我国的医改明确了大的方向，以解决看病难和看病贵问题为核心的医改推进到下一个阶段。在 2020 年的新冠肺炎疫情中，我国的医改已初见成效，但同时也暴露出一些短板。对此，本书认为，这些短板不影响医改的整体布局和走势，在未来，医改的核心仍将是看病难、看病贵以及相伴的医患矛盾问题，但同时也会对那些暴露在疫情之下的问题加以解决。

第一，强化公共卫生法治保障将成为重中之重。"法者，治之端也。突如其来的新冠肺炎疫情，剧烈冲击着公共卫生安全，也再次提醒我们依法防控的重要性。依法防疫，离不开完备的法律体系。"[①] 当前，在公共卫生安全的立法环节，依然存在着一定的不足。对此，全国人民代表大会常务委员会法制工作委员会已经制订了专项立法修法工作计划，明确了相关的责任和任务。在新冠肺炎疫情不断蔓延全球的过程中，我们必须接受我们可能不得不与新冠病毒长期共存的事实，防传染、促就业、精准复工复产，无不需要法律的支持与保障。

第二，改革完善疾病预防控制体系。2020 年 6 月，习近平总书记在专家学者座谈会上发表重要讲话，深刻指出：只有构建起强大的公共卫生体系，健全预警响应机制，全面提升防控和救治能力，织密防护网、筑牢筑实隔离墙，才能切实为维护人民健康提供有力保障；强调疾病预防控制体系是保护人民健康、保障公共卫生安全、维护经济社会稳定的重要保障，要立足更精准更有效地防，在理顺体制机制、明确功能定位、提升专业能力等方面加大改革力度。[②] 增强预警能力、完善检测系统、提高检测

---

① 强化公共卫生法治保障，正当其时. 人民网，2020 - 05 - 17.
② 坚持预防为主 改革完善疾病预防控制体系. 人民日报，2020 - 06 - 05.

敏感性和准确性，以及建立多渠道预警机制将是未来疾病预防控制体系改革的重要任务。

第三，健全统一的应急物资保障体系。在新冠肺炎疫情初期，武汉市遭遇医疗挤兑，口罩、防护服等各类医疗物资一度濒临告急。对此，习近平总书记提出要健全统一的应急物资保障体系，把应急物资保障作为国家应急管理体系建设的重要内容，按照集中管理、统一调拨、平时服务、灾时应急、采储结合、节约高效的原则，尽快健全相关工作机制和应急预案。在未来，各类医疗物资将逐步纳入全国统一管理之中。

整体而言，新冠肺炎疫情是对我国医药卫生体系的一次重要考验，在彰显我国医改成就的同时，也暴露了相关的一些问题。成就让我们更加坚定地支持医改，问题也留待我们的医改加以解决。

第三章　看病难问题何以难解：
分级诊疗难以推行的原因探究

从本章开始，我们将重点放在看病难问题上。本章强调，医疗资源的稀缺性是导致看病难问题的根本原因，而分级诊疗是实现医疗资源合理优化配置、解决看病难问题的灵丹妙药。接着，本章将介绍分级诊疗在我国的探索案例，通过对不同案例的运行进行对比，总结出当前分级诊疗在我国难以全面推行的三大原因：尚未在全社会形成分级诊疗的共识；社区医院能力不足；三甲医院不愿让利。最后，针对三大原因，本章给出了相应的解决建议。

一、以稀为贵：看病难背后的经济学根源

在研究看病难问题产生的原因时，其根源一直以来都是清晰的，那就是医疗资源作为经济资源的一种，尤其是优质医疗资源，其本身是具有稀缺属性的。正是稀缺性的存在，导致了人们对健康需求的无限性与医疗卫生资源的有限性之间的矛盾，从而使得看病难问题长期存在。

2020 年 3 月，新冠肺炎疫情在欧美地区引起了巨大的人道主义灾难。以意大利、西班牙、英国为代表的欧洲国家在面对源源不断的新冠肺炎患者时，受制于有限的医务人员数量，不得不有选择性地给予患者治疗。而保障医务人员安全的医疗物资更是成为全球多国争夺的焦点。口罩、呼吸机、防护服、检测试剂等重要医疗物资纷纷供不应求，个别国家甚至在机场用高于其他国家几倍的价格将物资"截获"，造成了国际市场秩序的严重混乱。医疗资源的稀缺性在这次疫情中展现得淋漓尽致。

在非疫情时期，医疗资源也具有稀缺性。一方面，随着人们生活水平的提高，人们对健康的需求也更加强烈，小病大治，无病预防，经济水平的提升使得人们有足够的收入去负担一部分高端医疗费用，大医院常常人满为患。另一方面，由于消耗的资源与生产出的商品等不相称，许多国家都刻意限制医疗行业的供给规模，从而使得社会资源被用于更有利于经济增长的行业中。以美国为例，根据 1910 年发布的、奠定了美国现代医学教育基础的《弗莱克斯纳报告》，美国的医学院校数量过多。就美国当时的人口来讲，全国只需要 31 所，每年培养医学人才 3 500 人就足够满足全国两代人对医疗服务的需要。医学教育从此在美国成为精英教育的一部分，也使得医疗服务在美国成为稀缺商品，人们往往要为医疗服务支付昂贵的费用。

同时，我们也应明白，医疗资源，尤其是优质医疗资源的稀缺性，本身是难以通过增加供给的方式加以解决的。一方面，现代医学的各类生命支持手段的生产成本远远超过大部分人可负担的能力范围，即便是发达经济体，其经济社会也无力在长期支持所有人享受各类现代医学服务。另一方面，供给增加更多表现为医生数量的增加，医生数量的增加必然导致医生群体的分层，医术高明的主任医师受到人们的追捧，医术相对一般的年轻医生则无法得到足够的信任，晋升空间逐渐变窄，最终形成一种负面反馈，使得从医人员逐渐恢复到原有的水平。

只有认识到并承认医疗资源尤其是优质医疗资源本身固有的稀缺属性，我们才能进一步找到解决看病难问题的方法，即通过一系列经济、社会手段，使有限的医疗资源通过合理分配来满足人们的合理需求，让健康需求不同的人分别选择适合自己的医疗资源。

二、对症之药：分级诊疗
是解决看病难问题的良方

在明确了医疗资源尤其是优质医疗资源的稀缺属性以后，解决看病难问题的思路便演化成将有限资源根据社会价值取向进行合理分配，从而满足不同人群的不同类型的需要。按照疾病的轻重缓急及治疗的难易程度对病人进行分级，不同级别的医疗机构承担各自级别疾病的治疗，这种分配方案就是分级诊疗。

2015 年 9 月，《关于推进分级诊疗制度建设的指导意见》发布。在这份指导意见中，分级诊疗被描述为在坚持以人为本、群众自愿、统筹城乡、创新机制的原则下，逐步建成基层首诊、双向转诊、急慢分治、上下联动的分级诊疗模式。

所谓基层首诊，即坚持群众自愿、政策引导，鼓励并逐步规范常见病、多发病患者首先到基层医疗卫生机构就诊，对于超出基层医疗卫生机构功能定位和服务能力的疾病，由基层医疗卫生机构为患者提供转诊服务。

基层首诊是分级诊疗推进最优先的步骤，也是最难的一个环节。其核心在于两个方面：一是要培育患者对基层医疗卫生机构的信任，通过政策激励、市场手段等多种方法，让患者在就医初期优先选择基层医疗卫生机构；二是要打通基层医疗卫生机构与大型医院之间的联系，设计完善的基层医疗卫生机构转诊方案，要让基层医疗卫生机构知道该往哪里转、能往哪里转，以及能够实现转。实现基层首诊，有助于从源头优化资源分配顺序，将医疗资源按患者情况予以合理分配，同时也有助于减轻患者排队挂号的压力，缩短患者排队等待的时间。

所谓双向转诊，即坚持科学就医、方便群众、提高效率，完善双向转诊程序，建立健全转诊指导目录，重点畅通慢性期、恢复期患者向下转诊渠道，逐步实现不同级别、不同类别医疗机构之间的有序转诊。

与基层首诊不同，双向转诊更强调慢性病、恢复期患者的向下转诊，即引导慢性病、恢复期患者将紧急的医疗资源让渡给更有需要的人。实现双向转诊需要患者及家属的支持与配合、大型医院与基层医疗机构之间的互相认可。对患者而言，双向转诊有助于节省其康复期的治疗费用，也有助于患者在恢复期能够更快、更方便地得到医生的指导。对基层医疗机构而言，其承担起的责任有助于其获得更多的收入，从而夯实自身的基础。对于大型公立医院而言，其针对单个病人的治疗周期将显著缩短，从而大大提升床位的利用效率。

所谓急慢分治，即明确和落实各级各类医疗机构急慢病诊疗服务功能，完善治疗—康复—长期护理服务链，为患者提供科学、适宜、连续性的诊疗服务。急危重症患者可以直接到二级以上医院就诊。

急慢分治本身是针对基层首诊的重要补充，是针对患者情况进行具体安排的重要体现。在贯彻落实分级诊疗的过程中，二级以上医院的急诊科将成为接待首诊患者的重要科室。在2020年新冠肺炎疫情当中，武汉市各大医院急诊科成为迎战疫情的第一道防线。总体而言，急慢分治为急症、危重症患者留下了规避基层首诊的空间，使大医院急诊科被赋予了更多的使命和责任。

所谓上下联动，即引导不同级别、不同类别医疗机构建立目标明确、权责清晰的分工协作机制，以促进优质医疗资源下沉为重点，推动医疗资源合理配置和纵向流动。

如果说前三项内容是针对患者就医过程中的流程优化，上下联动则是对前三项流程优化的重要保障安排。一方面，无论是基层首诊、双向转诊还是急慢分治，本身均需要有较为强大的基层医疗机构作为政策推行的基础，需要帮助患者建立起对基层医疗机构的信任，这就需要优质医疗资源的下沉，需要医疗资源合理配置并实现纵向流动，让患者真真切切地感受到基层医疗机构的业务能力，感受到基层医疗机构就医的方便快捷，真心实意地愿意在基层进行首诊（而非长期依靠政府补贴进行激励）。另一方面，转诊之间的流程设计必须充分尊重和保障不同类别医疗机构的权利，严格规范不同类别医疗机构的权限和责任，从而建立一套目标明确、权责清晰的分工协作机制。

总体而言，分级诊疗是针对看病难问题提出的、对医疗资源进行合理配置的一揽子计划，是一项整体目标。其具体目标是针对不同类型患者就诊流程的优化设计，是针对不同类别医疗机构的分工安排。同时，分级诊疗并没有规定具体的操作指南，各地在实现这一目标时采取了不同的方式。

三、百花齐放：我国多地推行分级诊疗的探索实践

当前，为推进分级诊疗，我国多地探索出了多种类型的方式。整体而言，有三种模式最为突出，分别是：强调大型公立医院与基层医疗机构合作的医联体模式（以深圳罗湖为代表）；强调夯实基层医疗机构的家庭医生模式（以上海为代表）；强调放大现有医疗资源的互联网＋分诊模式（以浙江宁波云医院模式为代表）。

（一）医联体模式

2017 年 4 月，国务院办公厅发布《关于推进医疗联合体建设和发展的指导意见》。同年 9 月，国家卫生和计划生育委员会（简称"国家卫计委"）、国务院医改办在深圳召开全国医联体建设现场推进会，会上对深圳罗湖的医联体模式给予了高度肯定。

简单来说，罗湖模式是将城市中一个区域的大型医院和基层医疗机构进行整合，从而形成医联体，共同提供本地区的医疗服务。

对于罗湖区而言，当地的医联体存在以下特点及优势：

一是系统优化。罗湖区将罗湖区人民医院等 5 家医院和 23 家社康中心组建为统一法人的罗湖医院集团，按照"人员编制一体化、运行管理一体化、医疗服务一体化"的原则，成立医学检验等 6 个资源共享中心和人力资源等 6 个管理中心。

二是服务协同。罗湖区将医联体建设与家庭医生签约服务有机融合，构建整合型医疗卫生服务体系，为居民提供包括院前预防、院中诊疗、院

后康复的全程医疗健康服务。

三是机制创新。罗湖区以医院集团打包整体支付为纽带，建立"总额管理、结余留用、合理超支分担"的激励机制，推动集团主动控制医疗服务成本、提高医疗服务质量、降低医药费用。

四是激励引导。罗湖区将居民健康状况等内容作为主要量化指标进行考核，并将结果与财政补助、集团领导班子年薪挂钩；实施基层全科医生享受公立医院在编人员同等待遇措施，将基层工作经历作为集团医务人员的职称、职务晋升的条件等，调动各方积极性，激励优质医疗资源下沉，促进了分级诊疗。

总体而言，罗湖区的成功经验在于，将不同类别医院之间打造成了服务共同体、责任共同本、利益共同体和管理共同体，从而使整个区域的医院系统均实现了优化。

同时，也应看到，除了以城市区域为界限组建医疗集团模式外，医联体还有多种探索方案，分别是在县域内建设医疗共同体、跨区域组建专科联盟以及在边远地区发展远程医疗协作网等。这三种探索方案还需经过实践进一步检验。

（二）家庭医生模式

与医联体模式强调大型医院和基层医疗机构的合作相比，家庭医生模式将原本归属于基层医疗机构的诸多任务交给家庭医生去完成，通过夯实家庭医生制度，降低公立医院与基层医疗机构之间的不协同性。这一模式以上海为代表。

早在 2011 年，上海便已经启动家庭医生制度试点，由社区卫生服务中心全科医生担任家庭医生，在自愿的原则下，通过服务过程引导与社区发动，逐步与居民建立签约服务关系，引导居民认识、接触与逐步接受家庭医生服务，初步建立家庭医生与签约居民之间的联系，这也被称为"上海家庭医生制度 1.0 版"。

2015 年 11 月，在家庭医生签约的基础上，上海启动了"1＋1＋1"医疗机构组合签约试点（即居民可自愿选择一名社区卫生服务中心的家庭医生进行签约，并可再在全市范围内选择一家区级医院、一家市级医院进行签约），优先满足本市 60 岁以上老年人、慢性病居民、妇女、儿童等重点人群的签约需求，着力打造"上海家庭医生制度 2.0 版"。在这一模式中，家庭医生尽管隶属于社区卫生服务中心，但其已经取代基层医疗卫生机构，成为与患者直接对接的部分。"上海家庭医生制度 2.0 版"更是直接将区级医院、市级医院与居民进行对接。对于上海来说，家庭医生制度存在以下特点及优势：

一是信息支撑。"上海家庭医生制度 2.0 版"的设计是利用大数据技术，在分析了 2013—2014 年 12 个月上海市所有医疗机构 1.92 亿次条的门诊就诊记录后，根据患者人群特点（60 岁以上老年人占比达 57%）、就医习惯（12 个月内固定选择同一市级医院的比例接近 70%，固定选择同一区级医院的比例超过 80%）等信息综合制订的政策方案。方案本身具有极强的针对性。

二是签约支持政策完善。上海市卫计委副主任吴乾渝表示："无论从制度设计上，还是从资源供给上，我们都给予家庭医生充分的服务资源，让签约居民从服务针对性、便捷度、有效性、全面性等方面充分感受到签约的好处，充分体会到签约的红利，增强签约的黏度与依从性。"这一系列支持政策主要包括将签约居民优先转诊至上级医疗机构、为签约居民提供更便捷的配药政策等，极大地提高了患者签约的积极性。

三是考核制度科学。上海从签约覆盖、就诊流向、就诊频次、医疗费用、健康管理、居民反响等多个维度形成对签约服务的科学考核，促使家庭医生主动服务，提高服务针对性与有效性，使得家庭医生制度不是形式主义的工程，而是真真切切地融入市民生活。

四是前期准备完善。为保证家庭医生制度的顺利推进，上海市做了大量准备工作，主要包括以下三个部分：一是率先实施全科医生规范化培养，做实岗位培训，提高家庭医生的能力水平；二是建立家庭医生目标薪酬制度，优化职称结构，扩充发展空间，提高家庭医生的工作积极性；三是展开一系列评优激励，如评选"上海市十佳家庭医生"，提高家庭医生的社会认同，让家庭医生更愿意工作，让市民也更接受家庭医生的工作。

总体而言，上海市的成功经验在于，在夯实了家庭医生的基础上，通过一系列政策措施，向签约患者提供了一系列支持政策，从而激发了人们的签约积极性，同时用科学的考核制度来保障家庭医生制度的运行。

（三）互联网＋分诊模式

与医联体模式和家庭医生模式不同，互联网＋分诊模式既没有对传统的基层医疗卫生机构和大型医院的关系进行处理与整合，也没有对基层医疗卫生机构的责任进行夯实，其最大的特点是，通过互联网进行云分诊，让医院专家甚至智能机器人作为患者的分诊人。

2014 年 9 月 13 日，在宁波召开的 2014 年中国宁波智慧城市技术与应用博览会（简称"智博会"）分论坛——智慧健康高层论坛上，宁波"云医院"建设项目宣告建立。2016 年，宁波全面开展"群众就医体验改善年"活动。宁波市卫计委推出官方微信公众平台"健康宁波"，注册的患者可以通过智能导诊找到对应的科室。在人机对话中，引导患者填写信息，通过相关疾病的测验，使市民更好地找到自己对症的科室。

在 2017 年智博会上，宁波市进一步推出其分设的另外两大平台——针对患者和家庭医生签约的智慧社区服务平台以及面向医生的互联网＋智能化医教管理平台。同时，万达信息集团也展示了为宁波市打造的三大系统——智慧医院信息系统、分级诊疗系统和万达医院诊断相关分类（DRGs）绩效评价系统。

整体而言，宁波的互联网＋分诊模式的基础不如医联体模式和家庭医生模式牢固，患者的分诊积极性得不到保障，双向转诊的连通性也不能得到制度上的保障。但其优点在于，将传统的线下诊治搬到了线上，顺势将一部分轻症患者引导向线上，从而节省了较多的线下医疗资源。同时，由于其主要改革集中在技术领域，不涉及利益分配、管理模式等制度问题，其可复制性和可推广性均为三大模式之首。宁波模式已经被我国诸多城市借鉴采纳。

四、步履维艰：我国分级诊疗难以推行的原因

尽管我国在推进分级诊疗的实践中形成了多种成功模式，但分级诊疗依然没有能够在全国层面得到推广。国家卫生健康委员会主任马晓伟曾表示：从某种意义上说，分级诊疗制度实现之日，就是我国医疗体制改革成功之时。这也体现了我国全面推进分级诊疗的难度。客观分析我国分级诊疗尚未全面推行的原因，有助于我们找到解决问题的办法。

分级诊疗推行不畅的原因是多方面的。

首先，我国居民在文化上还没接受分级诊疗这一理念。吴乾渝曾表示，在上海推行家庭医生制度的时候，始终面临的一个难点在于建立以家庭医生首诊为核心的分级诊疗制度与老百姓既有的自由就诊习惯之间的碰撞，对很多居民而言，并不是不愿意与家庭医生签约，而是担心签约后会限制其就医的自由，在家庭医生这里首诊，会耽误病情的诊治。

在 2020 年初新冠肺炎疫情初期，武汉市各类发热患者无论轻重纷纷涌入大型医院，对大型医院的医疗资源形成了强大的诊疗压力，直到针对轻症患者开设的方舱医院建设并投入运营后才逐渐缓解。不同症状的患者出于对健康问题的担忧，纷纷选择大型公立医院，这本身无可厚非，但个人的最优解相加未必等于社会的最优解。要在全国推广实现分级诊疗，首先要让居民在文化上认同分级诊疗制度的意义，感受到分级诊疗能给自己带来的好处，在就医时才会想到分级诊疗。

其次，我国基层社区医疗机构和大型公立医院之间的联动性较弱。当前，除了一些地方的医联体试点外，基层社区医院和三甲医院之间互相转

诊等现象极少——基层社区医院没办法给三甲医院推荐转诊病人，三甲医院也不愿意把一些度过危重期的患者转给基层社区医院，从而错失相应收入。

必须看到，打造一个类似于深圳罗湖模式中成功的医联体，要将不同类别的医院打造成一个服务共同体、责任共同体、利益共同体和管理共同体。服务共同体需要双方对彼此医疗服务质量的认同；责任共同体需要明确划分大型医疗机构和社区医疗机构的责任；利益共同体涉及患者付费、医保结算等多个环节，更是存在重重挑战；管理共同体则意味着双方必须让渡一定的自主权。如此多的要求使得当前我国医联体主要采取的都是以大型公立医疗机构为依托、向下"兼并"各类基层医疗机构或专科医院的形式。在这种形式中，由于规模、能力、话语权的不对等，基层医疗机构的责任与收益往往不能匹配，这就造成了医联体在各地发展的不均衡。有的地区给的条件好，基层医疗机构主动加入医联体。有的地方公立医院给的条件差，基层医疗机构不愿参与。

同时也应警惕，如果对医院之间的"联合"不加限制和调控，则存在医疗卫生资源被几个大型医疗集团垄断的可能性。如何找准平衡，考验着各地医疗卫生机构的管理者和相关改革的决策者。

最后，跨区域进行转诊的需求长期被忽略。应有效识别和筛选跨区域的转诊需求，如果不能有效应对和识别，势必会使新一轮的患者"用脚投票"，破坏现有改革的成果。

当前，成功推进分级诊疗的案例主要集中在一、二线城市。这些城市本身便拥有足够强大的医疗资源来支持其自身城市患者的就医需求。而在经济发展水平较低的农村和县城，分级诊疗的推进效果一直不佳。

长期以来，医疗资源的不平衡性都是客观存在的事实，一线城市集中了大量的专家资源，而包括县城、农村在内的广大地区要么无法对资源进行分享，要么只能寄希望于一线城市专家资源的短期下沉进行有限分享，这也导致了大量的异地就医现象。当前，分级诊疗主要在地区内进行，强调对本地资源的合理分配，缺乏对异地资源进行共享的设计，这也导致分级诊疗在县城、农村地区的推广更多流于形式，遇到大病的人，在经济可负担（甚至难以负担）的基础上，都会自行选择大城市进行就医。

必须承认，优秀医生享有充分地选择工作、生活地区的自由，这种自由必然导致一、二线城市优质医疗资源的集中。同时，也应当承认，县城、农村地区患者拥有异地就医的权利，不能因为他们导致医疗资源紧张就限制他们的就医权利。当前分级诊疗制度的设计中，忽略了县城、农村地区患者跨区域转诊的需求，使得他们难以分享到分级诊疗的红利，也很难得到他们的支持与认可。

总体而言，分级诊疗推行不畅的原因涉及患者、大型公立医院及基层医疗机构多个主体，涉及文化认同、制度设计、跨区协调等多个方面，问题的解决绝非一日之功。

五、润物无声：让分级诊疗加快落地的建议

在分析分级诊疗难以全面推进的原因的基础上，我们不难发现，无论是文化认同、协调缺失还是跨区安排，分级诊疗的核心难点都在于政策设计领域的激励设计问题。因而，通过政策调整助力分级诊疗全面推进，是具有可行性的。

笔者针对分级诊疗涉及的不同主体，提出了不同的政策建议，主要包括以下几个部分：

首先，要加强对参与分级诊疗的患者的激励，让患者切实享受到分级诊疗带来的红利。对于一开始选择基层医疗机构并进行转诊的患者，要从医保报销、优先挂号等方面给予更高的优惠，使患者在非急症情况下更愿意首先选择去基层医疗机构看病，小病则直接在基层医疗机构治疗，大病在基层医疗机构认定后，通过基层医疗机构帮助预约挂号的方式进行转诊。如果后续需要输液、复检等服务，也可以在大型医疗机构开出处方和

药后，通过基层医疗机构获取。

除了制度激励外，还应当通过宣传，使患者在文化上更加认同分级诊疗。2020 年以来，我国在应对新冠肺炎疫情过程中积累了很多经验，其中针对不同程度患者进行分类，将轻症患者安排进入方舱医院、将重症患者尤其是危重症患者安排进入大型公立医院的经验尤其值得重视并推广。轻症患者和危重症患者分开治疗、相互之间安排转诊，本身便是一种分级诊疗的宝贵实践。对此，应在全社会大力宣传相关经验，鼓励人们在基层首诊，根据自身病情分级选择医疗机构，在全社会培育分级诊疗的共识。总之，要让患者相信基层医疗机构，愿意去基层医疗机构接受治疗。

其次，要加强基层医疗机构自身能力建设，给予更多转诊权限，帮助基层医疗机构承接起相应的责任。必须明确，在未来，基层医疗机构将是慢性病、康复期患者最常接触的机构，如果考虑到老龄化给我国疾病谱系带来的变化，可以说基层医疗机构是大多数患者最直接的救助人。对此，上海的家庭医生制度经验可以在全国进行广泛推广。但这种推广本身绝不能只是形式上的复制，要更多考虑到前期准备工作和后续保障工作的落实。在前期，要注重家庭医生的培训培养，解决家庭医生的待遇、晋升等问题，调动家庭医生的积极性。在后期，要建立患者的反馈机制，定期调研患者对家庭医生的满意程度，对优秀的医生给予表彰，对不合格的给予惩戒，对犯下严重医疗失误的给予处罚甚至吊销营业执照。通过做实做强基层医疗卫生机构，有助于其在医联体打造过程中拥有更多话语权，从而保障自身的权益。与此同时，在制度设计层面，要更有针对性地解决异地就医问题，要建立全国层面医疗机构之间的信息分享平台。针对那些医疗资源不能满足需要的地区的基层医疗机构，要为其提供向大城市转诊的机会，使其在充分尊重患者意愿的情况下，帮助患者实现有秩序的异地就医。

再次，要加强对大型医疗机构的激励。对于那些首诊后愿意把后续恢复治疗让渡给基层医疗机构的大型医疗机构，要由政府或社保出面提供一定的奖励与支持。对于那些主动和基层医疗机构合作，帮助基层医疗机构提高初诊判断能力的大型医疗机构，要给予更实际的优惠政策，让大型医疗机构愿意和基层医疗机构合作。

最后，要考虑引入社会力量参与分级诊疗。针对一些比较罕见和专业的病种，要考虑从全国层面培育相应的专业化的社会组织，建立起专业的队伍，通过这些社会组织提供信息、提供资助等方式，鼓励罕见病患者集中选择有资质、有能力的一两家医院。同时，要强化不同地区、不同医院科室之间的合作，将专家的力量集中起来，共同帮助罕见病患者战胜病魔，真正实现各种资源的有效参与和联动治理的格局。

第四章　突破供给陷阱：找准
公立医院与民营医院的平衡

在我国，除了强调分级诊疗，通过社会办医增加医疗资源供给也一直是社会上一部分人针对看病难问题提出的解决思路。首先，本章将通过相关政策文件的发掘，明确社会办医的出发点与落脚点。其次，本章将介绍我国政府支持民营医院发展的相关文件，对我国民营医院的发展成就进行梳理，介绍民营医院在抗击新冠肺炎疫情时所发挥的作用，同时也指出民营医院自身发展存在的问题与不足。最后，本章将指出，增加民营医院本身只能起到解决看病难问题的辅助性作用，在支持社会办医与支持公立医院发展之间需要找到平衡，这种平衡更多应该通过患者和医生"用脚投票"的方式加以解决，而非通过各种政策性文件强予干预。

一、鲇鱼效应：社会办医的出发点

要讨论各类医院参与医药卫生体制领域改革中所发挥的功能和作用，首先要明确各类医院参与医药卫生体制改革中的价值取向。而社会办医正是影响其改革的关键性理念。要讨论社会办医，就必须先明确社会办医的背景与出发点。

早在改革开放初期，社会办医便被提上了医药卫生体制的改革日程。1980 年 8 月，国务院批准《关于允许个体开业行医问题的请示报告》，明确指出允许个体开业行医合法存在，以补充国家和集体力量的不足，并对其进行严格管理。①

真正让社会办医走入大众视野并成为全社会热议的时间点为 2009 年。2009 年 3 月，《关于深化医药卫生体制改革的意见》明确指出，鼓励和引导社会资本发展医疗卫生事业，形成投资主体多元化、投资方式多样化的办医体制。

2010 年，《关于进一步鼓励和引导社会资本举办医疗机构意见的通知》进一步指出，鼓励和引导社会资本举办医疗机构，有利于增加医疗卫生资源，扩大服务供给，满足人民群众多层次、多元化的医疗服务需求；有利于建立竞争机制，提高医疗服务效率和质量，完善医疗服务体系。《"十三五"深化医药卫生体制改革规划》也提出要加快形成多元办医格局，鼓励社会力量兴办健康服务业。

从这些文件描述中不难发现，社会办医本身是 2009 年启动的新医改中的重要部分。推动社会办医的出发点，即推动社会办医的目的在于，增加医疗卫生资源的供给和建立竞争机制。

在看到明面上的出发点的同时，我们也应当结合新医改启动的背景，去完整认识推动社会办医的原因。具体而言，有以下三方面因素的考虑。

首先，2009 年以来，为建成全覆盖的居民医疗保障体系，国家投入了大量的资金用于医保体系的建设与完善，在对医药卫生服务的需求侧进行投入的同时，不可避免地需要缩减在医药卫生服务供给侧的投资。为了弥补供给侧资金投入的相对不足，必须引入社会办医。

其次，随着医疗卫生技术的发展，建设大型综合性公立医院所需的成本日益上升，例如，在卖出所有公立医院的宿迁市，重建公立医院花费了当地财政巨额的支出。2015 年 11 月，时隔近 10 年后，宿迁重新迎来了一家公立医院——宿迁市第一人民医院的开业，市财政全额出资 18 亿元。新建公立医院的高额成本使得集中资源在需求侧的政府资金更加捉襟见肘。

---

① 金春林，王贤吉，何达，等．我国社会办医政策回顾与分析．中国卫生政策研究，2014（4）：1-7．

2017 年 7 月，国务院办公厅发布《关于建立现代医院管理制度的指导意见》，明确要求从严控制公立医院的床位规模、建设标准和大型医用设备配备。这一方面是为社会办医留出空间，另一方面也是针对现实条件的无奈选择。

最后，公立医院的现代医院管理制度改革需要民营医院的鲇鱼效应。长期以来，我国大型公立医院的管理体制存在人浮于事、出资与管理责任不清晰等问题。为刺激公立医院管理制度改革，加快公立医院现代管理制度的完善，有必要引入社会资本，建立民营医院，从而刺激公立医院参与市场竞争，在竞争中逐渐调整自身的管理制度，节约医院的运营成本，从而为患者提供更好的服务。

不难看出，长期以来，社会办医的出发点都是在政府资源有限的情况下，通过政策支持社会资本提供医疗卫生服务，以缓解供给侧的不足。

二、有益补充：社会办医的落脚点

2019 年 6 月，国务院新闻办公室在新闻发布会上就有关"社会办医的功能定位和发展方向在哪里"的问题，给出了以下答案："社会办医要行稳致远、持续健康发展，首先要找准定位，明确发展方向。社会办医是公立医疗服务体系的有益补充，可提供基本医疗卫生服务，主要提供非基本医疗卫生服务，满足群众多层次、多样化、差异化的健康服务需求。总的来看，随着人民群众健康服务需求的日益增长，社会办医的发展前景会越来越好。"

对于以增加供给、促进竞争为出发点的社会办医，其落脚点定位一直是公立医疗服务体系的有益补充。

首先，就医改目标而言，我国新医改的目标主要为两点：一是医药卫生服务的公平可得，二是较高水平的医药卫生服务。在这两大目标体系之中，又要兼顾宏观资源的调配和使用，要用尽可能少的资源保证前两大目标的实现。而对于社会办医产生的民营医院，公益性的缺失使得其对医药卫生服务的公平可得性贡献不足，其资本的有限性又决定了其难以在医药卫生服务领域取得突破性的研究成果，因此，对社会办医的激励政策更多是为了兼顾宏观资源的调配使用，更多属于医改中"锦上添花"而非"雪中送炭"的环节。

其次，在竞争机制层面，社会办医的目的不在于鼓励医疗服务水平的竞争，而是通过管理等条件的改善来刺激医疗服务价格的竞争。一直以来，互联网上都有全国各个医院不同科室的排名榜单，在收费相对一致的条件下，公立医院往往通过比拼服务质量来吸引患者。而引入社会办医对竞争的鼓励往往不是在疑难杂症的攻坚克难领域，而是在相对基础的疾病领域，期待通过民营医院较为高效的管理实现更低的医疗卫生服务价格，从而使得公立医院感受到竞争的压力。从这个角度看，社会办医的落脚点也并非要求民营医院承担起医疗卫生服务供给的主要责任。

最后，在责任担当方面，尽管有了一系列支持政策，但政府对民营医院所承担的责任一直有着较为清晰的认识。在应对新冠肺炎疫情的过程中，各地民营医院虽有闪光案例，如湖南旺旺医院、武汉亚心医院等，但整体表现很难说得上令人满意。归根结底，呼吸与感染科本身并不属于营利性科室，社会资本的参与积极性不高，只有一些真正富有社会责任感的民营医院才选择开设。

根据2015年国家卫计委发布的统计年鉴数据，湖北省有18家三甲民营医院，在全国首屈一指。然而，在2020年1月20日武汉市公布的61家发热门诊医疗机构和9家定点救治医疗机构名单中，民营医院的数量屈指可数。这也说明，在承担责任方面，民营医院并没有被政府寄予厚望。

综上所述，我们可以更清晰地认识到，社会办医的落脚点是公立医疗服务体系的有益补充，而非公立医疗服务的替代。在明确这一点的基础上，我们可以更加客观地审视我国对社会办医的支持政策以及当前民营医院存在的不足。

三、以往鉴来：我国对民营医院的支持政策及发展历程

正如前文所述，早在 20 世纪 80 年代，支持社会办医便已提上日程，但真正使社会办医成为社会热议是在 2009 年。对此，本章将考察重点放在 2009 年以来我国对民营医院的支持政策及其发展历程上。

结合网上可查阅的各类信息，本章将 2009 年以来我国中共中央及国务院层面鼓励社会资本办医的各类文件汇总成了一份表格，并将多部委联合印发的比较具有代表性的文件加入其中，具体见表 4-1。

表 4-1　2009 年以来国家层面鼓励社会资本办医政策一览

时间	部门	政策文件名称	主要内容 （多部委联合印发文件条目为热点内容）
2009 年	中共中央、国务院	《关于深化医药卫生体制改革的意见》	进一步完善医疗服务体系。坚持非营利性医疗机构为主体、营利性医疗机构为补充，公立医疗机构为主导、非公立医疗机构共同发展的办医原则，建设结构合理、覆盖城乡的医疗服务体系。 鼓励和引导社会资本发展医疗卫生事业。
2010 年	国务院办公厅	《转发发展改革委卫生部等部门关于进一步鼓励和引导社会资本举办医疗机构意见的通知》	鼓励和引导社会资本举办医疗机构；消除阻碍非公立医疗机构发展的政策障碍，促进非公立医疗机构持续健康发展。
2012 年	国务院	《关于印发"十二五"期间深化医药卫生体制改革规划暨实施方案的通知》	大力发展非公立医疗机构。积极发展医疗服务业，扩大和丰富全社会医疗资源。鼓励有实力的企业、慈善机构、基金会、商业保险机构等社会力量以及境外投资者举办医疗机构，鼓励具有资质的人员（包括港澳台地区）依法开办私人诊所。
2012 年	党中央	党的十八大报告	深化公立医院改革，鼓励社会办医。

续表

时间	部门	政策文件名称	主要内容 （多部委联合印发文件条目为热点内容）
2013 年	国务院	《关于促进健康服务业发展的若干意见》	加快形成多元办医格局；放宽对营利性医院数量、规模、布局以及大型医用设备配置的限制；非公立医疗机构医疗服务价格实行市场调节价，减免行政事业性收费，给予税收优惠。
2014 年	国家发展改革委、国家卫生计生委、人力资源社会保障部	《关于非公立医疗机构医疗服务实行市场调节价有关问题的通知》	非公立医疗机构医疗服务价格实行市场调节；鼓励非公立医疗机构提供形式多样的医疗服务。
2015 年	国务院办公厅	《关于印发全国医疗卫生服务体系规划纲要（2015—2020 年）的通知》	社会办医院是医疗卫生服务体系不可或缺的重要组成部分，是满足人民群众多层次、多元化医疗服务需求的有效途径。社会办医院可以提供基本医疗服务，与公立医院形成有序竞争；可以提供高端服务，满足非基本需求；可以提供康复、老年护理等紧缺服务，对公立医院形成补充。
2015 年	国务院办公厅	《关于促进社会办医加快发展若干政策措施的通知》	发布进一步放宽准入、拓宽投融资渠道、促进资源流动和共享、优化发展环境四方面16 条具体措施。 不得将医疗机构所有制性质作为医保定点的前置性条件，不得以定点机构数量已满等非医疗服务能力因素为由，拒绝将社会办医疗机构纳入医保定点。
2016 年	中共中央、国务院	《"健康中国 2030"规划纲要》	进一步优化政策环境，优先支持社会力量举办非营利性医疗机构，推进和实现非营利性民营医院与公立医院同等待遇。鼓励医师利用业余时间、退休医师到基层医疗卫生机构执业或开设工作室。个体诊所设置不受规划布局限制。破除社会力量进入医疗领域的不合理限制和隐性壁垒。逐步扩大外资兴办医疗机构的范围。加大政府购买服务的力度，支持保险业投资、设立医疗机构，推动非公立医疗机构向高水平、规模化方向发展，鼓励发展专业性医院管理集团。加强政府监管、行业自律与社会监督，促进非公立医疗机构规范发展。

续表

时间	部门	政策文件名称	主要内容 （多部委联合印发文件条目为热点内容）
2016 年	国务院	《关于印发"十三五"卫生与健康规划的通知》	鼓励和引导社会力量加大对卫生与健康事业的投入，形成投资主体多元化、投资方式多样化的办医体制。
2019 年	国家卫生健康委、国家发展改革委等十部门	《关于印发促进社会办医持续健康规范发展意见的通知》	拓展社会办医空间。落实"十三五"期间医疗服务体系规划要求，严格控制公立医院数量和规模，为社会办医留足发展空间。

从表 4-1 中不难看出，我国针对社会办医的支持政策具有相当强的持续性。多份文件共形成了十多项主要的针对社会办医的支持性政策，分别有：医师执业不再受单一医疗卫生机构执业地点限制；个体诊所不受规划布局限制；非公医疗机构提供的医疗服务实行市场调节价；放开并鼓励专科医院设置；同等条件下优先考虑由社会资本举办；社会办医疗机构可以自主确定医疗机构经营性质；社会办医疗机构可自主选择加入医联体；中医诊所率先实施备案管理；营利性医疗机构床位数由投资主体自主决定；诊所改为备案制，支持诊所规模化、集团化发展；等等。

四、先天不足：民营医院发展中暴露的问题

多样且持续性的政策支持使得社会办医有了长足的发展。2015 年，社会办医所建立的民营医院数量已超过公立医院。有人甚至认为民营医院应当逐渐替代公立医院。但是，民营医院依然存在着诸多问题，这影响和制约着民营医院的发展，也让我们不得不思考民营医院和公立医院之间的平衡问题。

一是民营医院医疗服务能力相对不足，其受制于医院本身的投资属性，无法通过严控公立医院数量和规模来改变。

以 2017 年末数据为例，公立医院和民营医院占医院总数的比例分别为 39.6％和 60.4％；但公立医院贡献床位占医疗机构总床位的 75.7％，民营医院床位占比仅为 24.3％。[①] 纵向对比来看，2010—2015 年，全国民营医院数量同比增长都在 10％以上，同期全国公立医院数量出现负增长，民营医院数量占全国医院总数的比例由 33.79％上升至 52.63％。但民营医院床位数占比仅由 11.03％上升至 19.40％。[②] 同时，民营医院住院安全事件总体发生率为 0.36％，高于公立医院（0.20％）。而民营医院手术安全事件总体发生率也为 0.36％，公立医院仅为 0.24％。[③]

不难发现，严控公立医院数量无助于缩小民营医院相较于公立医院的医疗服务能力差距。深层次的原因在于，医院本身公益属性强，投资大，回本慢，社会资本更偏爱牙科等投资少、收益快的专业领域，扩大规模、提升服务能力意愿不足。

二是民营医院的公共认同感相对偏低，工作人员和就诊患者都更偏爱公立医院。以 2017 年数据为例，公立医疗机构的人员数为 554.9 万人，占全国医疗机构工作人员总数的 79.5％，其中技术人员有 468.5 万人，占全国的 82.4％；而民营医院（私立医疗机构）[④] 的工作人员占比为 20.5％，技术人员占比仅为 17.6％。[⑤] 这反映出广大医疗行业从业人员尤其是技术人员对公立医院岗位的认同，这直接影响医院服务质量水平。

对于患者来说，医疗服务质量水平的差异将导致患者"用脚投票"。2017 年，公立医院办理治疗 29.5 亿人次，占全国医院办理治疗总数的 85.8％；民营医院办理治疗人数仅占 14.2％。[⑥] 民营医院办理治疗人数与其医疗能力不匹配，足以证明就诊群众出于各类原因，更加偏好公立医院。长期来看，就诊量的偏低将持续导致二八分化，优秀的医疗技术人才

---

① 国家卫生健康委.2017 年中国卫生健康事业发展统计公报，2018-06.

②③ 薛晓林.中国民营医院发展报告（2016）.北京：社会科学文献出版社，2017.

④ 《2017 年中国卫生健康事业发展统计公报》中使用"私立医疗机构"名称，为行文统一，下文统称为民营医院。

⑤⑥ 国家卫生健康委.2017 年中国卫生健康事业发展统计公报，2018-06.

更不愿去民营医院，服务质量差距将不断扩大。

在公众认同感不高的时期，利用政策强推民营医院扩张，可能出现医院建成后也鲜有人问津的局面，对于解决看病难问题，存在事倍功半的可能性。

三是民营医院当前的公益性不足，政策扶持可能会加剧过度医疗问题。一直以来，民营医院的公益性质多遭诟病，尤以莆田系民营医院为代表，它们的公益性质不强。以营收为目的的医院往往存在着过度医疗或重复医疗的问题。2015 年，民营医院再住院次数的最大平均值为 16 次，高于公立医院再住院次数的最大平均值（13 次）；民营医院总体再住院率及各时间段再住院率均高于公立医院。① 其中部分民营医院为追求利润，甚至伪造患者住院信息骗取医保资金，走上违法犯罪道路。在 2019 年 6 月甘肃省临夏市的扫黑除恶行动中，打击了 6 家骗保医院，其中 5 家为莆田系民营医院。②

由此可见，当前民营医院发展的公益性亟待增强。一系列政策扶持，如土地划拨、医保对接等，必须等行业整体环境优化后方可实行，贸然推进可能会加剧过度医疗问题，造成政府大量投入，既无法改善看病贵问题，也缓解不了医保基金的压力。

五、平衡游戏：探索公立医院与民营医院的平衡方式

如前所述，民营医院本身受益于政策支持，但也存在着诸多问题，支持政策本身必须回归社会办医发展的落脚点，去构建公立医院和民营医院的平衡，从而保证我国各级医院的公平有序的竞争和发展。

当前，关于推进公立医院和民营医院的平衡方式，主要包括以下两方面：

---

① 薛晓林. 中国民营医院发展报告（2016）. 北京：社会科学文献出版社，2017.
② 甘肃 6 家医院被扫黑除恶：多家被查医院现莆田人身影. 网易新闻，2019 - 06 - 12.

一方面，应该更加强调公立医院（包括大型医疗机构和基层医疗机构）在基本医疗卫生公共服务中的作用，将一些非基本需求让渡给民营医院。

按照 2015 年国务院办公厅的要求，社会办医院可以提供基本医疗服务，与公立医院形成有序竞争；可以提供高端服务，满足非基本需求；可以提供康复、老年护理等紧缺服务，对公立医院形成补充。从中不难看出，社会办医院本身在基本医疗服务领域的主要职责是刺激竞争，在养老服务领域是重要补充，这两大领域均属于基本医疗公共服务。为了实现基本医疗公共服务均等化的目标，还是需要强调公立医院的主导作用，将民营医院作为重要补充。同时，在一些非基本需求方面，民营医院可以获得更大舞台。通过明确定位，避免公立医院和民营医院可能形成的恶性竞争，让两者各司其职，从而实现平衡。

另一方面，政府不应当用各类文件限制公立医院的数量和规模的发展，而应该将改革重心转向统一公立医院和民营医院的责任待遇方面，用过程公平替代结果公平。当前，不时有民营医院抱怨，公立医院在税收政策、土地政策方面存在不公平竞争的优势。而国家有关部门也不断发文，要求限制公立医院数量和规模的扩张。

事实上，对于民营医院所要求的待遇统一问题，应当结合民营医院与公立医院的责任来全盘考虑。如果民营医院愿意参与基本医疗公共服务的提供，则可以给予其与公立医院相同的待遇。如果民营医院更多参与的是非基本需求，则应当鼓励其通过改善服务、提高收费来满足自身发展的需求。

同时，针对政府文件中对公立医院数量和规模的限制，应当通盘考虑基本医疗公共服务的范围，合理考察大众对基本医疗公共服务需求的变化，并结合我国各地公立医院的供给能力来决定公立医院规模的扩张或数量的增减，对一些结构上的不足要及时弥补，避免"一刀切"现象可能导致的短期供给不足。

第五章　看病贵的破解：
完善医疗保障制度建设

近年来，随着分级诊疗和社会办医的推进，看病难问题有所缓解。看病贵问题则随着电影《我不是药神》的热映而成为医疗领域的焦点话题。本章将重点分析我国医疗领域的看病贵问题，将说明当前看病贵问题的产生原因，尤其是医疗保障制度中的收入、支付和管理体制问题。同时，本章将结合 2020 年 3 月下发的《关于深化医疗保障制度改革的意见》，进一步厘清重构医保支付体系的六大环节：完善公平适度的待遇保障机制；健全稳健可持续的筹资运行机制；建立管用高效的医保支付机制；健全严密有力的基金监管机制；协同推进医药服务供给侧改革；优化医疗保障公共管理服务。

一、寸药寸金：看病为什么总是贵

研究我国当前存在的看病贵问题，必须研究我国的医疗保障制度和药品供应保障制度。在 21 世纪初，医疗保障制度尚未建立，群众看病自付比例较高，加上"以药养医"现象广泛存在，看病贵的怨言也较多。随着我国逐渐建立起覆盖全民的医疗保障制度，加上新医改以来对公立医院"以药养医"收入的逐渐取缔，当前的看病贵问题的原因可以逐渐归咎于医疗保障体系的收入、支付和管理体制问题。

医保基金的收入体制问题即筹资机制问题，当前，我国医保基金筹资遇到了两难困境。一方面是"应保未报""应缴未缴"的现象广泛存在；另一方面是国家给企业"降成本"的政策要求，是否根据个人实际收入进行汇算清缴成为两难问题。这也限制了医保基金的可持续发展。

医保基金的支付体制问题主要包括以下三个方面内容：

一是覆盖面的问题。覆盖面的问题是其中较容易解决的问题。近年来，我国逐渐扩大医保覆盖面，将更多药物、医疗器械、医用耗材纳入医保的覆盖范围。但相较于对健康的无限需求，有限的医保资金无法承担起无限的责任。在未来，医保基金需要进一步明确对公民基本卫生医疗服务的保障责任，将一些非基本的保障项目从覆盖领域中转移出去，交给其他社会部门去保障。同时，在覆盖面领域，药品采购中的溢价问题也不容忽视。2018年以来，我国成立了国家医保局，正是针对药品采购中的溢价问题进行的重大改革。国家医保局借鉴三明模式，通过"两票制""带量采购"等方式，在谈判中利用自身的资金优势，压低药品价格，从而在一定程度上缓解了看病贵问题。

二是报销方式的问题。报销方式的问题则涉及各地的医保资金结余问题。当前，在我国看病住院，大部分地区都属于"先垫付、后报销"。而各地医保资金结余情况存在较大差异，在报销时间上有显著区别。有的地方需要几个星期，有的地方则需要几个月甚至几年。个别医院，如中南大学湘雅二院，甚至出现了因当地医保基金迟迟不拨款而拒收当地医保患者的问题。

三是支付方法的问题。这一问题主要指当前"按项目付费制"的支付方式问题。这种支付方式容易导致人们常说的"过度医疗"问题。过度医疗一般分为两大部分：一部分是患者自行要求的过度医疗，另一部分是医生出于各种原因提供的过度医疗。对于患者而言，其自行要求的过度医疗包括两个方面：一方面，由于医保个人账户的存在，很多没有生病的人往往在年底突击花掉一部分个人账户的医保额度去购买保健品或中成药，从而造成医疗资源的浪费和医保资金的紧张；另一方面，由于医保对住院报销的苛刻规定，一些本来住几天便可以出院的人为了获得医保报销，往往选择住更多的天数以达到医保规定的最低天数，从而使自己用更实惠的自付价格获得更多的额外服务。对于医生而言，其提供过度医疗包括两大原因：一是药物加成取消以后，检查费用成为医院创收的重要手段，当前医保根据项目付费，意味着开更多的检查单便能帮助医院获得更多的收入，医生在业绩考核的压力下会开更多的检查单；二是由于医患冲突的加剧，很多医生为了保护自己，往往为患者提供更多的"防御性检查"项目。如果发生医疗事故，这些防御性检查可以证明医生操作的合规性，从而在司法体系下保护医生的权益。

医保基金的管理体制问题也是导致前些年看病贵的重要原因。这些体制问题主要包括骗保、监管不严、保值增值能力较差等。

一是骗取医保基金。部分医保协议医院为增加收入，以降低自付费用甚至全免自付费用的优惠条件，吸引参保人员住院疗养，采取低成本治疗，再通过药品和治疗项目高成本报销的方式，骗取医保基金以获取高额利润。此外，因城镇职工医保不能报销门诊费用，部分未达到入院指征的病人为降低自付费用，配合医院办理住院手续骗取医保资金。

二是医保个人账户资金闲置且个人账户资金使用监管不严。一方面，医保个人账户资金使用范围较窄等原因导致资金闲置；另一方面，医保基金监管部门对属于个人的资金监管意识不强，导致普遍存在个人利用医保个人账户资金在定点零售药店购买日用品甚至出现资金套现等现象。

三是医保基金的保值和增值面临很大压力。传统医保基金的保值和增值方法主要为国债购买、定期存款等，利率较低，在通货膨胀面前面临很大压力。当前，对于医保基金的投资管理设置存在"管得过死"现象，应当进一步考虑放开医保基金的投资管理。

综上所述，在看病贵问题的背后，是医疗保障体系的收入、支出和管理体制三个层次的问题，解决看病贵问题，也应当从这三个领域发力。

二、一苇渡江：解决看病贵问题的钥匙在何处

破解看病贵问题需要从原因着手，在保障公平、适度的前提下，从收

入、支付和管理体制三个方面破局。

在收入体制方面，破解看病贵问题应注重医保基金的可持续发展，从筹资机制入手，完善医保基金的征管政策，让医保基金的负担合理分配，尽量降低社会成本；在支付体制方面，应合理优化支付体制，让按疾病诊断相关分组付费逐步替代当前的按项目付费，将控成本的责任转交给医院方面，避免政府控费干预造成的弊端；在管理体制方面，则应当注重医保基金的监管，同时创新医保与医药、医疗服务之间的联动机制，从而实现管理体制的优化。

2020 年，中共中央、国务院下发《关于深化医疗保障制度改革的意见》，针对看病贵问题做出了一系列政策部署。破解看病贵问题也形成了一整套完善的政策体系。

《关于深化医疗保障制度改革的意见》总共提出了六项具体任务。针对整个医保体系，要完善公平适度的待遇保障机制；针对医保基金中的收入问题，提出要建立和健全稳健、可持续的筹资运行机制；针对医保基金的支付机制，则以"管用高效"为目标；针对管理机制，要求健全严密有力的基金监管机制；针对和医保相关的医药和公共管理方面，则分别给出了协同推进医药服务供给侧改革、优化医疗保障公共管理服务的建议。

同时，《关于深化医疗保障制度改革的意见》也明确了改革的目标与方向，提出"到 2030 年，全面建成以基本医疗保险为主体，医疗救助为托底，补充医疗保险、商业健康保险、慈善捐赠、医疗互助共同发展的医疗保障制度体系，待遇保障公平适度，基金运行稳健持续，管理服务优化便捷，医保治理现代化水平显著提升，实现更好保障病有所医的目标"。

此外，针对这六项任务，《关于深化医疗保障制度改革的意见》也给出了相应的实施方案，认为这一系列目标的实现需要加强党的领导、加强协同配合、培育良好氛围。

本章将结合《关于深化医疗保障制度改革的意见》，对其中六项任务做出进一步的梳理与分析，从而完整展现我国破解看病贵问题的思路。

三、公平适度：待遇保障机制要兼顾各方

《关于深化医疗保障制度改革的意见》将完善公平适度的待遇保障机制作为深化改革的首要任务，并对此提出五项要求。

一是完善基本医疗保险制度。坚持和完善覆盖全民、依法参加的基本医疗保险制度和政策体系，职工和城乡居民分类保障，待遇与缴费挂钩，基金分别建账、分账核算。统一基本医疗保险统筹层次、医保目录，规范医保支付政策确定办法。逐步将门诊医疗费用纳入基本医疗保险统筹基金支付范围，改革职工基本医疗保险个人账户，建立健全门诊共济保障机制。

正如第二章所述，我国当前已经完成了基本医疗保险制度的建设，在未来，我国仍将坚持基本医疗保险制度并进行完善。在这一要求中，最值得关注的是门诊费用将被逐步纳入基本医疗保险统筹基金支付范围。当前，我国城镇职工医疗保险基金由统筹基金和个人账户构成，统筹基金主要负责支付起付标准以上、最高支付限额以下的政策范围内医疗费用，大部分为住院费用，而个人账户主要用于保障门诊小病，以及支付享受统筹基金报销待遇后个人负担的医疗费用。将原本隶属于个人账户负责的门诊医疗费用纳入统筹基金支付范围，将是逐步取消医保个人账户，实现基本医疗保险统筹层次统一的重要一步。

二是实行医疗保障待遇清单制度。建立健全医疗保障待遇清单制度，规范政府决策权限，科学界定基本制度、基本政策、基金支付项目和标准，促进医疗保障制度法定化、决策科学化、管理规范化。各地区要确保政令畅通，未经批准不得出台超出清单授权范围的政策。严格执行基本支付范围和标准，实施公平适度保障，纠正过度保障和保障不足问题。

早在 2019 年 7 月，国家医保局便发布了《关于建立医疗保障待遇清单管理制度的意见（征求意见稿）》。建立清单制度的目标是，在全国范围

内设置医疗保障待遇的上限和下限，力求在较低支付水平下实现全覆盖。清单制度的出台是为了扭转各地医保待遇差距过大的局面，是实现基本公共服务均等化的重要一招。

同时，清单制度也没有"鞭打快牛"。如《关于建立医疗保障待遇清单管理制度的意见（征求意见稿）》在基本待遇支付政策部分提出，各地因地制宜，在国家规定范围内制定住院和门诊起付标准、支付比例和最高支付限额。这在一定程度上保留了地方的自主权，让富余地区的医疗保障也有相对的富余，避免挫伤地方的积极性。

三是健全统一规范的医疗救助制度。建立救助对象及时精准识别机制，科学确定救助范围。全面落实资助重点救助对象参保缴费政策，健全重点救助对象医疗费用救助机制。建立防范和化解因病致贫返贫长效机制。增强医疗救助托底保障功能，通过明确诊疗方案、规范转诊等措施降低医疗成本，提高年度医疗救助限额，合理控制贫困群众政策范围内自付费用比例。

城乡医疗救助制度的目的在于，通过对救助对象的资助，使其可以缴纳医疗保险费用，从而参与基本医疗保险制度。医疗救助制度于2003年开始推行，2008年在全国实现全面建制，2012年民政部会同多部门在14个省开展了重特大疾病医疗救助试点，2015年将城市医疗救助制度和农村医疗救助制度合并实施。在不断的探索和改革过程中，医疗救助制度逐步被赋予了"建立防范和化解因病致贫返贫长效机制"的功能和作用，在未来将成为保障基本医疗保险公平可得的重要一环。

四是完善重大疫情医疗救治费用保障机制。在突发疫情等紧急情况时，确保医疗机构先救治、后收费。健全重大疫情医疗救治医保支付政策，完善异地就医直接结算制度，确保患者不因费用问题影响就医。探索建立特殊群体、特定疾病医药费豁免制度，有针对性免除医保目录、支付限额、用药量等限制性条款，减轻困难群众就医就诊后顾之忧。统筹医疗保障基金和公共卫生服务资金使用，提高对基层医疗机构的支付比例，实现公共卫生服务和医疗服务有效衔接。

重大疫情医疗救治费用保障机制是 2020 年深化医疗保障制度改革中新提出的重要内容，是对我们化解新冠肺炎疫情风险过程中的成功经验的重要总结。在应对新冠肺炎疫情的过程中，财政部、国家医保局在 2020 年 1 月 22 日便发布通知，要求全力做好新冠肺炎疫情救治费用保障工作，确保确诊新冠肺炎患者不因费用问题影响就医，确保收治医院不因支付政策影响救治。其中已明确，对于患者发生的医疗费用，在基本医保、大病保险、医疗救助等按规定支付后，个人负担部分由财政给予补助。这一通知彻底解决了新冠肺炎疫情患者的后顾之忧，是实现应收尽收、应治尽治的重要保障，是打赢新冠肺炎疫情保卫战的重要一招。对此，党中央给予了高度肯定，并将其上升为重大疫情医疗救治费用保障机制。"先救治、后收费"的规定也让每个疫情患者都可以在无经济压力的条件下获得生的希望。

五是促进多层次医疗保障体系发展。强化基本医疗保险、大病保险与医疗救助三重保障功能，促进各类医疗保障互补衔接，提高重特大疾病和多元医疗需求保障水平。完善和规范居民大病保险、职工大额医疗费用补助、公务员医疗补助及企业补充医疗保险。加快发展商业健康保险，丰富健康保险产品供给，用足用好商业健康保险个人所得税政策，研究扩大保险产品范围。加强市场行为监管，突出健康保险产品设计、销售、赔付等关键环节监管，提高健康保障服务能力。鼓励社会慈善捐赠，统筹调动慈善医疗救助力量，支持医疗互助有序发展。探索罕见病用药保障机制。

完善医疗保障制度不仅是政府和个人的责任，而且是整个社会的责任。除了政府提供的医疗保险、大病保险和医疗救助以外，商业化的医疗保险同样是不可或缺的组成部分。同样，完善公平适度的待遇保障机制也需要政府、个人、社会、企业等多方的参与。在 2020 年抗击新冠肺炎疫情的过程中，社会慈善的力量充分彰显，全国各地给湖北捐款捐物，为打赢武汉保卫战做出了重大贡献。对这一点，党和政府给予了高度肯定，

"慈善医疗救助力量"也得以纳入统筹调动中，得以享受政府提供的医疗物资保障。这是社会力量参与社会治理的一小步，也是完善"共建共治共享"的社会治理制度的重要一步。

四、稳健持续：筹资运行机制要守住底线

针对医保基金中的收入来源问题，《关于深化医疗保障制度改革的意见》提出要建立和健全稳健、可持续的筹资运行机制，以守住不发生系统性风险的底线，实现以当前阶段我国医保运行实际情况为参照，确保医保基金有能力在现有覆盖面的基础上实现稳健、可持续的资金来源，确保资金随各类参保人员的基本健康需求和参保标准的变化实现有效托底和保障。具体而言，《关于深化医疗保障制度改革的意见》提出了以下三个要求：

一是完善筹资分担和调整机制。就业人员参加基本医疗保险由用人单位和个人共同缴费。非就业人员参加基本医疗保险由个人缴费，政府按规定给予补助，缴费与经济社会发展水平和居民人均可支配收入挂钩。适应新业态发展，完善灵活就业人员参保缴费方式。建立基本医疗保险基准费率制度，规范缴费基数政策，合理确定费率，实行动态调整。均衡个人、用人单位、政府三方筹资缴费责任，优化个人缴费和政府补助结构，研究应对老龄化医疗负担的多渠道筹资政策。加强财政对医疗救助的投入，拓宽医疗救助筹资渠道。

实现不同就业群体缴费参与模式的灵活调整与变化，是应对不同就业群体的不同参保特征及实现基本参保水平相对稳定、减少差距的重要举措。当前，由于我国部分非就业人员缴费水平差距较大，不同地区制定的标准随意性较大，与经济社会发展水平和居民人均可支配收入不匹配。制定实现"缴费与经济社会发展水平和居民人均可支配收入挂钩"的政策，主要目标是实现收入高者多缴、收入低者少缴的原则，在实践中运用各类

科技手段完善以国民个人收入所得信息为基础的登记制度。这将有利于调整和完善我国在未来制定更加科学合理的缴费费率及保障政策。

同时，为了应对老龄化带来的医疗负担和保障压力，还需要合理界定个人、用人单位、政府三方的缴费责任。为了使未来在现有基础上进一步拓宽缴费渠道，应同时适度加大财政支持力度。

二是巩固提高统筹层次。按照制度政策统一、基金统收统支、管理服务一体的标准，全面做实基本医疗保险市地级统筹。探索推进市地级以下医疗保障部门垂直管理。鼓励有条件的省（自治区、直辖市）按照分级管理、责任共担、统筹调剂、预算考核的思路，推进省级统筹。加强医疗救助基金管理，促进医疗救助统筹层次与基本医疗保险统筹层次相协调，提高救助资金使用效率，最大限度地惠及贫困群众。

实现区域内医疗保险统筹层次的提升，既是实现区域内政令统一、标准一致，以及推进区域内医疗资源公平合理分配的重要方式，也是改进医疗保险基金管理水平，提升资金使用效率的重要方法。推进统筹层次的逐步提高是一项渐进的工程和任务，首先要推动各级医疗保障部门的权、责、利的理顺和清晰界定，要进一步完善现有各级财政对医保支持事权的划分。实现统筹层次的提高不是为了加大现有保障统筹的难度和风险，而是以进一步巩固提高统筹层次为契机，实现在做实基本医疗保险市地级统筹的基础上尝试探索省级统筹的"自下而上"式的转变。省级统筹的目标不是实现简单的行政权力垂直上收，而是将防风险和兜底线的事权责任更多交由省级政府来承担，这些举措的目的是实现在事权与财权分离条件下二者的匹配，促进资金管理水平和效率的提升，防范因不同标准和保障水平引发的更高层级的系统性风险。

此外，加强医疗救助基金管理，也是实现医保制度兜底性保障的重要方式，可促进医疗救助统筹层次与基本医疗保险统筹层次相协调，进而对不同参保主体尤其是特殊群体有效实现公平保障的总体性覆盖。

三是加强基金预算管理和风险预警。科学编制医疗保障基金收支预算，加强预算执行监督，全面实施预算绩效管理。适应异地就医直接结算、"互联网＋医疗"和医疗机构服务模式的发展需要，探索开展跨区域基金预算试点。加强基金中长期精算，构建收支平衡机制，健全基金运行风险评估、预警机制。

医保基金的管理不仅包括横向的区域公平和统筹，而且必须在现有保障能力和未来保障预期的基础上，动态完善现有体制机制，进而实现纵向保障的公平和科学统筹。通过建立科学完整的医疗保障基金收支预算，以预算监督和管理制度贯穿预算的编制、执行、评价的全过程，在此基础上探索开展跨区域基金预算试点，有利于推动医疗保障基金的横向和纵向平衡，增强总体风险抵御能力，适应当前科技发展水平和治理能力的提升。

五、管用高效：医保支付机制要更加注重效用

保障群众获得优质医药服务离不开建立长效的医保支付机制。建立起完善高效的医保支付机制，不仅能更好地保障参保人员权益，而且能增强医保对医药服务领域的激励和约束作用。具体来看，主要有以下三个要求：

一是完善医保目录动态调整机制。立足基金承受能力，适应群众基本医疗需求、临床技术进步，调整优化医保目录，将临床价值高、经济性评价优良的药品、诊疗项目、医用耗材纳入医保支付范围，规范医疗服务设施支付范围。健全医保目录动态调整机制，完善医保准入谈判制度。合理划分中央与地方目录调整职责和权限，各地区不得自行制定目录或调整医保用药限定支付范围，逐步实现全国医保用药范围基本统一。建立医保药品、诊疗项目、医用耗材评价规则和指标体系，健全退出机制。

医保目录管理能通过调整"进退"现有医保目录名单中的各类药品、诊疗项目、医用耗材的支付范围，形成既能满足当前人民群众基本的医疗需求，也能有效节约保费支出从而降低社会医疗服务成本开支的机制。同

时，将中央和地方目录调整的职责进行划分，体现出一种过渡形式的动态调整原则。通过不断加强中央对统一公平的医疗保障目录的管理职能和权限，可减少地方自主决定医保用药范围的空间，进而实现区域间医疗保障的公平。

二是创新医保协议管理。完善基本医疗保险协议管理，简化和优化医药机构定点申请、专业评估、协商谈判程序。将符合条件的医药机构纳入医保协议管理范围，支持"互联网＋医疗"等新服务模式发展。建立、健全跨区域就医协议管理机制。制定定点医药机构履行协议考核办法，突出行为规范、服务质量和费用控制考核评价，完善定点医药机构退出机制。

推动各类符合条件的医疗机构纳入医保协议管理范围，能够有效提升各类不同地区、不同功能的医疗机构深度参与医疗保障治理的能力，具体包括推动医疗服务质量提高、医疗行为规范约束评价、协议费用结算等方面，以协议方式倒逼和推动医疗机构尤其是公立医院等机构主体的改革，进而推动医疗机构不断提升保障能力和水平。

三是持续推进医保支付方式改革。完善医保基金总额预算办法，健全医疗保障经办机构与医疗机构之间的协商谈判机制，促进医疗机构集体协商，科学制定总额预算，与医疗质量、协议履行绩效考核结果相挂钩。大力推进大数据应用，推行以按病种付费为主的多元复合式医保支付方式，推广按疾病诊断相关分组付费，医疗康复、慢性精神疾病等长期住院按床日付费，门诊特殊慢性病按人头付费。探索医疗服务与药品分开支付。适应医疗服务模式发展创新，完善医保基金支付方式和结算管理机制。探索对紧密型医疗联合体实行总额付费，加强监督考核，结余留用、合理超支分担，有条件的地区可按协议约定向医疗机构预付部分医保资金，缓解其资金运行压力。

推动医保基金总额预算管理办法，目的在于以协商机制建立动态、科学、高效的医保支付机制，不断优化和调整各类医疗服务行为，以推动医共体建设和合理控制医疗成本为内生动力，以加强政策协同、建立配套机制为手段给予人民群众更优质的医疗资源和服务、更便捷可行的惠民举措。持续推进医保支付方式改革的重要意义还在于：其一方面对接大数据等新技术，另一方面对接以医共体为主体的医疗服务和管理模式的发展和完善。应通过进一步理顺医院和医务人员的利益导向，充分发挥医联体作为医保支付方式改革过程中重要参与主体的作用和功能。

六、严密有力：基金监管机制要更加注重安全

医疗保障基金是人民群众的"保命钱"，承担着重要的保障和风险兜底职能。因而，科学长效的医保基金监管机制必须始终把维护基金安全作为首要任务。具体来看，需要做到以下三点：

一是改革完善医保基金监管体制。加强医保基金监管能力建设，进一步健全基金监管体制机制，切实维护基金安全、提高基金使用效率。加强医疗保障公共服务机构内控机构建设，落实协议管理、费用监控、稽查审核责任。实施跨部门协同监管，积极引入第三方监管力量，强化社会监督。

2018 年 5 月 31 日，国家医疗保障局正式挂牌成立。作为我国向服务型政府转型的代表部门，新组建的国家医疗保障局同样承担着管理医保基金、加强现有医保基金监管体制研究和维护医保基金安全的重要功能。此外，引导各社会组织和机构有效参与医保基金的管理，强化社会监督，能有效加强各监管主体在制度、政策、机制等方面的协同，共同提高医疗资源的使用效率和医疗保障水平。

二是完善创新基金监管方式。建立监督检查常态机制，实施大数据实时动态智能监控。完善对医疗服务的监控机制，建立信息强制披露制度，依法依规向社会公开医药费用、费用结构等信息。实施基金运行全过程绩效管理，建立医保基金绩效评价体系。健全医疗保障社会监督激励机制，完善欺诈骗保举报奖励制度。

监管方式的创新既离不开大数据等手段的运用，同时也离不开长效化

制度的建立。绩效是评价预算执行结果的重要参考方法和依据，针对医保基金，运用现代科技手段进行合理的绩效评价也是一个重要的方向。医保基金绩效评价也是衡量医保基金使用效率、监管医保基金运行和政策调整的重要工具。如何构建科学合理的基金绩效评价指标和评价体系，也关系到医保基金的使用效率和效果。

三是依法追究欺诈骗保行为责任。制定和完善与医保基金监管相关的法律法规，规范监管权限、程序、处罚标准等，推进有法可依、依法行政。建立医疗保障信用体系，推行守信联合激励和失信联合惩戒。加强部门联合执法，综合运用协议、行政、司法等手段，严肃追究欺诈骗保单位和个人责任，对涉嫌犯罪的依法追究刑事责任，坚决打击欺诈骗保、危害参保群众权益的行为。

七、协同推进：医药服务供给侧改革要多措并举

做好医药服务供给侧改革，一方面是有效缓解当前医疗卫生资源需求和供给矛盾的重要举措，另一方面是推进医保、医疗、医药联动改革系统集成的内在要求。具体而言，主要有以下四个要求：

一是深化药品、医用耗材集中带量采购制度改革。坚持招采合一、量价挂钩，全面实行药品、医用耗材集中带量采购。以医保支付为基础，建立招标、采购、交易、结算、监督一体化的省级招标采购平台，推进构建区域性、全国性联盟采购机制，形成竞争充分、价格合理、规范有序的供应保障体系。推进医保基金与医药企业直接结算，完善医保支付标准与集中采购价格协同机制。

国家医疗保障局自成立后，实行"招采一体、带量采购、货款两清"的"4+7"[①] 城市药品集中带量采购措施，收到了很好的降价效果，有效

---

① "4+7"指4个直辖市，即北京、天津、上海、重庆，以及7个城市，即沈阳、大连、厦门、广州、深圳、成都、西安。

增强了需方的议价能力，带来了药品流通领域和生产领域治理的新局面。下一步应当继续做大做优药品和医用耗材等采购招标平台，推动医药平台向多区域、多层次、多部门和国家化方向纵深发展，借以形成相对稳定、不断健全和完善的医药供应保障体系。

二是完善医药服务价格形成机制。建立以市场为主导的药品、医用耗材价格形成机制，建立全国交易价格信息共享机制。治理药品、高值医用耗材价格虚高。完善医疗服务项目准入制度，加快审核新增医疗服务价格项目，建立价格科学确定、动态调整机制，持续优化医疗服务价格结构。建立医药价格信息、产业发展指数监测与披露机制，建立药品价格和招采信用评价制度，完善价格函询、约谈制度。

治理市场形成合理医药卫生服务价格的关键，在于构建医疗服务机构和医疗保险机构的谈判协商机制，进而形成有利于医疗服务供求双方利益的均衡机制。通过不断引导市场主体参与相关价格的形成，同时加强监管和市场机制的建设，有利于增强医疗卫生资源的科学合理配置，实现社会医疗成本的合理有效控制。

三是增强医药服务可及性。健全全科和专科医疗服务合作分工的现代医疗服务体系，强化基层全科医疗服务。加强区域医疗服务能力评估，合理规划各类医疗资源布局，促进资源共享利用，加快发展社会办医，规范"互联网＋医疗"等新服务模式发展。完善区域公立医院医疗设备配置管理，引导合理配置，严控超常超量配备。补齐护理、儿科、老年科、精神科等紧缺医疗服务短板。做好仿制药质量和疗效一致性评价受理与审评，通过完善医保支付标准和药品招标采购机制，支持优质仿制药研发和使用，促进仿制药替代。健全短缺药品监测预警和分级应对体系。增强医药服务可及性的核心在于通过填补现有各层次医疗卫生服务领域的短板，引导医疗资源更多向最需要的地方流动，由此加快构建更为和谐、合作的医患关系。

四是促进医疗服务能力提升。规范医疗机构和医务人员诊疗行为，推行处方点评制度，促进合理用药。加强医疗机构内部专业化、精细化管理，分类完善科学合理的考核评价体系，将考核结果与医保基金支付挂钩。改革现行科室和个人核算方式，完善激励相容、灵活高效、符合医疗行业特点的人事薪酬制度，健全绩效考核分配制度。

八、优化服务：医疗保障公共管理要更加亲民

提供和优化现有医疗保障公共管理服务，是实现人民群众基本医疗卫生公共服务需求的重要组成部分，未来将紧紧围绕提高信息化服务水平，不断推进医保治理创新，为人民群众提供更为便捷和高效的医疗保障服务。具体而言，有以下四方面要求：

一是优化医疗保障公共服务。推进医疗保障公共服务标准化、规范化，实现医疗保障一站式服务、一窗口办理、一单制结算。适应人口流动需要，做好各类人群参保和医保关系跨地区转移接续，加快完善异地就医直接结算服务。深化医疗保障系统作风建设，建立统一的医疗保障服务热线，加快推进服务事项网上办理，提高运行效率和服务质量。

在 2020 年新冠肺炎疫情期间，医疗保障经办和服务能力面临着一场大考验——如何在最紧迫的时间内迅速将医疗卫生资源投入需求最大的地区，这显然推动了现有医疗保障公共服务能力的提升，同时也成为一次反思现有医疗卫生公共服务保障水平和能力的重要机会。提高服务能力的核心在于充分让人民群众切实感觉到医疗保障公共服务的便利和高效，切实增强人民群众的获得感、幸福感。

二是高起点推进标准化和信息化建设。统一医疗保障业务标准和技术标准，建立全国统一、高效、兼容、便捷、安全的医疗保障信息系统，实现全国医疗保障信息互联互通，加强数据有序共享。规范数据管理和应用权限，依法保护参保人员基本信息和数据安全。加强大数据开发，突出应用导向，强化服务支撑功能，推进医疗保障公共服务均等可及。

三是加强经办能力建设。构建全国统一的医疗保障经办管理体系，大力推进服务下沉，实现省、市、县、乡镇（街道）、村（社区）全覆盖。加强经办服务队伍建设，打造与新时代医疗保障公共服务要求相适应的专业队伍。加强医疗保障公共管理服务能力配置，建立与管理服务绩效挂钩的激励约束机制。政府合理安排预算，保证医疗保障公共服务机构正常运行。

四是持续推进医保治理创新。推进医疗保障经办机构法人治理，积极引入社会力量参与经办服务，探索建立共建共治共享的医保治理格局。规范和加强与商业保险机构、社会组织的合作，完善激励约束机制。探索建立跨区域医保管理协作机制，实现全流程、无缝隙公共服务和基金监管。更好发挥高端智库和专业机构的决策支持和技术支撑作用。

第六章　医保供给主体的百年纷争：
政府医保还是市场医保

　　针对看病贵问题，在基本确立医疗保障的理念、问题和解决思路后，就必须讨论通过何种途径建立怎样的保障体系和制度，需要明确医疗保障的主体责任，建立适合我们的医疗保障模式。本章针对现存各种保障模式的利弊加以甄别和研判，将政府保障模式和市场保障模式放之国际进行比较和参照。当前，世界上关于医疗保障制度建设主要有两种模式：一种是以英国为代表的政府保障模式；一种是以美国为代表，在奥巴马时期强调的由市场上各类医疗保险公司进行保障的市场保障模式。两种模式本身都是与本国国情相适应的，也各有优劣。本章将通过对比，介绍这两种模式及其对我国的启示。

一、百年论战：西方政府保障与市场保障的理论之争

　　在西方，关于对深陷困境的人由谁、采取什么方式加以保障，一直以来都有激烈的争论。在现实中，这一思想也有多次反复。

　　追溯历史，1601 年英国颁布的《伊丽莎白济贫法》是世界上第一部社会保障法。该法规定："治安法官有权以教区为单位管理济贫事宜、征收济贫税及核发济贫费。"这是政府保障的雏形。

　　但是，英国也是自由放任资本主义思想的发源地。1817—1870 年，古典经济学的自由放任原则支配着英国的历史，并且在塑造英国政府关于爱尔兰问题的政策方面发挥着重要的作用。大饥荒成为古典经济学信条的试验：放任的市场能够解决所有问题，服务于公共利益，政府不应该干预

经济事务。因此，在饥荒的危机时刻，英国政府改变了其政策：从由政府提供资金援助干预转变为当爱尔兰人需要紧急援助时，英国采取不干预政策，由爱尔兰人自己负担。

这种强烈的理论冲突到了现代，表现为 20 世纪 30 年代后凯恩斯主义与新自由主义之间的冲突。凯恩斯主义通过有效需求理论，论证了社会保障在宏观经济运行中的短期作用，从而提出了政府给予人民有效的社会保障以扩大有效需求的政策建议。而新自由主义在反对凯恩斯主义要求的政府干预的同时，也逐步提出了过程公平、市场保障等思想。

针对医疗领域，当前，建立一个尽可能覆盖全民的医疗保险制度已经成为全世界大多数国家的基本共识——在美国可能还有一部分争论。而这个医疗保险由谁提供、由谁买单成为政府保障和市场保障思想交锋的最主要议题。主张政府保障的人认为医疗保险应由国家提供，相关费用应当由国家通过税收的形式强制性地从人们手中获得，继而投入医疗卫生领域。而主张市场保障的人主张医疗保险应由商业保险公司提供，相关费用由市场机制自行调节，人们可自愿选择参保。

当前，大多数国家采取的都是政府保障与市场保障理论的某种结合，或多或少更偏向其中某个理论。在西方，英国的政府保障色彩相当浓厚，而美国的市场保障理论则更深入人心。本章在后文中将介绍英国保障模式的改革历程及特点、美国保障模式的纷争及奥巴马时期的保障特点，并对两者进行一个系统的比较。

二、政府保障：英国医保体制的特点

英国于 1948 年便建立了全民保健制度（national health service，NHS）。在该制度下，政府负责管理医疗卫生的相关事务，医疗服务和药品的支付方和提供方都由政府直接提供经费、控制和经营。

NHS 将英国全体公民纳入风险集合。其医疗保险资金的主要来源是国家财政拨款（占整个卫生费用的 80% 左右），除处方药和牙医服务之外，医疗服务几乎是免费的。

在英国，医疗服务体系在全国范围内可分为三级，包括社区医院、全科诊所和综合性全科医院以及专科医院。其中，社区卫生服务是最具特色和代表性的，突出了英国医疗卫生体系注重预防保健和广泛覆盖的特点。

在 20 世纪 80 年代末以前，英国模式的主要特征是高福利性和高公平性，保证医疗资源的公平分配。但 NHS 深受垄断之苦，官僚主义严重、机构庞大、效率低下，缺乏竞争和创新，缺乏人性化，政府财政负担过重。对此，从 1989 年开始，英国通过卫生体系的内部市场化措施，在维护全民覆盖的基础上，试图着手解决相关问题。

这场内部市场化改革主要存在三大思路：首先，将医疗服务的供给与需求分割开来，摆脱国有模式的桎梏；其次，将传统的区卫生局构建成一个买方需求的代理人，将一个区域的医保资金集中管理使用，同时为了避免区卫生局的僵化，同时规定，拥有一万名以上就诊病人的全科医生也可以申请成为这种基金管理人；最后，允许医院向国务大臣申请成为自治托拉斯（self-governing trusts），得到批准后可以联合全科诊所等组建垄断集团，这些集团以非营利化的模式运行，并与其他垄断集团、公立医院等展开竞争。

通过这种供给与需求的分割，英国成功完成了医疗体系的内部市场化。20 世纪 90 年代，NHS 将卫生费用始终控制在英国 GDP 的 7%，以低廉的社会资源支撑起了全民覆盖的医保体系。

三、市场保障：美国医保的历史纷争

1912 年，美国前总统西奥多·罗斯福在退出共和党后，代表进步党参选美国总统，并提出了全民医疗保险计划。但在总统竞争中，其不敌伍德罗·威尔逊，美国第一次全民医疗保险胎死腹中。

1920 年，美国医学会（America Medical Association，AMA）通过大会决议，反对任何形式的"强制性医疗保险"（compulsory health insurance），即全民医保计划。其理由主要包括两部分：一是在意识形态领域全民医保不符合美国价值观，二是全民医保计划将使全社会大量资源被投入医疗中。AMA 支持的共和党政府也基于以上理由反对全民医保。从此，美国陷入了一场成本控制与全民医保的百年竞争。

1934 年，民主党的富兰克林·罗斯福为解决大萧条提出《社会保障法》，因为担心法案在国会无法通过，其中的全民医疗保险部分被撤出。

1945 年，罗斯福去世后，民主党继任的杜鲁门总统重提全民医保计划，但该法案在国会被否决。1948 年，杜鲁门连任，再次的提案因朝鲜战争而胎死腹中。随着共和党人艾森豪威尔的上台，民主党的第一波全民医保努力宣告终结。

1964 年，民主党人约翰逊继肯尼迪后就任总统，随着民权运动和工会实力的增强，其主导通过了为老人和残疾人提供全国性医疗福利的联邦医疗保障（Medicare，简称"联邦医保"）和为贫困儿童及家庭提供全国性医疗福利的医疗补助（Medicaid）。其中的联邦医保是美国历史上第一个全国性的医疗福利措施。但它仍不是一个全民性的医疗福利，覆盖的人口不到美国总人口的 6%。

在联邦医保和医疗补助通过以后，医疗价格和费用开始急速上升。

由于医疗费用的上涨，1973 年，共和党人尼克松签署了《健康组织管理法》，使健康管理组织从此逐渐成为私营医疗保险的主流。1976 年，民主党人卡特当选总统，但受制于"滞胀"的经济和伊朗人质危机，他的医疗改革被搁置。随着共和党人里根和布什的执政，民主党人的第二波全民医保努力宣告终结。

1992 年，民主党人克林顿开始了民主党人的第三波全民医保努力。克林顿医改的核心是要求所有 65 岁以下不享受联邦医保的人必须购买医疗保险。有工作的人由雇主提供补贴，没有工作的人由政府提供补贴。在购买保险时，投保人要按地区形成地区医疗购买联盟（Regional Health Alliances），而保险行业则要形成有管理的竞争（managed competition），从而降低保费。这个法案遭到共和党人的强烈反对。随着 1994 年国会选举中民主党在参众两院的惨败，克林顿医改再次搁浅。随着小布什上台，美国医疗制度在十几年里保持了稳定。

2009 年，民主党人奥巴马开始了民主党人的第四波全民医保努力。2010 年 3 月 23 日，奥巴马签署了名为《美国大众卫生保健法案》的医疗改革方案。新的医疗法案的主要内容包括：一是在原有的商业保险的基础上，扩大医疗保险的覆盖范围，为 3 200 万没有医疗保险的人提供政府医疗保险（包括为 65 岁以上老人和残障人士提供的联邦社保基金医疗保险以及为低收入家庭提供的州政府医疗补助），将医疗保险的覆盖率提升到 95％，并将更多的医疗项目纳入医保范围；二是在一定程度上加强医疗保险领域的政府干预，创立医疗保险费率管理局，负责保险公司保费政策的监管并对各保险公司保险费率调整进行监督和评估；三是政府通过提高针对高收入群体的个人所得税和高额保单的消费税来筹集医疗保险资金。

然而，奥巴马医改的快速而激进的推进带来了高昂的社会成本。这种成本一方面表现为人均医疗卫生支出的急剧增加，另一方面表现为政府为提供医保而筹措的社会保险税的快速增长。这也使得奥巴马医改遭到了既得利益集团和绝大多数中产阶级的反对，最终导致民主党输掉了 2014 年国会中期选举和 2016 年的总统大选。随着共和党人特朗普的上台，奥巴马医改最终功亏一篑。

即便废除了奥巴马医改法案，美国医疗卫生成本的居高不下依然困扰着美国民众。为了降低这一社会成本，特朗普发布了《美国病人优先法案》（American Patients First），旨在通过刺激仿制药、提高药师自主权等方式，打击药企高额的垄断利润。同时，这一法案要求更透明的医药价格，针对保险公司等中间商也进行了一定程度的打击。但是，随着新冠肺炎疫情在美国的蔓延，特朗普医改也遭遇着越来越多的质疑。

四、孰优孰劣：英国与美国保障模式的综合比较

对比两国的保障模式，必须从三个方面综合考量：医疗服务的可获得程度，即各类医疗卫生服务是否可以为更多的人所获得；全社会的医疗成本，即全社会为医疗服务所投入的资源；全社会整体医疗水平，即综合考量对各类疑难杂症的救治能力及患者的就诊满意程度。

在医疗服务的可获得程度方面，英国的 NHS 无疑更具优势。这得益于 NHS 中免费的医疗服务。相较而言，美国虽然有着完整的医院体系，但医疗费用的高昂使得很多没有保险的人望而却步——当前，有保险的患者往往只需花费实际价格的 15%，而无保险的患者则需要承担全部的医疗费用，他们往往无力负担，医疗服务对他们来说过于奢侈。综上，面向全体国民的英国政府保障模式，在医疗服务的可得性上大大优于美国的市场保障模式。

在全社会的医疗成本方面，英国的政府保障模式也优于美国的市场保障模式。1960 年，美国的全国医疗费用占 GDP 的 5%；20 世纪 80 年代初，这一比例达到 10%；2001 年达到 15%；而 2018 年则突破了 20%。不断高涨的医疗费用成为美国医疗卫生体系的重大隐患。相较而言，在进行了内部市场化改革之后，英国的政府保障模式成功地将医疗费用占 GDP 的比重限制在 7%～9%。政府保障模式相较于市场保障模式，在控费方面更具有优势。

但对比全社会整体医疗水平，市场保障模式则略优于政府保障模式。在英国，即便经历了内部市场化改革，很多体现医疗领域效率的指标也未能显著改善，如医疗服务的公共满意度、等待时间、诊疗质量等都始终保持在一个相对较低的水平。相对而言，在美国，凭借着医疗市场强大的吸金能力，医科大学、研究机构、各大公司都在研发中投入了巨额资金，这也让美国在各种癌症、基础生物医学、制药、诊断仪器等方面都傲视全球。

总体而言，政府保障和市场保障两种模式各有千秋，政府保障模式是在一定程度上牺牲医疗服务效率的同时，注重了公平和社会资源的控制，而市场保障模式过于追求医疗服务的效率，忽视了高额的医疗成本给一部分人带来的巨大压力。

五、三人有师：英国和美国的医疗保障制度改革对我国的启示

通过对两国改革历程的回顾、对两种保障模式特点的对比，不难看出，政府保障模式和市场保障模式各有利弊，在实际决策中应当结合本国实际适当取舍，从而找到一条适合自己的保障之路。两国的实践也为我国医改带来了诸多启示。

英国政府保障模式的改革给我国提供了两点宝贵的经验。

一方面，医疗系统内部市场化给我国当前进行的管办分离提供了宝贵的思路。当前，我国医疗服务的最大购买者是政府主导建立的医保基金，医保基金的很大一部分收入来自政府公共财政拨款，而医疗服务的最大提供者是政府主导建立和管理的公立医院。所以本质上，我国同改革前的英国相同，医疗行为只是将政府的钱从左手的医保基金给右手的医院。一直以来，我国对管办分离探索的都是医院的管理与创办的分离，即只是提供医疗服务的供给侧内的分离。而英国的经验告诉我们，在管办分离推进的过程中，也要注意医疗服务需求侧和供给侧的分离。只有使需求与供给相分离，才能推动医疗服务成本的降低。

另一方面，英国的全科医生制度为我国的家庭医生制度提供了宝贵的经验。我国家庭医生制度推行尚不彻底，多地家庭医生签约流于形式，家庭医生队伍建设仍处于初级阶段，人力资源质量普遍不高，而基本公共医疗服务需要大量合格的全科医生作为家庭医生。对此，应该从教育、管理、薪酬三个方面对我国的家庭医生制度进行完善。

首先，政府在卫生人力规划中要设立专项资金，加快培养高素质的全科医生。除了现有的医学继续教育（包括规范化培训、岗位培训等）之外，还应加快高等医学院校对全科医生的培养步伐，探索符合中国国情的全科医生培养体系、方法和途径。

其次，在家庭医生管理方面，不应只要求家庭医生作为基本卫生服务的提供者，还应学习英国模式，积极主动地承担全科服务团队的组织者和协调者角色。家庭医生应以个人为中心、以家庭为范围，开展全科门诊、家庭病床、健康教育及慢性病康复指导等基本卫生和疾病预防服务。

最后，政府还应该制定一系列激励和优惠政策来留住这些全科医生。例如，合理提高社区全科医生的收入水平，改善基层卫生服务的基础设施和社区卫生人员的工作环境，等等。

而美国医改的百年纷争则提醒我们，在改革的过程中，不可避免要涉及医院、医药厂商集团、医疗器械生产商等多个既得利益集团，能否处理好与既得利益集团之间的关系决定着改革的成败。对此，要坚持以公益性为抓手，对基本医疗卫生服务进行兜底，将非基本医疗卫生服务的蛋糕留给更多人去分享，从而换取其在基本医疗服务领域的支持。

而美国的市场保障模式也向我们提供了两方面的经验和教训：

一方面，医疗保障模式的选择需要国内的执政党下定决心，做好长期规划，一以贯之地推进。美国多任总统在医保领域试图进行大刀阔斧的改革，以奥巴马医改为其中最高潮部分，但随着新任领导人的上台，奥巴马医改也阶段性地走向失败。无论选择何种方案，支持者都必须针对反对者的意见做出相应的调和。在美国，利用在议院的多数席位强行通过法案的方式，很可能会在未来激化双方的矛盾，导致一些原本值得坚持的做法也被上台的反对者废弃。在我国，中国共产党为我国长期的执政党，不存在新任领导人改弦更张的风险，但需要注意，在我国医改领域，长期存在着医保政府运营和市场化运营的争论，如何把握好两者之间的平衡，让医改方案为双方所接受，是对执政者的一大考验。

另一方面，在医疗保障推进的过程中，还需要注意对主要利益集团的关注。在美国，美国医学会长期把控着医疗改革领域的话语权，其影响力之大，让多位美国总统的医改之路胎死腹中。在我国，尽管尚不存在相应组织，但在医院集团化、医药产业化过程中，仍旧有可能出现一些大型医疗集团绑架地方利益的隐患，如一些地方对当地生产的中成药保护失度，一些事业单位违规为一些药物站台等。对于这些隐患，需要更高层适时、定期进行排查，防止膨胀的利益集团绑架我国政策。

第七章　红十字会与水滴筹：
医疗社会组织发展路在何方

放眼国际，无论是政府保障模式还是市场保障模式，都存在着一定的弊端。这也说明，就医保模式建设而言，参与主体的复杂性和涉及利益调整和分配的多元性决定了整体建设过程需要多方参与、多方协调和共同治理。为此，本章将针对医疗领域长期被忽略的社会组织，结合《关于深化医疗保障制度改革的意见》，重新发掘这类社会组织在新时代医疗保障制度建设中的作用。本章将介绍社会组织与医疗领域的天然契合性，结合水滴筹等互联网新生社会组织的实践经验，明确互联网时代的到来给传统的社会组织带来了怎样的机遇和挑战。同时，本章将结合 2020 年新冠肺炎疫情中社会组织的相关实践，以及《关于深化医疗保障制度改革的意见》中对社会力量提出的要求，做出相应的展望——慈善类社会组织应当利用当前契机，打造专业性的经办队伍，增加自身捐赠收入，在尊重捐赠者意愿的前提条件下将慈善捐赠纳入医疗保障制度体系，共同助力建设共建共治共享的医保治理格局。

一、百年沉浮：中国红十字会的发展历史与现实挑战

甲午战争期间，国际红十字会运动思想开始在中国传播。在 1904 年日俄战争期间，为救援东北地区的难民，沈敦和等人在上海成立了上海万国红十字会，并在辽宁和山东分别设置了牛庄分会和烟台分会，将东北难民从辽宁经海路送回山东。这也成为中国红十字会的滥觞。

日俄战争结束以后，上海万国红十字会用募集到的捐款的剩余部分在

上海建立了一座红十字会总医院，即现在的复旦大学附属华山医院。这也是中国红十字会从事医疗救助项目的开端。

随着辛亥革命的爆发，上海万国红十字会改组为中国红十字会，在1912年成为国际红十字会正式会员，并成功参加了第九届国际红十字会大会。在之后的浙江水灾、上海疫情中，中国红十字会都有突出表现。

中华人民共和国成立以来，根据周恩来总理的指示，对旧的中国红十字会采取改组的形式。1950年8月，在中国红十字会协商改组会议中，"中国红十字会"被正式定名。此后直到1966年，中国红十字会一直在我国的经济建设和外交领域发挥着重要作用。

改革开放以后，国务院批准中国红十字会恢复中国国内工作，从这之后，在历次社会灾情救援如长江水患、汶川大地震中，都可以看到中国红十字会的身影。

2011年6月，新浪微博一认证为"中国红十字会商业总经理"的博主郭美美在网络上晒出自己奢华的生活照片，引发了激烈的社会舆论。尽管中国红十字会及时辟谣，但仍无法阻挡汹涌的社会舆情。自"郭美美事件"等一系列事件发生后，社会捐款以及慈善组织接收的捐赠数额均出现锐减。民政部统计数据显示，全国在2011年7月的社会捐款数为5亿元，和2011年6月相比降幅超过50%。慈善组织在2011年6—8月接收的捐赠数额降幅更是达到86.6%。

一部中国红十字会史，折射出来的是中国社会组织的发展状况。

在清朝时期，"官督民办"的思想曾一度让中国红十字会出现双峰管理的局面，拥有政府背书的官员与掌握实际权力的民间慈善家之间摩擦不断，却也能在大事上互相配合。上海万国红十字会在日俄战争期间帮助46万多名东北难民南渡山东的背后，也正是在政府力所不及的情况下民间团体的自发救援。

改革开放以来，随着政府能力的不断完善与优化，以中国红十字会为代表的社会组织却遭遇着转型危机。一方面，社会力量本身依然在多个领域为社会所需要；另一方面，社会组织的能力和公信力却远远低于政府部门，导致人们更加相信和关注政府的救济而非社会的帮助。随着互联网时代的不断发展，社会组织又要面临新的互联网挑战。

二、熟人相助：水滴筹的成立与社会组织的互联网挑战

随着移动网络的不断普及，互联网也在不断发展，传统的社会组织在面临机遇的同时，也遭遇着更多的挑战。

挑战的第一来源是以水滴筹为代表的新型互联网慈善组织。2016 年，水滴公司上线水滴筹业务，熟人互助的互联网慈善开启。2018 年 9 月，水滴筹累计筹款金额超过 100 亿元，服务了 80 多万名经济困难的大病患者，汇聚了 3.4 亿次爱心捐赠人士指尖的温暖。新型的互联网慈善组织尽管也有着包括恶性竞争在内的各种各样的问题，但凭借更加出色的宣传、更加快速的传播、更加精确的救助目标等特点，对传统社会组织的筹资形成了重大的竞争。

挑战的第二来源是互联网时代对信息披露提出的更高要求。2019 年底，中国儿童少年基金会（简称"儿基会"）的春蕾计划被指控将用于失学女孩的钱拿去资助失学男孩，尽管儿基会证明善款用于公益行为，依然引发了社会舆情。2020 年，湖北红十字会在应对新冠肺炎疫情中信息披露的不及时、物资分发处理的不及时，都遭遇了强烈的社会质疑。随着互联网时代的发展，人们拿出手机，希望可以随时随地关注自己捐赠善款的用途，而社会组织大多停留在 2011 年后开始执行完善的年度信息披露的层面，这使得社会组织的公信力面临着"郭美美事件"后的最大危机。

挑战的第三来源是互联网时代对社会组织自身能力建设所提出的新的要求。在当前，社会组织的范畴已经远远超过之前的慈善组织，人们对其的需求，也不仅仅是之前的要求他们筹集善款、购买物资和分发物资，还延伸到与此相关的不同领域，尤其是下沉到基层参与社会治理。比如在儿

基会的春蕾计划中，所募集的善款是交由当地行政部门代为处理的，所以造成了善款在救助完失学的高中女孩后仍有富余，最终用于救助高中男孩的情况。很多人的反对在于，儿基会没有下沉到当地，去了解当地的具体情况，没有调查研究当地初中甚至小学的女孩情况。而在武汉，人们对武汉红十字会的质疑的起因是捐赠的防疫物资没有被及时下发到武汉协和医院，而武汉红十字会的解释是当地的防疫物资由疫情防控指挥部统一安排，这显然不能平息人们对其能力的质疑。概括来说，社会组织长期以来停留在传统的筹资分发层面，依赖基层政府组织的配合才能开展自己的救助项目，这与大众要求其下沉到基层进行直接救助的期待严重不符，社会组织必须加强自身的能力建设才能有效应对这种挑战。

尽管面临着诸多挑战，社会组织依然被赋予众多的使命和责任。在党的十九届四中全会提出"坚持和完善共建共治共享的社会治理制度"之后，社会组织也被赋予了更多的使命。在《关于深化医疗保障制度改革的意见》中，多处明确提出了对参与医疗项目的社会组织的要求。

三、旧歌新唱：浅谈新医改对社会组织的要求

《关于深化医疗保障制度改革的意见》充分考虑到了社会组织在医疗保障制度中所扮演的角色和发挥的作用，并对社会组织等社会力量提出了三个要求：

一是将慈善资金纳入医保制度统筹管理。《关于深化医疗保障制度改革的意见》第八条提出，鼓励社会慈善捐赠，统筹调动慈善医疗救助力量，支持医疗互助有序发展。在应对新冠肺炎疫情期间，社会慈善捐赠在早期发挥了重要的作用。面对武汉多家医院的物资告急情况，人们纷纷相助，捐赠了大量口罩、防护服等物资，海外华人更是在海外积极采购以支援湖北地区的抗疫工作。支持医疗互助有序发展，更是对以水滴筹为代表的互联网时代的新型医疗互助组织的肯定。

二是要求社会组织参与医保治理创新。《关于深化医疗保障制度改革的意见》第二十五条指出："推进医疗保障经办机构法人治理，积极引入社会力量参与经办服务，探索建立共建共治共享的医保治理格局……更好发挥高端智库和专业机构的决策支持和技术支撑作用。"传统的医保经办机构是为实施国家举办的基本医疗保障制度，依法由统筹区政府设立、为参保单位和个人依法提供基本医疗保障公共服务的公益性组织，主要负责参保登记、缴费记录、基金管理、定点管理、费用支付审核、医疗服务监督等。而在共建共治共享的医保治理格局下，社会力量尤其是社会组织将更多地参与医保经办服务。而社会组织中的高端智库和专业机构将为这些经办服务提供决策支持、技术支撑，从而为它们保驾护航。

三是引入以社会组织为代表的第三方监管，监督基金运行。《关于深化医疗保障制度改革的意见》第十五条要求，实施跨部门协同监管，积极引入第三方监管力量，强化社会监督。第十六条进一步提出，健全医疗保障社会监督激励机制，完善欺诈骗保举报奖励制度。第十五条强调社会监督的参与，第十六条强调对社会监督的激励，这种监督主要强调的是对医保基金的欺诈和骗保行为。通过这两大机制，有力地保障了社会监督在医保基金管理中所发挥的作用。

总体而言，《关于深化医疗保障制度改革的意见》在筹资、管理等机制上，提出了多项对社会组织等社会力量的要求。这也决定着，在未来，社会组织，尤其是从事医疗项目较多的医疗社会组织，应当主动寻求转型，以适应新时代对医疗社会组织的要求。

四、转型闯关：医疗社会组织转型正当时

《关于深化医疗保障制度改革的意见》对医疗社会组织提出了多项要求，医疗社会组织的未来发展方向也应当由此而转变，进行系统而深刻的转型。

首先，医疗社会组织要从传统的综合性向专业性转变。当前，我国从事医疗项目的社会组织大多是综合性社会组织，即一家社会组织针对不同疾病，设立不同项目基金进行负责。如中华慈善总会下设多只基金，分别负责血友病、先天性心脏病等患者的救助项目。这种综合性在之前有着一定的规模效应，即通过从事多个病种的不同项目来扩大自己的宣传范围，从而募集到更多的资金。

但当前，这种综合性的弊端暴露得淋漓尽致。一是工作人员的专业性不强。在应对新冠肺炎疫情时，以湖北省红十字会为代表的社会组织在初始阶段表现出了高度的不专业性，对捐赠物资的分类（尤其是对不同口罩类别的识别）、物流的处理均远远不能让群众满意。二是医疗项目存在着重复和缺位。在不同时期，社会有不同的热点，综合性社会组织往往根据社会热点选择所开展的医疗项目，这会导致多个社会组织扎堆参与某一社会热点，而忽略了其他病种的需求，导致一些其他病种的受助人无法及时得到相应救助。三是慈善工作流于浅层，更多地表现为善款物资的筹集与分发，社会组织人员难以下沉去了解患者的实际需求。往往工作人员在项目中刚总结了一些相关经验，便又被调去开展其他项目。

对此，本书旗帜鲜明地指出，在未来，社会组织应当赋予旗下的各类基金以更高的自主性，让其成长为附属于总会下的更加专业性的社会组织。这些专业性的社会组织要针对自己所负责的病种，和相关医院进行对接合作，了解和明确国内相关患者的需求，长期深度地耕耘相关项目，为该病种病人的救治、相关科研、相关药物价格谈判等做出自己的贡献，总而言之，要发挥自身作为专业机构的决策支持和技术支撑作用。

其次，医疗社会组织负责的任务不再是简单的社会救助，而应当广泛且深入地参与社会治理。社会组织是和谐社会建设的重要力量，是群众参与社会治理的重要途径，在提供公益服务、化解社会矛盾、推进交流合作等方面发挥着重要作用。而医疗社会组织作为专业性的社会机构，应该主动从三个方面参与社会治理。

一是参与医保基金的经办服务。当前，我国医保经办机构规模小而分散，运行效率低，管理成本高。2016 年，全国医保经办机构中，县区级机构为 1 768 个，占 86.5%；人员为 36 631 人，占 73.5%。基层经办机构的平均人员为 20.7 人。机构多、规模小、人数少，直接服务投入占比低，固定成本高，公共服务产出效率低，没有形成规模效应。对此，专业性的医疗社会组织应当发挥自身的专业性优势，在医保经办机构的整合中提供咨询决策，起到重要的推动作用。

二是参与医患矛盾的调节。专业性基金会在参与对患者救助的过程中，也应当起到患者和医生的沟通桥梁作用。在患者就医初期、治疗过程中、治疗结束后的康复过程中，专业性的社会组织都可以参与进去，帮助医生和患者建立互信。

三是参与促进医疗的科研与临床的交流。在应对新冠肺炎疫情前期，医疗领域的科研和临床医生之间缺乏有效、稳定的沟通机制，这也导致科研机构发现了病毒核酸后，没能在第一时间对临床治疗起到直接性的帮助。而专业性的社会组织可以利用自身的专业性，在医生群体间建立一座及时的沟通桥梁，从而让医疗的科研与临床之间的交流更加有效。

最后，医疗社会组织要致力于参与营造共建共治共享的医保制度。社会组织不仅应该在微观层面参与社会治理，而且要在宏观层面助力共建共治共享的医保制度的形成。

共建指制度涉及的各参与主体共同参与医疗保险社会治理制度的建设。做好共建的前提是明确医疗保险社会治理的参与主体以及各主体之间的责任，从而使得在共同建设过程中不出现重复建设和缺位建设。

共治指医疗保险的治理过程需要多方参与，这是对治理过程的管理。医疗保险社会治理水平包括社会化、法治化、智能化和专业化共四方面主要内容，每个方面都凸显共同参与医疗保险社会治理的重要性。专业性的社会组织参与需要法制和社会组织规章制度的完善，需要和新的信息管理技术体系相融合。

共享指制度相关的利益主体均可享受医疗保险的治理成果，保障医疗保险治理的结果公平。在医保资金本身致力于基本医疗公共服务的均等化期间，专业性的社会组织要将重点放在不属于基本医疗公共服务的罕见病中，承担起一部分医疗救助的作用，帮助分享不到医保足够红利的人去享受医疗体系的服务与成果。

综上，医疗社会组织在未来应加速实现自身的转型，在微观层面广泛而深入地参与社会治理，在宏观层面也要互相协调，致力于参与营造共建共治共享的医保制度建设，助力我国医药卫生体制的改革与发展。

第八章　麻将桌上的平衡：
如何构建和谐的医患关系

　　医患关系能否和谐，在本质上是医生和患者之间的利益分配问题。任何一方的不满都将对现有的医药卫生体制产生冲击。因而，医患冲突的解决关乎整个医药卫生体制改革的成败。本章将针对医药卫生体制中的第三大问题——医患冲突问题进行分析与讨论，将结合医患冲突的十余年（2006—2020年）历史，指出医患矛盾越发极端化的三大原因。针对这三大原因，本章将结合社会上流行的对医疗领域是麻将桌的比喻，指出麻将桌上的各方因为最关切的问题是不同的，其具体利益诉求是存在平衡可能性的。最后，本章将结合之前的分析，给出构建和谐医患关系的三大建议：在支付手段中设计患者的表达机制；以社会组织的调解作为医患矛盾的缓冲，在矛盾初期给予正确的化解；在全社会营造尊重医生的氛围，对恶性事件进行一套完整的报道流程设计，避免社会焦虑心态的传播。

一、四面埋伏：医患矛盾和冲突的原因分析

　　医患矛盾往往在长期中积累，最终演化成医患冲突。化解医患矛盾和冲突，需要客观认识医患矛盾和冲突产生的原因。

　　一般而言，产生医患矛盾尤其是医患冲突的主要原因有以下四个方面。

　　第一，医患矛盾的根源在于医患信息不对称。在任何国家，医疗行业从业者，尤其是医生，本身都具有巨大的专业性优势。在与病人的互动过程中，医生往往是具有信息优势的一方，患者大部分时间没有权利或没有

能力去挑选医生，只能被动接受。这就导致了患者对医生的天然不信任，而这种不信任埋下了医患矛盾的种子。一旦医生的治疗效果不及预期，患者往往会和医生产生口角和纷争，个别有能力的患者会"用脚投票"，选择其他医院或其他医生来为自己治疗。此时，医患矛盾尚处于可控阶段，不至于产生严重问题。

第二，患者缺乏对不满的表达渠道是医患矛盾积累并导致医患冲突的重要原因。在信息方处于弱势的患者群体，对治疗效果的不满缺乏顺畅且合适的表达渠道，使得矛盾逐渐积累。司法途径的烦琐程序往往使得患者避而远之。部分患者要么选择通过媒体曝光，要么选择拳脚相向，试图依此获取经济上的利益来实现心理的平衡，这使得医患冲突在所难免。

第三，医患矛盾的加剧源自维稳机制。2006 年，在处理哈医二院天价医药费案件时，有关部门单方面对医院进行处罚为以后的医患冲突案留下了如今看来充满争议的先例。哈医二院从党委书记、院长到直接当事人共十余人分别受到撤职、吊销医师执业证书等处分。在这之后，面对患者对医院治疗方式的质疑，有关部门大多选择息事宁人。而医院的管理者在面对类似的医闹时，已往往选择牺牲医院乃至医生的方法来保全自己。医生则被迫直面来自患者的威胁，从最开始的忍让，到 2014 年 8 月"湖南湘潭产妇死亡案"后医生群体在网络的集体发声，医患冲突不再单纯是患者对医生的攻击，医生群体也在为捍卫自己群体的利益而对舆论进行影响，双方进入双向抵触。总体而言，维稳机制的存在容易使得个别患者选择通过医闹来获取更多利益。

第四，社会媒体的推波助澜也对医患矛盾的扩大化起到了一定的助推作用。医疗本身是一个全社会几乎所有人都要参与的领域，讨论医疗本身的社会门槛极低，但若涉及医学专业的问题，则需要多年的医学知识积累，判断医疗问题需要很高的门槛。这两个门槛"一高一低"的特点，决定了医疗必然是一个令人困惑又充满潜在冲突的领域。而一些为博取眼球而炮制了诸如"纱布门"新闻的不良媒体，将患者之间的焦虑感通过大众媒体的形式进行了无限的放大。而普通媒体一次次针对加害者的描写而对受害者的忽略，更加无法让公众对受害者产生共情。直到2020年，受到医闹侵害的北京朝阳医院医生陶勇几次出现在媒体上，才真正让人们了解了医闹中的受害者这个群体。

总体而言，医患矛盾是基于医疗行业本身特点而长期存在的，医患矛盾加剧成医患冲突却是从"讹钱"向"伤人"逐渐转化，是在患者缺乏表达渠道的情况下，得益于维稳机制，在大众媒体的推波助澜中逐渐形成的。

二、皆大欢喜：良好的医患关系有可能存在吗

2017年，某位著名作家关于医患关系的一句话火遍全网："患者满意、医保满意、药厂满意、医生也满意，你见过四家打麻将、四家都赢钱了的情况吗？"

2017年4月，中国社会科学院经济研究所公共政策研究中心特约研究员贺滨撰文——《医改这桌麻将，能四家都赢吗？》。其中指出，麻将是零和博弈，有输才有赢，而医改可以提高效率，从而实现多赢。

同时，该文也指出，当前的麻将桌上还存在着作弊问题——巨额财富从牌桌下流失，这是当前"现实却是这四方都是输家"的重要原因。

在短期，由于资源的有限性，麻将桌上四个人的共赢是难以实现的。而在长期，如果全社会的医疗需求是固定的，那么医疗行业的整体效率是可以提高的，药厂可以通过改进效率来降低药品成本，从而节省更多的患者投入和医保资金，使医生能够获得更高的收入，从而实现四者的共赢。

所以，良好的医患关系是存在建立的可能性的，但需要解决两大问题：一是如何有效维持全社会的医疗需求，使其固定甚至减少；二是如何

建立有效的利益平衡机制，使短期利益的受损者可以在长期获得更大的收益，从而愿意承担短期内的损失。

对于第一大问题，较好的解决方案在于，通过预防、改进生活习惯等方式，使人们少得病，从而使得全社会的医疗需求相对稳定。在应对新冠肺炎疫情过程中，我国采取了果断的"封城策略"，有力地遏制了疫情的传播与蔓延，避免了患者需求对医疗系统的挤兑，相对于一些将重点投入治疗领域的欧洲国家，这正是在短期内通过预防方式稳定并减少全社会的医疗需求的典型案例。

对于第二大问题，目前还没有比较明确的社会共识。自 2018 年国家医保局成立以来，我国通过"带量采购""两票制"等方案，试图通过压缩药厂利润、减少中间环节来实现短期内麻将桌上的平衡。这一思路本身无疑是正确的。因为在医疗行业效率的提高中，最直接的受益者便是医药厂商。每年的"带量采购"为药企提供了稳定的销量，尽管药品单价受到一定程度的影响，但总体的利润还是得到了一定程度的保障，这有助于药企通过仿制药、改进生产工艺等手段提高生产效率，在长期中降低药物的生产成本从而获得更高的利润。而"两票制"的确定，甚至"一票制"的试点，更是对中间环节的挤压，有助于在一定程度上解决"麻将桌上的作弊问题"。

综上，不难得出结论，良好的医患关系是可能存在的，麻将桌上的平衡是可以通过短期利益和长期利益的统筹来实现的。但对于医患关系而言，存在改进的可能性仅仅意味着希望的存在，还需要实践中不同的政策之间相互配合才能执行。

三、以人为本："先看病、后付费"的模式探索

破解医患矛盾需要从原因着手，不回避正常情况下产生的医患矛盾，而注重对医患矛盾的积累和爆发进行有效的消解和疏导。而首要解决的任

务，便是给患者设置一个操作简单的反馈机制，让患者的不满可以通过更加简单、更加直接的方式来加以表达。而"先看病、后付费"便是其中较好的方式之一。

从 2013 年开始，卫生部门在全国部分地方推行"先看病、后付费"模式，这次探索虽然被视为医疗回归公益性的重要实验，却因为我国诚信制度尚未完善而难以得到全面推广。

近年来，随着我国征信系统的建设与完善，"先看病、后付费"模式有望迎来新的大规模试点。《关于深化医疗保障制度改革的意见》也提出，在发生突发疫情等紧急情况时，要确保医疗机构先救治、后收费。

新的试点过程不应仅仅是以往"先看病、后付费"的简单复制，应当更多考虑引入第三方机制，给患者一个申诉和表达对治疗效果不满的平台，让患者在感受到不满时可以在平台进行申诉，由平台进行核实并确定患者的申诉是否有理有据。

在具体操作层面，可以利用以下措施，将医保设定为住院患者和医院之外的第三方平台：患者先行入院治疗，治疗阶段结束后，如果患者对治疗效果满意，可直接将自费部分资金打给医保相关平台，由医保相关平台综合结算。如果患者对治疗效果不满，可申请相关仲裁，此时，由医保平台责成医院、患者对医疗效果给出评价，其中患者提供相关个人体验不满的证据，医院则提供患者在治疗期间各类生理指标变化等治疗依据，由医保平台汇总后交给其他医院或社会组织来判断治疗效果。如果患者指控成立，则医保平台可减免患者相关费用，仅对医院给出成本性补偿；如果患者指控不成立，则驳回患者的诉求，要求患者补齐相关的自付费用。患者如对仲裁结果不满，可再通过法律途径加以解决。

在这一机制下，对治疗效果不满的患者可以通过仲裁机制，更为容易地表达自己的相关诉求，而不再需要通过媒体等方式对医疗纠纷进行放大，这有助于医患矛盾在早期得到一定程度的化解。

同时，新的"先看病、后付费"试点不应再以单纯的地域为限制，而应当结合"按病种付费"的医保支付方式进行改革，针对不同病种进行试点，从而逐渐建立起不同病种的完整的纠纷协调流程，让更多人因"先看病、后付费"模式而受益。

四、防微杜渐：引入社会机制以防止医患矛盾积累

除了给患者设置有效的表达渠道外，尽可能消除信息不对称，避免医患矛盾爆发后的维稳也是对抗医患冲突的重要法宝。这便需要通过之前提到的专业性基金会，从一开始就向患者提供治疗的预期效果等介绍，使患者的治疗预期和医院的治疗效果差距变小，治疗过程中也起到患者和医生之间的矛盾化解作用，从而防微杜渐，防止矛盾积累。

在患者初次患病选择医院的时候，由于对相关领域的信息掌握不全，不了解给自己做诊疗的医生，其会具有强烈的不安全感。而医生在面对初诊的患者时，也由于对患者配合治疗的不信任，往往采取"防御性医疗"手段以维护自身权益。这种互相猜忌会给医患双方的矛盾埋下隐患。此时，专业性基金会可以发挥中介背书作用，对患者强调医生的专业性和职业素养，给予医生患者的基本信息以强化医生对病人的信任，从而在一开始就加强双方的互信。

在患者治疗阶段，医患双方就治愈的标准问题往往缺乏有效沟通，病人对病情治疗的预期往往与医生的治疗承诺存在错位。此时，专业性基金会可以起到一个沟通桥梁的作用。医生在诊断期间可以通过书面或电子方式将病人根据治疗难度划分等级，每个等级给予一定的治疗承诺。专业性基金会拿到相应的等级划分和承诺后，可以向病人解释相关承诺，得到病人的许可后再行施治。在早期建立统一的预期，消除信息不对称，一定程度上有助于抑制医患矛盾的发展。

最后，在患者治疗结束后的结算阶段，专业性基金会也可以协助医保

发挥调解作用。专业性基金会可以提供医生初期的治疗承诺、患者治疗期间的配合手段等证据，帮助医保基金更有效地化解相关纠纷。

五、报道有方：营造尊医重医的社会氛围

在处理医患冲突时，同样要注意社会媒体所应发挥的作用，要通过社会媒体激发正能量，营造尊医重医的社会氛围。

当前，社会媒体在报道医患冲突时，往往将更多笔墨集中在加害者一方，试图找出加害者存在的社会根源。这种探讨本身无可厚非，但忽略了对受害者及亲属朋友声音的表达。对于受害人及家属而言，他们应有的愤怒、应有的悲伤，都淹没在对加害者的讨论之中。

因此，在处理医疗纠纷的报道问题时，应有针对性地鼓励媒体从多个角度、不同方向去报道，在允许媒体针对问题进行反思的同时，要鼓励媒体对受害者的优秀事迹进行宣传，将医生塑造成一个正常的、可能犯错误、有正常情绪表达的人，从而在全社会营造更多的共情，让人们意识到加害者的暴力行为破坏的是和他们一样的正常人的生活，从而让人们从内心更加反对医疗领域的暴力行为。

同时，医疗报道不应局限于医患冲突的报道，应更多地去关注和报道医院对弱势群体、少数群体的支持，从而在全社会激发正能量，让人们相信医疗系统、选择医疗系统、理解医疗系统。在应对新冠肺炎疫情期间，各省各地医疗队的逆行曾让无数人为之落泪，这正是借机修补医患矛盾的良好机遇。

最后，激发正能量的报道不意味着回避医疗卫生部门所犯的错误，不能将医疗卫生部门过于神化。针对这些错误，媒体不仅要报道其存在的问题，而且应该注重医疗卫生部门后续的调整和整顿，让这些整顿措施为公众所知晓，从而形成完整的报道体系。

总体来说，包括传统媒体和新媒体在内的社会媒体，在处理医疗领

域事件报道的时候，应当形成一个比较全面的分工，从不同角度去还原真相，发现问题，解决问题。在报道医生的时候，要将其视为拥有正常生活的人，要让人们产生共情，在社会舆论氛围下自发地去对抗相关暴力行为。要让医疗行业充满更多正能量，从而营造出尊医重医的社会氛围。

第九章　愿"病有所医，全民健康"

　　"没有全民健康，就没有全面小康"。良好的医疗条件，是小康社会的重要组成部分，也是人民群众美好生活的基础和保障。

　　在本篇中，我们介绍了包括卫生经济学、马克思主义经济理论中关于医疗部分在内的相关理论，在这些理论的基础上，提炼出了世界各地普遍存在的医疗问题，以及这些医疗问题在我国的具体表现——看病难、看病贵、医患矛盾乃至医患冲突。就这些问题，我国"政府主导医改派"和"市场主导医改派"之间进行过多次论战。

　　2009 年新医改以来，我国在全民医保制度、药品供应保障制度、分级诊疗制度、现代医院管理制度、综合监管制度五个领域进行了系统而深入的改革，并在每一个领域都取得了巨大的成就。改革后的医药卫生体制在面对来势更加凶猛的新冠肺炎疫情的时候，在党中央的正确领导和部署下，发挥了积极而重要的作用，为战胜新冠肺炎疫情奠定了坚实的基础。但是，在人民群众医疗条件大幅改善的同时，也必须看到，随着医改进入深水区，传统的看病难、看病贵问题也逐渐复杂化，我国居民医疗条件也暴露出显著的不平衡、不充分的问题。

　　看病难问题的根源在于医疗资源，尤其是优质医疗资源的稀缺性，而分级诊疗是在承认医疗资源稀缺的基础上针对医疗资源合理配置的最优思路。我们梳理了我国三大分级诊疗模式，即医联体模式、家庭医生模式、互联网＋分诊模式，并针对这些模式难以大规模推广的原因进行了总结与提炼，认为文化氛围不接受、基层医疗机构和大型医疗机构的联动性不强、跨区域转诊需求被忽略是分级诊疗难以推行的三大原因，从而给出了加强激励宣传、加强基层医疗机构自身能力建设、加强对大型医疗机构的激励、引入社会力量参与分级诊疗的政策建议。

同时，针对看病难问题，也不应忽视加强社会办医这一辅助性解决方案。我们首先讨论了社会办医的出发点与落脚点，梳理了我国多年以来顶层设计中对社会办医的支持性政策，总结了民营医院医疗服务能力相对不足、公共认同感相对偏低、公益性不足这三大问题，继而强调了民营医院的发展应与公立医院相互配合，以实现新的平衡。

分析我国看病贵问题的原因必须与我国的医疗保障制度相结合。我国医保制度的筹资、支付和管理都存在着相应的问题，解决思路也应当以三者为突破口。2020年，中共中央、国务院下发《关于深化医疗保障制度改革的意见》，针对整个医保体系，提出要完善公平适度的待遇保障机制；针对医保基金中的收入问题，提出要建立健全稳健、可持续的筹资运行机制；针对医保基金的支付机制，则以"管用高效"为目标；对于管理机制，要求健全严密有力的基金监管机制。最后，针对和医保相关的医药和公共管理方面，则分别给出了协同推进医药服务供给侧改革、优化医疗保障公共管理服务的建议。围绕这份文件，我们详细分析了政府解决看病贵问题的相关思路。

看病贵问题在国际上也是一道难题。在西方，一直以来都有"政府保障模式"和"市场保障模式"之间的论战。英国政府主导的NHS被视为通过"政府保障模式"解决看病贵问题的典范，而美国民主党多位总统的医改则是对通过"市场保障模式"解决看病贵问题的探索。通过对比两国的医药卫生体制，不难发现两种保障模式各自的优劣。

除了政府和市场以外，以社会为代表的第三方保障同样是不容忽视的一支力量。以社会组织为代表的社会力量也被纳入《关于深化医疗保障制度改革的意见》，成为解决看病贵问题的主体。在未来，社会组织需要通过转型来实现这些要求。

最后，针对医患矛盾乃至医患冲突问题，我们在分析相关原因的基础上，首先明确了良好的医患关系存在的可能性，继而给出了通过"先看病、后付费"的模式、通过引入社会机制防止医患矛盾积累、通过社会媒体营造尊医重医的社会氛围的建议。

医疗问题是重大民生问题，是国家治理的重要组成部分，对国家经济社会的发展起着重要的保障作用。在未来，我们将继续坚持以人民为中心的改革导向，以健康发展和民生福祉为落脚点，针对医改中尚未完全解决的问题，不断推进相关领域制度深入改革，引入更多社会主体共同建设医药卫生体制，承担起更多的社会治理责任，让医疗健康事业发展的成果更好地为人民共享。

从更高的要求来看，本篇的内容尚不足以成为"民生经济学"关于医疗的系统性理论，仅仅是进行了初步的研究和分析，很多也都是问题导向的和对策性的。新时代中国特色社会主义的民生建设和医疗卫生事业的发展实践需要一套坚持马克思主义基本原理，以新时代中国特色社会主义思想为根本遵循的系统化理论，这是时代的呼唤、人民的呼唤。仅以本篇内容抛砖引玉，期待高水平、系统化的关于医疗的民生经济学理论成果层出不穷。

第四篇

"让全体人民住有所居"的民生经济学

住房对于个人、家庭乃至社会发展具有非常重要的作用，关系着千家万户的生活质量，是最基本的民生要素，是美好生活的基础和保障。

我们通常用"衣、食、住、行"来概括最基本的生活需要，而随着我国经济社会的高速发展，对于中国普通家庭而言，穿衣、吃饭、便捷出行已经不是什么难以解决的问题。而住房，则随着人们生活水平的日益提高，显得越发重要，甚至变成了人人都关心、家家都热议的"显性问题"。能不能住上户型更宽敞、设施更完备、配套更全面、环境更舒适的住房，成为普通家庭在不愁吃穿之后最重要的目标，也成为人们进一步改善生活条件、生活质量、生活品质的最重要方面和最大开支项。所以，在全面建成小康社会的进程中，有人说"小康不小康，关键看住房"，可见住房在民生领域的重要地位。

首先，住房条件和个人发展密切相关。人生有接近 $1/2$ 的时间生活在住房中，因此，住房对每一个人来说都至关重要。住房为人们提供吃饭、睡觉、起居生活的空间场所，为人们挡风避雨、御寒防热，是人生存和生活的基本条件。住房还为实现人的享受需求和发展需求提供空间，为人们个人学习、子女教育、家庭沟通、休闲娱乐、社交提供条件。此外，住房还会影响人的心理、情绪，甚至性格、行为，一般而言，良好的住房条件有利于个人形成健康的心理、保持良好心态、拥有积极向上的性格模式等，对人们的主观生活质量满意度有着重要影响。因此，基本居住权已被广泛认可为公民的基本人权。《世界人权宣言》有着这样的表述：人人有权享受为维持其本人和家属的健康及福利所需的生活水准，包括食物、衣着、住房、医疗和必要的社会服务。1981 年，在伦敦召开的城市住宅问题国际研讨会上通过的《住宅人权宣言》也明确提出：一个环境良好、适宜于人的住所是所有居民的基本人权。

其次，住房和家庭幸福和睦息息相关。一方面，住房条件决定了一个家庭能否顺利组成，家庭成员能否有独立的生活空间，能否正常完成家庭生产、生育、抚育子女、赡养老人、教育子女、交流娱乐等应有的功能。

另一方面，住房可能直接制约着某些家庭功能的发挥。比如，如果住房过于狭窄拥挤，家庭交流、抚养教育子女等需要一定空间的活动就会受到限制。如果没有能力购买和租用住房，年轻子女即使婚后也无法与父母分开居住，这与现代社会核心家庭化趋势相悖，容易由于两代人之间生活习惯、价值观差异而引起摩擦，从而影响家庭的和睦。这种情况在一些住房条件比较差的年代或地区相当普遍。因此，俗话说"安居乐业"，能够"住得好"是每个家庭的期望，是居民"幸福感、获得感和安全感"的重要源泉。

最后，良好的住房和居住条件也是社会和谐发展的重要保证。住房不仅仅是个人和家庭的事，它具有显著的外部性和社会性。家庭是社会的原子，社区是社会基层单位，只有家庭幸福和睦，才能形成一个良好的社会氛围，而只有形成良好的社区居住环境，才能孕育出亲切和睦的邻里关系、和谐安定的社区气氛，对减少社会矛盾、社会和谐稳定发展意义非常重大。良好的社区环境也有利于子女的教育和成长。而基本居住条件的缺乏和不良的居住环境会影响生活质量和居民健康，从而影响劳动力再生产和社会物质再生产，甚至会诱发犯罪、疾病等一系列社会问题，对社会文明的发展带来障碍。此外，住房是家庭物质生活条件最基本、最直接的反映。其反映了家庭所处的社会地位，住房的差别直接反映了社会的公平程度，并且最易导致由不公平感带来的社会问题。从这个意义上说，住房也具有准社会公共产品的特征，是维护社会和谐、推动社会发展的重要条件。

因此，良好的住房和居住条件对于保障民生、服务民生非常重要。可以预见的是，随着我国经济社会水平的不断提高，对更好的住房和居住条件的需要仍将不断增长，成为人们不断追求美好生活的重要组成部分。

习近平总书记高度重视人民群众的住房问题，郑重提出让全体人民住有所居的目标，针对我国住房领域存在的问题，提出了坚持房子是用来住的、不是用来炒的定位，主张加快建立多主体供给、多渠道保障、租购并举的住房制度和房地产管理长效机制，并提出了不将房地产作为短期刺激经济的手段等新思路、新举措，努力带领全党全国为人民群众住有所居的美好生活而奋斗。如何从马克思主义政治经济学的立场、观点、方法出发，科学地分析和认识住房问题，客观地评估我国在住房领域取得的成就和存在的问题，深刻地领悟习近平总书记关于住房问题的重要论述精神，全面地理解当前我国住房领域的新思路、新政策，是我们能够在住房这一民生关键领域进一步取得进步、最终实现"让全体人民住有所居"目标的思想理论基础。

在本篇中，我们将围绕实现"让全体人民住有所居"目标这一主线，阐述我们对住房问题，特别是中国住房领域改革发展实践的一些看法。在第一章中，我们回顾了我国住房制度改革的历程和在住房领域所取得的巨大成就，同时对存在的问题进行了反思。第二章以1998年住房制度改革时确定的以经济适用住房（简称"经济适用房"）为主这一住房供应模式的变迁为例，讨论了住房供应体系模式选择的问题。第三章试图给中国的高房价一个基于政治经济学分析框架的解释，我们认为，地方政府的亲资本竞争（简称"亲资竞争"）模式是中国式高房价的重要原因。在第四章中，我们阐释了习近平总书记关于"房子是用来住的、不是用来炒的"这一住房功能新定位的政治经济学意蕴，基于此进一步讨论了我国新一轮房改的主体思路。第五章在反思"住房自有浪潮"对我国住房消费模式影响的基础上，分析了"多主体供给、多渠道保障、租购并举"这一住房体系新思维的理论含义和实践要求。第六章以房地产金融化为背景，研究了房价波动可能造成的系统性风险的传播渠道，希望为房地产调控和化解防范系统性金融风险提供借鉴。第七章对如何建立和完善房地产管理调控的长效机制进行了思考，提出了若干建议。

第一章　我国住房制度改革：成就与问题

一、沧桑巨变：我国住房制度的改革

在传统的计划经济时期，我国长期实行与计划经济体制相配套的由国家和单位统包职工住房投资、建设和分配的福利住房制度，但这种住房制度也在客观上导致了住房建设投入不足，住房短缺一直存在。特别是，其与市场经济的不匹配、不适应性随着我国经济社会改革的推进而越发显著，亟待全面改革。

早在 1980 年 4 月邓小平同志发表关于建筑业的地位和住宅政策问题的谈话时，就提出了住房商品化的构想。随后，我国城镇住房制度改革的探索不断展开。在党的十四大把社会主义市场经济确立为中国经济体制改革的方向之后，住房制度改革也在加速深化。1994 年，国务院出台了《关于深化城镇住房制度改革的决定》，明确要建立与社会主义市场经济体制相适应的新的城镇住房制度，实现住房商品化、社会化，由此开始推进住房公积金制度，加快经济适用住房建设，城镇住房制度改革进入全面推进阶段。1998 年，国务院又下发了《关于进一步深化城镇住房制度改革加快住房建设的通知》（简称《通知》），这份文件标志着我国城镇住房制度根本性改革的开始，因此这次改革常被称为"98 房改"。《通知》明确了住房保障体系改革和住房建设的方针、政策，启动了住房货币化改革。《通知》要求，在 1998 年下半年停止住房实物分配，逐步实行住房分配货币化的政策，即改变以前的住房实物分配形式，将国家住房补贴由以前的"暗补"转为"直补"，以货币分配形式分配给职工，并辅之以家庭储蓄、住房公积金以及银行贷款等金融支持手段，由职工到房地产市场上购买住房，并获得住房的所有权，满足自身的住房需求。之后，相关部门及各地方又相继下发了一系列规范性文件，中国城镇住房制度大变革的大幕正式拉开。

1998 年的住房制度改革结束了延续近半个世纪的政府主导的住房实物分配制度，开启了以商品化、货币化、市场化方式解决居民住房问题的时代，在我国住房制度变革的历史进程中具有里程碑的意义。这次改革使住房成为商品进入市场，商品房成为满足城镇居民住房需求的主渠道，充分发挥了市场配置资源的基础性、决定性作用，大大激发了居民购买住房、企业兴建住房、社会资金投资住房开发的积极性，使我国住房建设进入快车道，以住宅为主的房地产市场迅速发展，我国住房制度体系也迅速建立完善，形成了包括住房市场制度、住房保障制度、住房金融制度、土地出让制度等一系列制度在内的住房制度体系。

二、广厦万间：我国住房领域的发展成就

改革开放以后，特别是 1998 年以来，随着我国住房制度改革的推进和经济社会的高速发展，我国在住房建设和住房发展领域取得了巨大的成就，居民住房条件得到了显著改善。

首先，我国居民的人均住房面积大幅提高。人均住房面积是衡量一个国家、一个城市居民住房条件的最基础、最直观的指标。改革开放之初，我国城镇居民人均住房面积仅为 6.7 平方米，缺房无房户占城镇人口近50%。直到"98 房改"前夕，人均住房面积在 4 平方米以下的城镇家庭还有 414 万户。"住房难"问题在一些大型城市则更为突出，以上海为例，直到 20 世纪 90 年代，上海的人均居住面积仍在 7~8 平方米徘徊。当时，住房难曾被称为"申城第一难"，一家三代挤在一间石库门小屋中的情况比比皆是。2018 年，城镇居民人均住房建筑面积达到了 39 平方米，比1978 年增长了近 5 倍。上海的情况也大为改善，其城镇居民人均住房面

积也从 1978 年的 7.4 平方米增加到 2018 年的 37 平方米，可谓发生了巨大变化。人均 40 平方米左右的住房面积在国际上是什么水平呢？应当说，这一水平除了不能与相对地广人稀的北美地区、澳大利亚相比，也已经接近韩国、日本的水平，普遍超过了与中国人均 GDP 相近的国家。农村居民的人均住房面积也有很大增长，从 1978 年的 8.1 平方米增加到 2018 年的 47.3 平方米，也增长了近 5 倍。①

其次，我国城镇居民住房套户比显著增长。套户比是指住房存量套数与居民家庭数的比值，它反映了住房短缺或充裕的状态。根据测算，1978—2018 年，中国城镇住房存量从不到 14 亿平方米增至 276 亿平方米，城镇住房套均面积从 44.9 平方米增至 89.6 平方米，城镇住房套数从约 3 100 万套增至 3.11 亿套，套户比从 0.8 增至 1.09，这表明从总体上看，中国城镇住房供需平衡，已经在总体上解决了住房短缺的问题。从国际比较看，关于套户比情况，美国、日本分别为 1.15、1.16，德国为 1.02，英国为 1.03，而中国已与这些发达国家基本接近。②

最后，我国居民住房和居住的品质也有了巨大改善。从"你一间，我一间，筒子楼里冒黑烟"到"小高层，电梯房，城乡广厦千万间"，从石库门、小胡同、棚户区到环境优美、设施齐全的小区、公寓，中国人的居住品质发生了翻天覆地的变化，极大地改善了城市居民的生活状况。从数据上看，住房成套率是反映居民居住质量的重要指标之一，它可以避免人均住房面积只反映居住面积，而不能反映生活方便程度、卫生条件好坏等居住质量的缺陷。而在 1990 年，我国住房成套率不到 40%，这意味着一半以上的住房不具备独立的厨卫等基本设施。而如今，我国住房成套率已经超过 80%，住房设施日益齐备，居民居住质量得以迅速改善。与此相应，农村的住房条件也呈现大幅改善的面貌，近年来，农村居民家庭新建

---

① 根据《中国统计年鉴》相关数据整理而得。
② 参见恒大研究院的《中国住房存量报告：2019》。

房屋中钢筋混凝土结构的比例已经超过 80％，建筑质量和设施都有明显提高。

我们从住房面积、户均套数、住房品质三个方面考察了改革开放以来，特别是"98 房改"以来，我国居民住房条件大幅改善的情况。其实，住房发展的巨大成就还不仅于此，我国住房事业的快速发展还支撑了我国超大规模的城市化进程，城市面貌焕然一新，促进了房地产市场的蓬勃发展，有效拉动了经济的持续增长。

改革开放后，我国经历了人类历史上最大规模、最快速度的城市化进程。1998 年，我国常住人口城镇化率仅为 33％，而到 2018 年，城镇化率已经达到 60％，20 年间，新增城镇人口超过 4 亿。如此巨大的城镇人口增量需要大量住房才能承载，而我国住房的快速发展在实现巨量人口承载的同时，还大幅提高了人均住房面积，避免了许多后发国家都曾出现过的"贫民窟"现象的发生。我国波澜壮阔的城市化进程不仅规模大，而且质量高，从县城到省城、从中小城市到特大城市、从西部内陆城市到东部沿海城市，都已经具备了现代化的城市面貌，城市基础设施进步显著。例如，2018 年，我国城市人均拥有道路面积和城市人均公园绿地面积分别已达到 16.7 平方米和 14.11 平方米，都比 1980 年的水平提高了 8 倍以上。2018 年，城市燃气普及率和城市用水普及率分别达到了 96.7％和 98.36％。

与此同时，我国以住房为主的房地产市场从无到有、由小到大，实现了爆发式增长。1987—2018 年，全国房地产开发投资累计完成 99 万亿元，年均增长 24.8％。2018 年，全国房屋施工面积达 822 300 万平方米，比 1997 年增长 17.3 倍。1983—2018 年，全社会住宅投资年均增长 17％，在全社会固定资产投资中占据很大比重。另外，房地产业的上游产业主要是建筑业，而建筑业又连接着水泥和玻璃等建材业、钢铁业，以及用于建设的工程机械行业。房地产业的下游产业主要是由住房建设完成后的配套设施和服务构成，比如，装修装饰、家具家电、物业服务等行业。因此，房地产业涉及行业多、产业链条长，与消费、投资联系紧密，对经济增长有较强的支撑和拉动作用。

三、白玉有瑕：当前住房领域存在的主要问题

在人民群众住房条件大幅改善的同时，也必须看到，随着城市化的快速推进，大量人口从乡村向城市流动、从中西部地区向东部沿海地区转移、从中小城镇向大中城市集中，也造成我国居民住房条件存在着显著的不平衡、不充分现象，住房领域存在着一些亟待解决的问题。这些问题主要表现在以下几个方面：

第一，住房价格高、涨幅大，特别是一线、二线中心城市住房需求量大、集中，高房价问题突出，部分居民依然面临住房难的问题。从全国来看，1998年，房地产开发企业住宅商品房平均销售价格为1 854元/平方米，2018年为8 544元/平方米，上涨了3.6倍。而与此同时，北京、上海的房价涨幅分别超过5倍和6倍。事实上，因为住房开发总是呈现从城市中心向郊区扩展的规律，住房均价统计往往低估房价涨幅。如果考察北京和上海核心区域相同位置、相似品质的住房，"98房改"以来房价涨幅会超过10倍甚至20倍。从二手房成交价中位数看，北京高达59 138元/平方米，上海也达到了48 014元/平方米，几乎超过均价的一倍左右。高房价给人民生活带来了很大压力，2018年，北京二手房成交单套均价为438万元，价格中位数为390万元，当年北京城镇居民可支配收入为人均67 989元，以三口之家计算，单套均价和价格中位数分别对应的房价收入比约为21倍和19倍。即使按照住房均价、户均90平方米计算，北京、上海的家庭房价收入比仍分别高达15倍和12倍，远超国际上6倍的警戒水平。这意味着普通居民在北京、上海这样的一线城市购置自有住房的难

度非常大，在这些城市，住房困难的情况依旧普遍，为购买住房而掏空"六个钱包"的现象比比皆是。高企的房价已经严重制约了我国居民住房条件的进一步改善，导致住房困难加剧，甚至对社会心理都造成了不良影响。比如，网络上关于"嫁人还是嫁房"的讨论就折射出了高房价对人们婚恋观的扭曲。

第二，住房供应体系建设仍不成熟，住房供给渠道、供给主体较为单一，住房保障的体制、机制和保障能力水平仍有待提高。一方面，我国在1998年实行住房制度改革时，事实上是以"住房自有"为导向来设计我国的住房制度，也就是鼓励居民购买住房用于自住。"住房自有"有其优势，但这也导致了我国住房市场存在"重买卖、轻租赁"的偏向，造成住房供给渠道主要依靠商品房市场，以及供给渠道较为单一。另一方面，商品房市场很难满足低收入群体的住房需求，因此，在住房商品化、市场化改革进程中，应建立完善的住房保障体系，对低收入群体的基本住房需求予以保障。保障性质的住房应既有出售的又有出租的，既有货币补贴的又有定向安置的，这就需要设计完善合理的保障住房制度体系。"98房改"时，我国曾明确以经济适用住房作为住房保障的主要形式，但随着住房市场的发展，其本身的缺陷和地方政府行为模式造成经济适用住房供给不足，而其他形式的保障性住房建设也与低收入群体的需求存在差距，造成了低收入家庭住房问题突出。

第三，住房和房地产业的发展出现了过热甚至畸形的现象，一些地方经济过度依赖房地产，地方政府过度依赖土地财政，甚至大量资金流入房地产市场，导致经济"脱实向虚"。我国大规模城市化进程和居民改善住房条件的巨大需求，共同造就了房地产市场的大繁荣，但是国民经济与房地产业是整体与部分的关系。一方面，房地产业的发展是经济增长和社会发展的重要支撑；另一方面，如果缺乏有效治理、无法合理协调二者关系，导致房地产业畸形发展，则会出现房地产业的发展反过来绑架国民经济的问题。例如，有的地方经济高度依赖房地产，屡屡把刺激房地产当作刺激经济的短期手段，地方政府过度依赖土地财政，不惜与房地产商一起制造地王、推高房价，这些做法使市场更加扭曲变形，要么造成房价飞涨，百姓望房兴叹，要么造成积压空置，耗费大量资源建设"鬼城"，即使制造出大量 GDP 也无异于饮鸩止渴。在房地产高额利润的驱使下，各路资金纷纷以各种方式大举进入，合规的要进，不合规的经过层层包装、绕开监管也要进，都想在房地产盛宴中分一杯羹。其结果是，大量资金进入房地产，挤占了实体经济的融资和信贷资源，推高了实体经济成本，加重了企业融资的困难。"开工厂不如买几套房"的玩笑，折射出的正是在地产盛宴的繁华下，经济"脱实向虚"的严峻形势。

第四，我国房地产市场秩序和监管还存在短板，市场投机炒作之风盛行，房地产调控政策短期化，缺乏长效制度安排。与一般商品市场不同，房地产市场由于其自身特点，市场失灵问题严重。一则住房并非一般商品，而是人们的基本生存资料，不能只由市场加以调节。二则住房市场具有区域垄断性，在住房需求扩张时，处于垄断地位的供给者具有较强的控制市场、制定价格的能力，如"囤房待涨"、哄抬房价、投机炒作问题突出。三则房地产开发商以利润为导向，供给结构与居民需求结构往往不匹配，例如开发商偏向供应大户型住房，但这就会造成市场上中小户型供应不足。因此，房地产市场容易失灵失序，需要政府监管和矫正。我国"98房改"后，党和政府针对房地产市场出现的价格暴涨、市场失序等情况，进行了多轮房地产市场调控，出台了《关于切实稳定住房价格的通知》《关于调整住房供应结构稳定住房价格意见的通知》《关于进一步做好房地产市场调控工作有关问题的通知》等制度政策，但也因为住房问题复杂，调控政策也多针对其当下情况，因此，房地产市场存在的种种问题未能从根本上得到解决，亟待长效性制度安排予以规范和解决。

这些问题的存在严重影响了"让全体人民住有所居"这一基本民生目

标的实现，也对国民经济的持续健康发展带来了巨大挑战。在全面建成小康社会的历史节点上，人民群众对于"住有所居"和"更好的居住条件"的需要，呼唤着我国住房制度的进一步改革。因此，在第二章和第三章，我们将尝试从细节出发讨论我国过去十年间在房地产制度设计方面存在的问题。第二章回顾了经济适用住房制度的出场和退场，以此为切入点讨论了住房供应体系建设和模式选择问题。第三章讨论了地方政府竞争和房价之间的关系，以反思地方政府竞争模式对人民住有所居目标的影响，从而为房地产长效机制建设提供镜鉴。

第二章 "经济适用住房"去哪儿了：住房供应体系模式探索

一、"98 房改"：经济适用住房的起点

经济适用住房，顾名思义，就是兼具经济性和适用性特点的住房。经济性，是指这类住房的价格低于按市场价格出售的普通商品住房，较符合中低收入家庭的承受能力；适用性，是指这类住房在设计及其建筑标准上更加注重住房的使用效果，而不追求过高的舒适性和过高的建筑标准。当前，经济性和适用性的标准都是一个历史性范畴，必然会随着人民收入水平和生活水平的提高而不断变化。

"经济适用住房"这一概念在我国的提出，是与我国经济体制改革特别是住房制度改革相伴随的。1992 年，党的十四大把社会主义市场经济确立为中国经济体制改革方向之后，住房商品化的改革方向就基本确立下来了。1994 年，国务院出台了《关于深化城镇住房制度改革的决定》，明确了住房制度改革的根本目的：一是建立与社会主义市场经济体制相适应的新的城镇住房制度，实现住房商品化、社会化；二是加快住房建设，改善居住条件，满足城镇居民不断增长的住房需求。其中，加快经济适用住房建设作为重点任务被强调提出，文件指出：各地人民政府要十分重视经济适用住房的开发建设，加快解决中低收入家庭的住房问题。

1994 年 12 月，为了建立经济适用住房供应体系，加快经济适用住房建设，以及加强对经济适用住房建设的管理，建设部、国务院住房制度改革领导小组、财政部发布了《城镇经济适用住房建设管理办法》。该办法

第三条规定：经济适用住房是指以中低收入家庭住房困难户为供应对象，并按国家住宅建设标准（不含别墅、高级公寓、外销住宅）建设的普通住宅。这说明，在 1994 年时，经济适用住房的供应对象仍是有限的小部分住房困难群体。另外，该办法第五条规定，经济适用住房建设要体现经济、适用、美观的原则，使用功能要满足居民的基本生活需要。这说明经济适用住房要满足的是居民的基本居住需要，而非改善型、享受型居住需要。

1998 年，国务院发布了《关于进一步深化城镇住房制度改革加快住房建设的通知》，开始了我国住房领域最为深刻的变革。1998 年下半年，即开始停止住房实物分配，逐步实行住房分配货币化、商品化。其中，一个重要的制度安排就是，以"经济适用住房"作为商品化住房的主要形式，满足中低收入家庭的住房购置需求。

《关于进一步深化城镇住房制度改革 加快住房建设的通知》明确提出，建立和完善以经济适用住房为主的住房供应体系，并要求重点发展经济适用住房（安居工程），还对加快经济适用住房建设提出了一系列扶持政策，特别是明确了经济适用住房建设用地应在建设用地年度计划中统筹安排，并采取行政划拨方式供应。

根据《关于进一步深化城镇住房制度改革加快住房建设的通知》的精神，《关于大力发展经济适用住房的若干意见》《关于进一步加快经济适用住房（安居工程）建设有关问题的通知》《经济适用住房开发贷款管理暂行规定》等规范性文件发布，明确了支持经济适用住房建设的土地政策、货币信贷政策、税收政策、价格政策和房改政策。随后，各地陆续出台了关于经济适用住房的建设和销售管理办法，经济适用住房正式成为我国住房供应体系中的一个重要组成部分。

从《关于进一步深化城镇住房制度改革 加快住房建设的通知》的精神看，有三点至关重要：第一，经济适用住房是房改后住房供应的主要方式。"98 房改"明确提出，中低收入家庭主要通过购买经济适用住房解决住房问题。这就是说，政府应为占总数 60%～80% 的城市家庭提供经济适用住房，因此，在地方政府用于住宅建设的土地中，应当有60％～80％用于经济适用住房建设。第二，经济适用住房等同于安居工程，其目的主要是以商品化的经济适用住房为主要形式，解决中低收入家庭的住房问题。这就是说，在房改之初，是将住房的居住属性和保障功能作为首要因素予以考虑的。第三，经济适用住房的建设土地采取行政划拨方式供给，也就是说，经济适用住房不必支付土地成本，在其价格中不包含土地出让金。这一点尤为重要，这是经济适用住房区别于普通商品房的关键，政府事实上是以土地免费出让、住房支持性金融政策（住房公积金）等制度创新作为取消福利分房的对价来推行住房制度改革的。

在1998年开启住房制度改革，特别是启动大量经济适用住房建设的一个非常重要的宏观背景，是1998年由于受到东南亚金融危机影响，我国的宏观经济必须依靠扩大内需来实现既定的增长目标，必须寻找到可以较大程度满足扩大内需的行业领域。经济适用住房建设有两个好处：一方面，发展经济适用住房可以满足中低收入家庭的住房需求，是人民生活实现小康的一个重要条件。另一方面，中低收入家庭是城镇家庭的主体，发展经济适用住房可以增加有效的需求，带动经济增长，符合经济发展总的要求。在这之后，我国进入了经济适用住房建设大干快上的阶段。1998—2003年，经济适用住房的竣工面积达到了4.77亿平方米，占经济适用住房全部计划的45.6％，占同期城镇住宅新增建筑面积的14.4％，虽仍有5.7亿平方米的计划没有完成，但这已经是较好的状况了。2000年前后是我国经济适用住房建设的高峰，经济适用住房新开工面积占住宅新开工面积的比重高达20％。

二、乱象丛生：经济适用住房遭遇的问题

在经济适用住房大干快上的过程中，经济适用住房在建设和销售等相关领域也出现了很多问题和乱象。比如，在建设方面，一些经济适用住房在区位选择上，大多建在城市的边缘或近郊地带，因此导致了城市的蔓

延。由于这些地区的市政、交通、教育、医疗的配套并不十分完善，造成了居民生活不便，同时也导致很多居民购买了经济适用住房，却没有搬进去住，空置现象比较严重。而且，在经济适用住房建设之初，对于套型、面积等规划条件的规定都不严格，出现了一些面积过大、总价过高的经济适用住房，因此被批评为"既不经济，也不适用"。另外，经济适用住房政策规定了开发经济运用住房的利润率为3%，这个利润率事实上是较低的，使经济适用住房的开发建设变成了一个具有公益性质的行业，所以导致房地产开发商积极性不足，甚至在利润的驱使下，虚报成本，偷工减料，导致经济适用住房的质量饱受诟病。

在分配方面，一是销售的对象界定不清晰。按照《关于进一步深化城镇住房制度改革 加快住房建设的通知》，经济适用住房的主要供应对象是中低收入家庭，而具体的收入标准由各地政府按本地实际情况自行确定。所谓中低收入家庭，如果按收入五等分理解，应当占到社会家庭总数的60%。如果认为最高和最低收入家庭仅指最高和最低的10%，那么经济适用住房的供应对象应该占到80%。因此，由于缺乏必要的区分和导流，经济适用住房的申请购买者的范围是很大的。加之当时我国收入统计、个人征信等基础设施配套都不完善，所以导致在分配领域存在很多乱象，比如"开宝马住经济适用住房"问题等。二是政府对经济适用住房的管理不够规范，有的地方监督力度也不够，购买资格的核查审定及分配摇号过程中的"寻租"问题受到居民的广泛关注。

2003年，国务院发布了《关于促进房地产市场持续健康发展的通知》，其中有两个重要的提法，改变了经济适用住房的命运。一是提出要增加普通商品房供应，提高了其在住房供应中的比重，逐步实现多数家庭购买普通商品住房，这一提法改变了1998年房改时确定的住房供应以经济适用住房为主的结构。二是强调加快建设适应我国国情的住房保障制度，要求地方政府以廉租房形式解决最低收入家庭的住房问题，这就使得经济适用住房原有的保障性功能转而主要由廉租房来实现，但保障性住房的供给量大大下降了。2004 年，《经济适用住房管理办法》发布，作为落实 2003 年国务院发布的《关于促进房地产市场持续健康发展的通知》的细则。《经济适用住房管理办法》第四条提出，发展经济适用住房应当坚持在国家宏观政策指导下，各地区因地制宜、分别决策的原则，由市、县人民政府根据当地经济社会发展水平、居民住房状况和收入水平等因素，合理确定经济适用住房的政策目标、建设标准、供应范围和供应对象等，并负责组织实施。也就是说，把经济适用住房建多少、怎么建、怎么分配的决策权下放给了各地方政府。同时，《经济适用住房管理办法》在管理中也针对经济适用住房出现的一些问题做了规范。比如要求经济适用住房要严格控制在中小套型，中套住房面积控制在 80 平方米左右，小套住房面积控制在 60 平方米左右。

经过这一轮调整，一个非常突出的变化是，我国在 1998 年房改时确立的以经济适用住房为主的住房供应体系就不再沿用了。因此，在《经济适用住房管理办法》出台之后，经济适用住房建设的规模逐渐萎缩。2004 年，经济适用住房占住宅新开工面积的比重已经降到了 10% 以下，仅为 8.8%，此后不断下降。2007 年发布了《关于解决城市低收入家庭住房困难的若干意见》，要求各级政府把解决城市低收入家庭住房困难作为维护群众利益的重要方面，改革住房制度，提出了廉租房制度的保障范围和时间进度。《关于解决城市低收入家庭住房困难的若干意见》再次强化了《关于促进房地产市场持续健康发展的通知》中关于廉租房的精神，正式标志着我国住房供应体系从以经济适用住房为主转为以普通商品房为主加廉租房保障的体制，完成了我国住房供应体系的重大转变。

2008 年，在国家启动新一轮保障性住房大规模建设的时候，很多地方却传出了停建经济适用住房的声音，事实上在全国各地，经济适用住房都出现了停建。经历了 10 年的经济适用住房，到此就从我国住房供应体系中逐渐退出了，一些地方可能还保留了经济适用住房这样的名称，但其重要性已经大大下降，性质也已大大不同，被用于完成城市的旧改办和拆迁工作等。到了 2010 年，经济适用住房占住宅新开工面积的比重已经降至仅有 3.8%，应该说已无足轻重了。此后，甚至在统计数据中也再难见经济适用住房的身影了。经济适用住房新开工面积占住宅新开工面积的比重见表 2-1。

表 2-1　经济适用住房新开工面积占住宅新开工面积的比重

年份	房地产开发企业房屋施工面积-本年新开工-住宅（万平方米）	房地产开发企业房屋施工面积-经济适用住房（万平方米）	经济适用住房占住宅新开工面积的比重（%）
1997	10 996.64	1 720.57	15.65
1998	16 637.50	3 466.40	20.83
1999	18 797.94	3 970.36	21.12
2000	24 401.15	5 313.32	21.77
2001	30 532.72	5 795.97	18.98
2002	34 719.35	5 279.68	15.21
2003	43 853.88	5 330.58	12.16
2004	47 949.01	4 257.49	8.88
2005	55 185.07	3 513.45	6.37
2006	64 403.80	4 379.03	6.80
2007	78 795.51	4 810.26	6.10
2008	83 642.12	5 621.86	6.72
2009	93 298.41	5 354.65	5.74
2010	129 359.31	4 909.54	3.80

资料来源：历年《中国统计年鉴》。

三、前车之鉴：经济适用住房何以退场

为什么经济适用住房的建设会在 2004 年以后逐渐衰落，并且在 2008 年之后不再作为我国住房供应的主要方式，甚至逐渐淡出了历史舞台？这是一个非常重要且有意思的话题。

很多人认为，这是因为经济适用住房在制度设计方面存在诸多问题。常被援引的主要是在建设、销售、分配、管理中的各种问题，在上文中我们已经讲过。但是事实上，这些问题分为两种情况。一种情况是，经济适用住房发展初期，也是我国在房改后全面启动商品房开发建设的时期，城市规划水平、开发商建筑商的开发设计水平都不那么高，而且都缺乏经验。这些问题会随着经济适用住房制度和建设的实践发展，不断得以解决。

比如经济适用住房面积过大问题。这是新闻中经常出现的话题，在北京著名的经济适用住房社区，如回龙观等小区，大户型确实比比皆是。这种报道极易引发舆论诟病，但实际情况是，由于房改早期愿意购买且能够买得起住房的家庭，往往是收入较高的家庭（按当时的制度设计，非最高收入家庭都是经济适用住房的销售对象）。它们更希望购买较大面积的住房，大户型设计对开发商来讲更有利于销售，加之政策上对户型设计的要求不明确，因此导致了这种情况的出现。一旦明确了经济适用住房的保障属性，户型过大的问题完全可以通过政策加以规制。例如，《关于调整住房供应结构 稳定住房价格意见的通知》提出的建筑面积在 90 平方米以下的住房应当超过住房供应量 70％的要求，就完全应该在经济适用住房建设过程中执行，而且容易监管。

又如经济适用住房位置偏远问题。当时确有不少经济适用住房建设在城市边缘地带或者远郊区，给居民生活带来了很多不便。一方面，这个问题可以通过规划意识和水平的提高来逐步完善，在城区内为建设经济适用住房社区提供一定土地。另一方面，在今天看来，很多当时的城市边缘地带和远郊已经变成了城区和近郊，甚至已经发展成非常好的城镇和居住区，当年不完善的交通、商业、医疗、教育等配套设施，也随着城市的发展得以迅速完善。例如，北京著名的经济适用住房社区——回龙观和天通苑，都是北京较早开通地铁的近郊区域，目前已经成为配套齐全、较为便利的城市组团。

再如经济适用住房建筑质量差问题。在大干快上的那些年可能的确存在着很多质量问题，但是这些问题应当通过加强质量监管以及开发商成本监管等措施来加以解决。如果监管不到位，那么各种类型的住房都可能存在质量问题，这并不是经济适用住房独有的问题。

还比如在分配和销售中存在的"寻租"问题、"开宝马住经济适用住房"问题。其实这些问题也较容易通过制度建设和征信体系的完善得到解决。2008 年明确提出，只有出售经济适用住房后才能再次购买商品房。这个规定事实上就完全明确了经济适用住房作为保障型住房的属性，从制度上杜绝了高收入者购买经济适用住房进行投资套利的行为。

同时，还可以探索其他管理方式，比如经济适用住房体内循环方式，即经济适用住房只能被出售给满足经济适用住房申购条件的中低收入家庭。这些政策都将能够有效地提高经济适用住房的管理水平。此外，既然按 1998 年房改方案的设计，经济适用住房是覆盖 60%～80%家庭的住房供应形式，在做出上述制度规范的前提下，严格把经济适用住房和普通商品房区分开，经济适用住房的审核就应当以宽口径、自筛选的方式进行，从而大大减少"寻租"空间。21 世纪初，我国的征信体制、住房登记信息化水平还存在很多短板，但如今这些基础设施都已经建立起来，因此，当时经济适用住房销售和分配中的种种漏洞都是可以得到有效解决的。

还有一种情况，其实不是经济适用住房制度自身存在的问题，而更多的是一个时代的问题，是发展中出现的问题。在 1998 年房改时，由于当时的经济社会发展水平与如今相差很多，而又确实面对着巨量的住房需求，所以一开始很难实现让所有人都满意，而随着我国经济社会发展水平的提高，随着住房供给和人均住房面积的快速增加，这类问题事实上都能够得到有效解决。例如，关于"经济适用住房不经济"的问题。在 21 世纪初，经济适用住房价格由于不含地价，仅包括建筑安装成本和合理利润，即使各地不同类型的建筑成本不同，售价主要也在每平方米 1 000～2 000元。按套均 90 平方米计算，每套为 9 万～18 万元。而当时我国人均 GDP 仅约为 1 000 美元，因此，以当时的收入水平看，对于中低收入家庭而言，经济适用住房的价格就显得非常高了。但是，20 年后，我国的人均 GDP 已经达到了二万美元，而住房的建设开发成本其实上涨并不太多，因此，20 年前"不经济"的问题，从现在看就是非常经济的了。

因此，让经济适用住房最终退出历史舞台的，其实并不是制度设计的问题，那么究竟是什么原因最终造成了这一结果呢？

我们要回溯到21世纪初。2002年，国土资源部颁布实施了《招标拍卖挂牌出让国有土地使用权规定》，明确规定包括商业、旅游、娱乐、商品住宅用地的经营性用地必须通过招拍挂方式出让。2004年，国土资源部又出台了《关于继续开展经营性土地使用权招标拍卖挂牌出让情况执法监察工作的通知》，要求2004年8月31日以后所有经营性用地出让全部实行招拍挂制度。经营性用地招拍挂制度规范了国有土地使用权的出让行为，有利于建立一个公开、公平、公正的城市土地市场，同时，招拍挂制度也开启了地方政府"以地生财"的土地财政阶段。地方政府可以通过土地的招拍挂出让获得可观的"土地财政"，这些土地财政收入又能变成城市基础设施建设资金、招商引资配套资金、地方产业基金等，从而扩大地方财政来源，拉动地方经济增长。既然城市的住宅建设用地规模是相对固定的，而经济适用住房用地又是通过行政划拨出让的，不带来任何的土地出让收入，反而地方政府还要承担征地和土地一级开发的各种成本，那么，在住房建设用地的大盘子里，地方政府就会对经济适用住房的用地供应进行权衡，在财政收入最大化、政绩最大化以及GDP标尺竞争的行为模式下，地方政府的选择自然是减少经济适用住房的用地供应，而将更多的土地拿到土地市场上进行招拍挂。2004年出台的《经济适用住房管理办法》，又恰好赋予了地方政府在这一问题上的自由裁量权。因此，这就会恶化经济适用住房的生存环境，导致经济适用住房的供应量进一步缩减，因此，购买难度大增，投机、套利行为就会增长，"寻租"空间就会加大，在制度不完备的条件下，漏洞就会被成倍放大，成为众矢之的。所以到了2008年，就再没有人愿意建设经济适用住房。另外，从房地产开发商的角度来看，由于经济适用住房利润率较低，按照规定只能有5%的利润，开发商建设经济适用住房的意愿较低，所以大量经济适用住房建设是由地方国有的建筑企业来承担的。而这些企业如果将资源用于开发商品房，就会获得更高的收益，这造成房地产开发企业开发经济适用住房的动力也不足。

因此，政府不愿意供给土地，开发商则缺乏承建动力，而普通居民又因为经济适用住房制度初期的各种漏洞对经济适用住房口诛笔伐，所以，经济适用住房在2008年以后，就从我国住房供应体系中的唯一主角变成了没有台词的配角，承担一些拆迁安置的特殊功能，甚至在很多地方最终停建。

由于经济适用住房从我国住房供应体系中退出，除了最低收入的20％居民家庭之外，其他80％家庭就只能通过房地产市场来实现，加之我国在这一时期城市化高速推进，于是，巨量的住房需求涌入了住房市场。这是导致2008年以后我国房价高速增长的重要原因。

当然，客观来讲，土地财政使地方政府集中了大量分散的地租，然后将其转化为地方政府的投资，使我国的城市化和基础设施建设快速推进，城市面貌大幅改善，这些都是有目共睹的。

但是，从住房供应的角度来讲，这样一个变化事实上导致了当前住房领域中出现的各种问题。试想一下，如果我们依旧按照1998年房改时所确立的60％～80％的家庭的居住需要以一个不含地价的经济适用住房的方式来实现，那么利用纯市场机制来解决住房需求的家庭数量就会少很多，住房市场失灵所带来的问题也会少很多。这不仅使我们得以避免房价过高带来的一系列问题，而且会大大降低社会再生产的整体成本。这一变化及其结果确实值得我们深刻反思。

四、放眼四海：住房供应体系的模式选择

中国的公共住房制度参考借鉴了新加坡和中国香港的公共住房制度。"经济适用住房"类似于新加坡公共住房制度中的"组屋"制度。1964年，新加坡政府宣布实行"居者有其屋"计划，鼓励中低收入阶层以分期付款方式购买政府组屋。在新加坡，公共组屋是由新加坡建屋发展局管理运营的，公共组屋价格由政府统一规定，一般以低于市场价出售或出租给中低收入者。时至今日，新加坡总人口的近80％住在政府的组屋里，而

且，组屋住户中有 90％以上是这些组屋的所有者。公共组屋的价格由新加坡国家环境发展部综合多方面因素决定。由于组屋价格不包括征地成本，且低于建筑成本，因此，其价格比同类商品房低 50％～70％，符合条件的购房者还可以向新加坡建屋发展局和商业银行申请优惠按揭贷款。而中国香港公共住房制度主要由"公屋"和"居屋"组成。"公屋"即香港的廉租房，只租不售，低收入者可以申请入住，政府只收取相比市场价非常低的租金。而"居屋"即香港的"居者有其屋"计划的产物，类似于新加坡的"组屋"和中国内地的"经济适用住房"，价格大大低于普通商品住房，但出售时需补缴地价，"居屋"的供应量占比较少。

既然新加坡和中国香港都采取了完善的公共住房制度来解决住房问题，为什么前者成为这一领域成功的典范，而后者则以住房价格奇高闻名于世，甚至造成了世界所共知的住房紧缺？事实上，这种分异并非来自制度设计，而是来自公共住房在整个住房供应体系中的比重。新加坡公共住房成功的关键是在其整个住房供应体系中，"组屋"所占比重远远大于普通商品住房，正因如此，才能保证住房的市场失灵问题不会引发整个住房体系的混乱，而如果保障性住房占比过低，显然就无法对商品房市场产生足够的牵制和矫正作用。而中国香港"公屋"在其整个住房供应体系中的占比仅为 30％，大约有 2 000 万人居住在"公屋"中，虽然解决了很多低收入者的住房问题，却不能影响整个住房市场。2018 年 6 月底，11％申请者的轮候时间为 3 年或以下（一般为独居长者或有其他特殊困难的申请者），89％申请者（约 16 200 名）的轮候时间为 3 年以上。一般申请者平均要等 5.3 年，才能住上公屋。"居屋"的供应量更少，每年只有几千套供应，超额认购动辄几十倍之多，无异于买彩票大乐透中奖，无助于解决高房价问题。这里有一个插曲，中国香港特别行政区首任特首董建华曾经提出过"八万五计划"，即每年新建 8.5 万套各类住宅，10 年让 70％的中国香港居民实现住房自有，并大大缩短"公屋"的轮候时间。但是，这一计划自然造成中国香港楼价大跌，由于中国香港的房地产绑架了经济，最终这一利民计划不得不提前终止。在这之后，中国香港的房价大幅上涨，人民住房困难有增无减。

因此，保证公共住房的充足供应，即其供给量在住房供应中的占比超过一定量级，才能真正确保其切实发挥功能。只有中低收入者实现住有所居，才能避免大量住房需求涌入普通商品房市场，进而避免住房市场的失灵损害住房的居住功能。这是我们通过比较公共住房政策和体系的新加坡模式和中国香港模式所得出的重要结论。

我们看到，1998年进行房改时，我们的住房供应体系模式设计是类似于新加坡模式的，即以不含地价的公共住房出售作为主要供应方式。然而，在2004—2008年间，这一模式在多种因素的影响下，最终事实上改弦更张，转而形成了一种类似于中国香港模式的住房供应体系，即最低收入居民通过保障性租赁住房解决住房问题，而大多数居民则需要通过竞争性住房市场来解决居住需求。这是2008年之后房价大幅上涨，房地产市场乱象丛生，偏离住有所居目标的重要根源。所以，我们今天反思这段历史，必须认识到住房供应体制的重要性，特别是公共住房占比对于弥补和矫正住房市场失灵的重要性。

我国在住房供应体系模式转变的过程中受到了新自由主义的影响。比如，有文献在批评经济适用住房制度存在的问题时提出，经济适用住房的大量建设冲击了房地产市场。这显然是一个立足点的问题。我们进行住房制度改革、建设房地产市场的目的，是改善居民住房条件，实现住有所居，而不是什么别的目的。在这一目标前提下，如果能根据人口增长和居民居住水平改善的速度，确定一个稳定的经济适用住房供应量，满足相应人群的住房需求，那么商品房市场的供给者也可以根据这样一个基础条件来调整自身的策略和行为。当然，大量的经济适用住房供给会减少对普通商品房的需求，从而平抑房价，但普通商品房市场也可以作为一个改善性、享受型市场，向高端发展。

五、老调新弹：住房制度要经历复归后的新生

我们回顾了经济适用住房制度建立和最终退出历史舞台的这段历史。从根本上说，对于经济适用住房的退出，其自身制度缺陷并不是主要原因，在机制设计和管理得以改善的前提下，经济适用住房事实上能够作为我国住房供应体系中一个非常重要的渠道。

当前，我国正在经历住房制度的新一轮改革，习近平总书记反复强调，要坚持"房子是用来住的、不是用来炒的"定位，明确了住房的首要功能是满足人民群众对住房条件改善的需求，发展房地产市场的首要目标是更好、更快地实现"让全体人民住有所居"。因此，住房不能变成投机炒作的工具，房地产也不应被作为短期刺激经济的手段。

在这一住房功能新定位下，中央提出要建立"多主体供给、多渠道保障、租购并举"的住房供给体系。其中，"租"是指廉租房、公租房以及市场供给的可租赁住房，而"购"也应当包括市场供给的普通商品住房和带有保障性质的"经济适用住房"等类型的住房。这一表述是对1998年房改时所确立的住房供应体系的一种复归，也是对过去10年供应体系过分偏向单纯市场供应的一种反思。经济适用住房的优势在于，既有助于以"住房自有"形式满足中低收入家庭的住房需求，拉动住房相关消费链条，同时也不会对财政造成保障性住房建设支出的压力。

另外，要从根本上解决地方政府积极性不足的问题，应当将建设用地供给中的普通商品房建设用地和保障房及经济适用住房建设用地进行分列。根据住房需求和目标群体确定的经济适用住房土地供应量，应当以地方政府主体责任的形式确定下来，排除以土地出让收益为目标函数的权衡变量，并向社会公布计划和执行情况，作为其绩效考核目标之一。

当然，在当前条件下，经济适用住房制度也应有所创新，例如通过"限房价竞地价""共有产权"等形式，向市场提供较低土地成本的产权型

自有住房供给，在一定程度上发挥"经济适用住房"的功能，同时避免对现有住房价格体系的强烈冲击。同时，对这类住房开发建设的监管要进一步加强，强化其经济、适用的特征，在面积、容积率、户型设计、舒适程度、配套等方面都要有所节制，用现实主义的态度保持适度超前的、较低标准的建设水平，使其与改善型、享受型住房自然区隔。新加坡的"组屋"制度提供了很多可借鉴的成熟经验，值得我们进一步细致研究和学习。

第三章　问题全貌：
"高房价"与地方政府竞争[①]

近年来，伴随着我国城市化进程的不断加速，城市居民住房问题日益凸显，特别是住房价格不断高企，成为社会舆论和学术界共同热议的话题。虽然住房价格并不存在绝对的可比标杆，但无论以租售比还是以房价收入比作为衡量标准，都显示出我国的住房价格过高的现实。按照国际惯例，房价收入比在 4~6 倍为合理区间，而我国绝大多数城市均超过这一合理区间，在北京、上海、深圳等一线城市，甚至超过了 15 倍。同样，以租售比衡量，我国绝大多数城市也超过了 200~300 倍的国家通行区间，北京、上海等一线城市则普遍超过 500 倍。高房价不仅抑制了城市居民住房条件的改善，挤压了城市居民其他方面的消费能力，而且引发了一系列社会问题——蜗居、蚁族、房二代等"涉房"话题常常见诸报刊和网络。

人们普遍看到，越来越高的土地价格成为高房价的重要组成部分。在房价最高的一线城市，土地价格在住房售价中的比例甚至超过 70%。因此，人们对高房价的关注聚焦在土地价格的问题上。在土地市场中，地方政府是唯一的卖方，因而，地方政府的土地供给行为成为土地价格高企的主要解释。主要的解释有"土地财政论"和"地方政府竞争论"。前者构建了"地方政府-居民"关系框架，后者则构建了"地方政府-企业"关系框架。但是，居住用地价格问题牵涉资本-地方政府-居民三个部门的相互关系，只有在三部门的框架内才能得到充分解释。而由于现有研究仅从两

---

① 张晨，冯志轩. 中国式"高房价"：地方政府围绕资本的竞争. 当代经济研究，2014（12）：55-61.

部门出发，忽略了其中的资本-居民关系，因而无法深入理解这一问题的实质。我们认为，居住用地的高价格必须与工业用地的低价格联系起来，才能看到问题的全貌。

一、"高价"悖论："土地财政"还是"地方政府竞争"

关于这一问题，很多学者认为分税制背景下的土地财政是造成居住用地价格过高的主因，其主要逻辑如下：1994 年的分税制造成了地方政府财权和事权的不匹配，从而增强了地方政府借助预算外收入补充财政的动机。其中，土地作为地方政府最重要的可控经济资源，其出让收入成为地方政府的重要财源，"卖地赚钱"成为地方政府的普遍行为模式。同时，地方政府对本地土地供应的一级市场具有垄断权，并通过土地收储制度、建立土地储备中心以及招拍挂的方式不断强化这种垄断权，从而可以通过限制土地出让规模的方式推高出让地价，获取更多的土地出让金。这一土地财政论描述了地方政府高价出让土地的行为模式，但这一解释存在严重问题。

一方面，如果地方政府在土地一级市场中具有垄断地位，并且追求更大规模的财政收入，其都会将土地的垄断定价作为行为模式，而与是否存在地方财政不足毫无关系，即使没有地方财政压力，地方政府作为垄断者依然会以垄断价格出让土地。因此，将分税制作为"土地财政"的原因事实上并无依据。这种看法把地方政府推高土地价格的行为说成"无奈之举"，事实上是将高地价-高房价的责任转嫁给了中央政府。

另一方面，同样是垄断了本地一级土地市场的地方政府却经常以极低价甚至零地价的方式——而不是以垄断价格——将土地用于工业建设，这显然与"土地财政"的解释不符。很多学者用地方政府竞争解释了这种低价出让工业用地的行为。他们认为，地方政府官员不仅以财政收入最大化为目标，而且以政治上的"晋升"为目标，而在中央政府以 GDP 增长作为"标尺"考核地方政绩的制度环境下，地方政府需要通过"招商引资"来创造本地 GDP，而要在地区间"招商引资"的竞争中获胜，大多数地方政府的主要选择都是通过许诺降低投资企业的实际成本的方式实现的，其中包括税收补贴、用工支持，特别是压低土地价格。

　　由此，对于地方政府的土地供应行为，存在两种看似矛盾的解释。土地财政论认为地方政府由于土地财政冲动，因此不断推动地价上涨，并对此产生依赖。而地方政府竞争论认为地方政府由于竞争压力，将努力降低土地出让价格，从而能够更好地"招商引资"。前者将地方政府理解为"掠夺型政府"，认为土地价格过高正是"掠夺型"的例证，而后者则将地方政府理解为"开发型政府"，认为低价供应土地正是地方政府由于竞争压力所做出的有利于经济发展的选择。事实上，上述两种地方政府的土地供给行为并不是矛盾体，而是相互联系的硬币的两面。

　　在工业用地市场上，地方政府之间存在激烈的竞争。地方政府"招商引资"的对象通常是区位敏感度较低的制造业企业。其区位敏感度低是因为其并不以所在地作为销售市场，甚至其所需原材料也通过跨区域贸易方式获得而非本地化。因此，吸引这类企业的主要"法宝"就是向其提供低成本的经营环境，包括低价、便利的配套基础设施，税收方面的优惠和保护，劳动力数量、质量及价格方面的保障，特别是低廉的土地价格。哪里能提供更为低廉的土地价格，哪里就更容易得到制造业企业投资的青睐。而在为"招商引资"进行的"向底线赛跑"的争夺中，地方政府最容易操控的因素其实就是土地价格。一方面，考虑到"招商引资"本身将带来的GDP 增长和未来长时期的税收增长，以及其带动本地相关服务业发展所带来的税收增长，即使以低于征地及相关配套基础设施成本的价格供给工业用地也在所不惜。另一方面，地方政府拥有城市建设用地的用途管制权，各种土地之间不能更改用途。

　　而在居住用地市场上，买方为需求具有一定刚性特征（考虑到住房是生活必需品）且事实上难以自由流动的本地居民[①]，地方政府则从工业用地市场中的竞争性供给者变成居住用地市场上的垄断性供给者，故可以在居住用地市场上制定垄断价格以获得高于征地成本的土地出让金。而这部分土地出让金，则可以用于城市基础设施建设，甚至直接补贴工业用地出让中的"亏损"。如果考虑到城市基础设施建设也是降低企业经营成本的措施，来自居住用地出让收入中用于基础设施建设的部分事实上也可以视为对工业用地出让的间接补贴。因此，由于地方政府在工业用地市场和居住用地市场中所处的地位不同，其通过两个市场的"交叉补贴"来追求自身目标。因此，我们很容易观察到，大多数城市的工业用地出让单价远远低于居住用地的出让单价，而且前者以协议出让为主，后者则主要采取能够最大限度获得"垄断收益"的拍卖方式。

有学者讨论了这一运作模式，却将工业用地和居住用地的受让方理解为"两类不同性质的投资者"，即依然以"地方政府-企业"关系框架解释地方政府行为，因此在其分析中不仅难以涵盖资本与居民的联系，而且无法说明这一模式存在的根本问题。[②] 比如，有学者认为地方政府主要考虑工业用地出让成本与未来税收现值之间的权衡，但现实中地方财政需要年度或较短周期平衡，地方政府事实上主要考虑总的土地出让所得的资金池的平衡状况。而且，在其解释框架中，土地价格只涉及政府与两类资本（产业资本、房地产开发商所有的资本）的关系，但实际上，居住用地的最终负担者是居民，其投资者即房地产开发商不过是参与了将住房商品与住房用地进行组合的中间过程。因此，我们必须将资本、地方政府、居民三者共同纳入分析框架，才能获得对这一现象的全面认识。我们将通过一个资本-地方政府-居民的三部门模型对居住用地价格问题进行分析。

---

① 虽然居住用地的购买者多为房地产开发企业，但事实上，房地产开发企业仅仅是将土地与房屋制造结合起来的加工者，最终需求仍是本地居民。

② 陶然，陆曦，苏福兵，等. 地区竞争格局演变下的中国转轨：财政激励和发展模式反思. 经济研究，2009（7）：21-33.

二、亲资竞争：地方政府竞争的行为模式

如上所述，我们将构建一个三部门-两市场模型来考察资本-地方政府-居民的行为与居住用地价格之间的关系。这一模型不同于主流文献中常见的房地产价格模型，其基本思想来源于马克思主义经济学而非新古典经济学。马克思关于地租的分析恰恰是一个包含农业资本家-土地所有者-农业工人的三阶级模型，为我们考察土地相关问题提供了深刻洞见。

首先，假设资本家对土地的需求与其投资量呈线性关系，即：

$$q_1 = \sigma K \qquad\qquad (3-1)$$

其中，q_1 为资本对土地的需求，σ 为资本的土地需求系数。这一假设意味着资本只可能通过调整投资量对土地价格的波动做出回应，而不能改变单位资本与所需土地的比例。这一假定对于目前我国的主流制造业企业来说具有很强的现实性，因为这类企业一般技术标准既定，对土地需求的强度存在较强的刚性。

其次，假设工人的住房需求或引致的土地需求由工人的人数和工资水平共同决定，即：

$$\beta w L = p_2 q_2 \qquad\qquad (3-2)$$

其中，β 是工人的土地需求系数，w 是工人的平均工资水平，L 是就业人数，p_2 是居住用地价格，q_2 是总的居住用地面积。根据马克思的劳动价值理论，工人的工资是由劳动力再生产所需的商品价值组成，因此用于住房的费用是劳动价值的一部分，其在一个地区及一个时期内相对固定。

因此，（3-2）式可改写为：

$$\left(x_1 \frac{w}{p_2}\right)(x_2 L) = q_2，\ 设\ x_1 x_2 = \beta \qquad\qquad (3-3)$$

（3-3）式说明，工人对居住用地的需求由两个部分组成：一是由居住人口 L 决定的住房需求，二是由收入和价格因素决定的住房需求。其

会随收入和价格因素的变动而变动：工资上涨将使得居民住房需求上升，而房价上涨将使得住房需求下降。另外，假设就业量由资本存量决定，即：

$$L = \frac{K}{k} \tag{3-4}$$

其中，k 是资本构成（由于 K 是预付总资本，这里资本构成的概念和马克思的资本有机构成定义略有不同）。

最后，假设地方政府的行为规则如下：一是将最大化本地区财政收入作为自身的目标，财政收入包括地方政府税收和土地出让金两个部分，税基为新增价值，税率对于地方政府而言是给定的。二是可以将居住用地市场和工业用地市场进行人为分割，并且在工业用地市场上通过规定土地出让价格的方式来实现财政收入最大化。[①] 三是地方政府既面临土地供给的自然约束，又不能将这些土地搁置不售。由此，地方政府的目标函数为：

$$U = taY + p_1 q_2 + p_2 q_2 \tag{3-5}$$

其中，t 为税率，Y 为新增价值，a 为价值偏离系数，由转型、价值实现程度等因素决定。另外，设劳动生产率 $e = Y/L$ 是外生给定的，同时根据（3-1）式、（3-2）式和（3-4）式，可将（3-5）式改写为：

$$U = \frac{tae}{k}K + p_1 \sigma K + w\frac{K}{k} = K(\frac{tae}{k} + p_1 \sigma + \frac{w}{k}) \tag{3-6}$$

从（3-6）式可以看出，影响地方政府财政收入的最核心的变量就是投资总量 K，这一变量将收入的三个部分、三个部门和两个市场联系在了一起，不论是税收、经营用地土地出让金还是居住用地土地出让金，最终落脚点都在投资总量上，因此，地方政府收入最大化过程自然将是亲资本竞争的过程。

---

① 除了居住用地和工业用地之外，城市建设用地还包括公共管理与公共服务用地、商业服务业设施用地、物流仓储用地、交通设施用地、公用设施用地、绿地等，为了分析方便，本文不做细致考察。

三、实质揭示：亲资本竞争是高地价的根源

在对三类主体做出基本假设之后，接下来我们将分析地方政府亲资本竞争所带来的后果。在此之前，我们需要对资本的投资行为进行分析，因为众多地方政府参与"招商引资"的竞争本身是难以刻画的，同时这种困难又因为资本在不同地方利润实现能力的差异（本文称之为利润实现的异质性）而不同。为了合理地讨论资本在不同地方的利润实现能力的不同，我们将视角限制在一个地区之内，将问题变换为资本是否会对某个地区进行投资的决策行为。

对于任意资本，其利润率为：

$$r = \frac{acY - p_1 q_1 - wL}{K} \tag{3-7}$$

其中，c 是资本在这一地区的价值实现系数，即某一地区对具体某一资本价值实现的特殊影响，因为资本具有异质性，其不同于这个地区对所有资本共同影响的系数 a。同时根据上面的假设，我们可以将（3-7）式改写成更直观的形式：

$$r = \frac{ace}{k} - p_1 \sigma - \frac{w}{k} = \frac{ae}{k} - p_1 \sigma - \frac{w}{k} + \frac{ae(c-1)}{k} \tag{3-8}$$

我们假设在任意一地，对某一地方潜在可投资的资本是 H，那么实际投资的资本 K 则位于 $[0, H]$ 之间。我们假设这些资本是连续可分的，均匀分布在这个区间上。同时假设这一区间上的所有资本都是异质的，对于 $c \in [m, n]$，$[0, H]$ 上的 K 与之呈线性映射，对于这个区间上的任意一点 x，均有 $c = \frac{m-n}{H}x + n$，即对于资本区间上的每一点，都存在唯一的 c 与之对应，反之亦然。分布越靠近 H，则 c 越小，这实际上意味着 $[0, H]$ 上的每一个点都代表一种异质性的资本，在下文中我们称之为资本点。

这个假设的经济学含义是，由于利润实现的异质性，在一个特定地区的其他条件相同且不变时，不同资本所能实现的利润率是不同的，体现为系数 a。同时我们假设资本和实现能力 a 存在一一映射关系，因此，可将这些异质的、总量为 H 的资本按照其实现能力 a 从大到小在数轴上从 0 到 H 进行排列。为了数学上的方便，我们假设这种一一映射的函数关系是连续的和线性的，即 $[0, H]$ 上的资本是无限可分的，每一极小量的资本实现利润的能力都略微不同于它的邻域上的其他资本，且每一极小量的资本都可以自由决策。

同时，资本可以自由选择投资地区，每一资本点都通过比较在本地的利润率是否高于平均利润率来确定是否投资。由于资本点与 c 存在线性映射关系，所以当某一资本点 x 决定投资时，意味着它左侧的所有资本点都会投资。因此，如果投资点 x 恰好可以获得平均利润率，那么这一地区的投资量就为 x。投资量实际上由下式决定：

$$r - \rho = \frac{ae}{k} - p_1\sigma - \frac{w}{k} + \frac{ae(c-1)}{k} - \rho = 0 \qquad (3-9)$$

令

$$\frac{ae}{k} - p_1\sigma - \frac{w}{k} = r'$$

即不考虑资本异质性的地区利润率，则有：

$$c = 1 - \frac{k}{ae}(r' - \rho)$$

又由 $c = \frac{m-n}{H}x + n$，x 为投资量 K，有：

有：

$$K = \frac{H}{m-n}\left[1 - \frac{k}{ae}(r' - \rho) - n\right] = \frac{H}{n-m}\left[\frac{k}{ae}(r' - \rho) + n - 1\right]$$

$$(3-10)$$

为了简单起见，我们令 $\frac{H}{n-m}\frac{k}{ae} = \alpha$，$\frac{H}{n-m}(1-n) = \delta$，并且易

知 $\alpha > 0$ ，则一个地区的投资可以表示为这一地区不考虑异质性的利润率的线性函数：

$$K = \alpha(r' - \rho - \delta) \tag{3-11}$$

接下来，在对投资行为进行分析的基础上，我们将着手讨论地方政府的决策。根据（3-6）式和（3-11）式，地方政府的目标函数可以改写为：

$$U = \alpha(r' - \rho - \delta)(\frac{tae}{k} + p_1\sigma + \frac{w}{k}) \tag{3-12}$$

决策变量为 p_1 ，且 $U'' = -\dfrac{2\sigma^2}{\alpha} < 0$ ，所以存在全局最大值。最优解为：

$$p_1 = \frac{ae - te - w - (\rho + \delta + \beta)k}{2\sigma k} \tag{3-13}$$

同时，假设总的土地供给约束为 Q ，根据（3-1）式和（3-2）式，我们可以得出经营用地价格和居住用地价格之间的关系：

$$p_2 = \frac{\beta w \dfrac{K(p_1)}{k}}{Q - \sigma K(p_1)} = \frac{\beta w}{k\dfrac{Q}{K(p_1)} - \sigma} \tag{3-14}$$

显然， $\dfrac{\mathrm{d}p_2}{\mathrm{d}K} > 0$ ， p_2 关于 K 单调递增，而 $\dfrac{\mathrm{d}K}{\mathrm{d}p_1} < 0$ ， K 关于 p_1 单调递减，因此必有 p_2 关于 p_1 单调递减，可得到如下引理。

引理 1：政府若需要通过压低工业用地价格来吸引投资，就必须以抬高居住用地价格为条件。

将最优解代入（3-15）式可以解出居住用地价格：

$$p_2 = \frac{w(ae + te - w - \rho k - \delta k + \beta k)}{k(2Qk\alpha - \delta ae - te\sigma + \sigma w + \sigma\rho k + \sigma\delta k - \beta\sigma k)} \tag{3-15}$$

同时我们根据（3-15）式、（3-16）式可得，若

$$Q < \frac{\sigma(w + ae - \beta k - \delta k - \rho k - te)(ae + te - w - \rho k - \delta k + \beta k)}{2k\alpha(ae - te - w - \rho k - \delta k - \beta k)}$$

则 $p_1 < p_2$ ，因此，可以得到如下引理。

引理 2：给定土地供给约束足够紧，则在地方政府的最优化决策中，工业用地价格必然低于居住用地价格。

从理论上来讲，若不存在土地市场的分割，同质的土地价格对于不同用途的土地应当是一致的，这一价格 p_0 应当满足如下条件：

$$p_0 Q = p_0 \sigma K + w \frac{K}{k} = p_0 \alpha [r'(p_o) - \rho - \delta] + w \frac{\alpha [r'(p_o) - \rho - \delta]}{k}$$

$$(3-16)$$

易知，若地方政府设定的最优价格 $p_1 < p_0$，则在 p_0 下，资本量 K 比在 p_1 下要小，从而 q_1 更小，q_2 更大，以及 $p_2 > p_0$，反之亦然。因此，$(p_1 - p_0)(p_2 - p_0) < 0$，则可得到如下引理。

引理 3：在地方政府最优化决策中，两类土地的价格必然位于无市场分割的均衡价格的两侧。

综合引理 1 至引理 3，我们可以得到地方政府土地市场行为的基本结论，即：在土地市场分割的条件下，给定土地总量约束足够紧，地方政府必然将工业用地价格压低到均衡地价以下，将居住用地价格提高到均衡地价以上。

这一结论说明，地方政府必然通过抬高居民所支付的居住用地价格来保证经营用地价格足够低，从而实际上是利用居民的购房支出来补贴资本。2009—2011 年我国主要大城市工业用地和居住用地出让价格对比如表 3-1 所示，从中可以看到，在我国主要大城市中，居住用地价格普遍大大高于工业用地价格。即便是居住用地价格与工业用地价格差距最小的大连，居住用地价格也高出工业用地价格 2 倍以上；而在差距最严重的厦门，则高出了 19 倍之多。这一差距之大显然已经难以通过工业用地和居住用地的区位差异来解释，这充分说明了上述结论。主要大城市工业用地和居住用地出让价格对比见表 3-1。

表 3-1　主要大城市工业用地和居住用地出让价格对比

	2011 年			2010 年			2009 年		
	工业用地均价（元/平方米）	居住用地均价（元/平方米）	居住用地-工业用地价格比（%）	工业用地均价（元/平方米）	居住用地均价（元/平方米）	居住用地-工业用地价格比（%）	工业用地均价（元/平方米）	居住用地均价（元/平方米）	居住用地-工业用地价格比（%）
北京	1 520	13 473	886	1 397	13 357	956	1 198	10 785	900
天津	768	5 402	703	756	5 123	678	713	4 369	613
上海	1 437	21 675	1 508	1 312	21 112	1 609	1 204	16 685	1 386
南京	1 058	8 602	813	1 039	8 467	815	1 031	7 951	771
沈阳	626	2 454	392	594	2 299	387	583	2 145	368
大连	668	2 457	368	640	2 300	359	619	2 075	335
厦门	816	16 643	2 040	799	16 694	2 089	794	16 210	2 042
重庆	572	3 239	566	656	6 943	1 058	562	2 508	446
成都	676	7 288	1 078	432	1 600	370	653	6 810	1 043
广州	555	6 451	1 162	530	5 615	1 059	493	5 369	1 089
深圳	1 954	20 074	1 027	1 871	17 804	952	1 571	16 591	1 056

资料来源：根据历年《中国国土资源统计年鉴》整理而得。

四、囚徒困境：地方政府竞争与居民住房条件

在亲资本竞争的格局下，地方政府的行为会对居民住房条件的改善产生怎样的影响呢？一般来说，人均住房面积的提高是住房条件改善的核心指标。如前所述，居民的住房面积由居住用地价格 p_2、收入水平 w 和居民的住房需求强度 β 共同决定。

首先，居民的住房面积与居住用地价格成反比。上述结论已经说明，在亲资本竞争的格局中，地方政府会通过提高居住用地价格的方式保证经营用地价格足够低，从而利用居民的购房支出来补贴资本。而居住用地价格 p_2 的提高将会对居民住房条件的改善产生负面影响。这说明，地方政府的"招商引资"行为虽然能够为地方带来 GDP 和税收的增长，却难以使当地居民的住房条件得到改善，相反，以提高居住用地价格来补贴资本，反而可能恶化居民居住条件。

其次，在居住用地价格 p_2 和住房需求强度 β 不变时，收入水平即工资与住房面积成正比。但是，工资水平是资本投资决策的重要因素，因而也是地方政府亲资本竞争的重要手段。由（3-13）式可以得到：

$$\frac{\partial p_1}{\partial w} = -\frac{1}{2\alpha k} < 0 \qquad (3-17)$$

因此，一地工资的提高意味着地方对资本吸引力的下降，地方政府只能通过降低工业用地价格来吸引资本。假设地方政府依靠降低地价使投资恢复到原有水平，从而就业水平 L 也保持不变，那么尽管工资上涨，居民用于住房的支出 wL 也上涨，但人均居住面积没有任何改变，居民实际上是将自己多获得的收入通过地方政府这个渠道又转移给了资本。这说明，在地方政府亲资本竞争的格局中，即使居民收入或工资上涨，也无法有效改善其住房条件。

再次，β 是居民住房支出占其总支出的比例，取决于居民对住房及其他消费品的相对偏好。一般而言，偏好是稳定的，但当居民住房面积由于住房价格的上涨而下降到某一水平时，进一步减少住房面积将无法实现正常居住，故居民只能通过提高 β 以保证最小的住房面积，这意味着居民需要压缩其他消费来满足基本的住房需求。因此，居住用地价格如果过高，可能将不仅导致居民住房条件变差，而且影响居民的其他消费，致使居民生活水平全面下降。

最后，地方政府通过提高居住用地价格补贴资本从而吸引投资的竞争模式将会对居民的住房条件产生何种动态影响呢？由于资本将通过比较自身获利水平与全社会平均利润率来决定是否投资，故由（3-13）式可以得到：

$$\frac{\partial p_1}{\partial \rho} = -\frac{1}{2\sigma} < 0 \qquad (3-18)$$

该式说明，当全社会平均利润率上升时，地方政府的最优反应将是进一步压低经营市场土地价格。因为全社会平均利润率的提高意味着一个地区所能提供的利润率相对较低，从而使该地区失去对资本的吸引力，因此地方政府必然采取降低工业用地价格的方式，来提高资本在本地所能获得的利润率。而如果各个地方政府都采取这种行动，那么其不仅会减少各自的财政收入，而且将进一步提高全社会的平均利润率。而全社会平均利润率的提高又会进一步促使地方政府降低工业用地价格。也就是说，地方政府面临这样一种"囚徒困境"的恶性循环：平均利润率越上升，地方政府就越降低地价，地价越降低，平均利润率就越上升，使得经营用地价格不断下降。然而，压低工业用地价格，必然以抬高居住用地价格为代价，因此，随着地方政府亲资本竞争的持续，两类土地价格之差将越来越大，从而使居民购房负担越来越重，并可能造成人均住房面积的持续下降。

五、良性竞争：解决高房价的根本方案

在大多数文献中，地方政府竞争都被认为将导致积极的结果，不仅推动了改革和制度创新，使中国拥有了良好的基础设施，而且推动了中国经济的高速增长，甚至是中国经济奇迹的关键性制度安排。近来，也有学者关注到地方政府所带来的一系列问题，如重复建设、诸侯经济以及环境污染等，但这些文献将地方政府竞争的不利结果主要归结为竞争秩序问题，并未触及问题的实质。毫无疑问，竞争将促进效率改善，带来福利增加，但是竞争所带来的利益由谁获得，如何分配，则取决于竞争的基本结构。

本章以"高房价"问题为切入点，通过一个"资本-地方政府-居民"的三部门模型，对地方政府竞争行为及其后果进行了考察。我们发现，由于地方政府的竞争是围绕资本展开的，因此，这种竞争所带来的利益则由资本所获得。在本章中，这种机制体现为地方政府为"招商引资"不得不压低工业用地出让价格。在面对居民时，地方政府不是竞争性的而是垄断性的，因此，居民不但难以享有地方政府竞争带来的效率改善，反而将为地方政府的亲资本竞争提供支持，通过强制性机制补贴资本。这一模式将带来两重后果。一方面，以工资为主要形式的居民收入增长并不能提高居民的住房条件，相反，工资上涨将使地方政府进一步压低工业用地价格，可能使居住用地价格进一步提高，从而阻碍居民住房条件改善；另一方面，由于存在着地方政府之间围绕资本的激烈竞争，地方政府只能不断降低工业用地的出让价格，从而不断抬高居住用地价格，使居民购房负担越来越重，甚至可能造成住房条件持续下降。

这说明，导致所谓"土地财政"的主要原因是，地方政府亲资本竞争的局面，致使其通过高价出让居住用地补贴工业用地，强制居民补贴资本。同样，地方政府的支出结构也必然服务于"吸引资本"这一主题，重视基础设施建设，轻视民生投入。因此，仅仅在财税体制或事权财权关系上进行调整，如提高地方财政收入占比等措施，无法从根本上纠正上述问题，必须对地方政府的竞争格局进行全面调整。

首先，应当修正地方政府的竞争"标尺"，将教育、医疗、住房、养老、环境、社会服务等关系居民福利的相关内容加入地方政绩考核目标，并通过进一步完善人民代表大会制度提高本地居民在本地治理和政绩评价中的参与度。如在住房问题上，应将居民住房条件改善纳入政府政绩目标，并通过根据人口增长和人均住房面积提高核算出的用地需求供应相应居住用地。据报道，2012 年，全国居住用地供应总量为 11.08 万公顷，但实际上仅完成了约 69.55%，在一线城市中，北京、上海、广州、深圳的居住用地计划完成率分别为 23%、63.8%、100%、26.3%，仅有广州完成了居住用地供应计划。住宅用地长期供应不足，自然成为居住用地价格高涨的直接原因，必须加以重视和纠正。

其次，中央应当对地方政府亲资本竞争的行为进行限制，通过设置"底线"的方法，降低地方政府行为的随意性和恶性竞争。事实上，2003年出台的《协议出让国有土地使用权规定》已明确规定，协议出让最低价不得低于新增建设用地的土地有偿使用费、征地（拆迁）补偿费用以及按照国家规定应当缴纳的有关税费之和。但是，工业用地价格管制制度并不奏效，零地价、低地价出让工业土地的案例仍层出不穷。要改变此种状况，不仅需要更加强有力的监管，而且要通过斩断居住用地补贴工业用地的交叉补贴机制，从根本上限制地方政府低价出让工业用地的空间。

最后，对关系到居民基本生活的领域，一方面，应当由中央直接管起来，避免地方政府竞争行为伤害到居民的基本生活权益。在现实中，由于围绕资本的竞争非常激烈，个别地方政府甚至不希望本地工资（最低工资）的相对提高，压制本地劳动者的福利诉求，从而能提供低价劳动力以吸引资本投资；有些地方政府往往重视和吸引与投资相关的基础设施建设，但对和居民福利相关度更高的基础教育、医疗养老、环境保护等公共服务投入不足，造成了公共支出结构的严重扭曲。这些问题内生于地方政府的竞争机制，在此格局下，应调整中央与地方的事权责任，由中央政府参与对涉及居民基本生活的领域的直接管理。事实上，党的十八届三中全会就已提出将部分社会保障作为中央和地方的共同事权，这意味着相关政策调整已经开始。另一方面，应当尽快通过调整地方政府政绩考核等方式重塑地方政府竞争行为，全面落实好"以人民为中心"的发展理念，引导地方政府竞争由"亲资本"型向"亲人民"型转变。

第四章　新定位新方略：
"房住不炒"与中国"新房改"①

一、"房住不炒"：住房功能新定位

住房，远远超越了它本身的意义，承载了中国人对"家"的向往，关系着千家万户的生活质量，是美好生活的基础和保障，能够住有所居是每个家庭的殷切期盼，是居民"幸福感、获得感和安全感"的重要源泉。

改革开放以来，特别是 1998 年房改之后，我国居民的住房条件实现了快速的改善。全国城镇居民人均住房建筑面积从 1978 年的 6.7 平方米增加到 2018 年的 38 平方米，增加了约 4.7 倍，住房短缺问题得到了有效解决。从"你一间，我一间，筒子楼里冒黑烟"到"小高层，电梯房，城乡广厦千万间"，从石库门、小胡同、棚户区到环境优美、设施齐全的小区、公寓，我国居民的居住品质也发生了翻天覆地的变化，极大地改善了城市居民的民生状况。以住房困难较为突出的上海为例，上海人均住房面积在 20 世纪 90 年代仅有 6～7 平方米，住房条件非常紧张，住房难被视为"申城第一难"。而 2018 年，上海市的人均住房面积已达 33 平方米，可谓发生了巨变。

但是，在人民群众住房条件大幅改善的同时，也必须看到，随着城市化的快速推进，大量人口从乡村向城市流动、从中西部地区向东部沿海地

---

① 本文部分内容刊登于《政治经济学评论》，收录时有改动。参见张晨. 住房功能新定位与中国住房改革的政治经济学分析. 政治经济学评论，2020（2）：94-108。

区转移、从中小城镇向大中城市集中，也造成我国居民住房条件存在着显著的不平衡、不充分问题。主要表现为：大城市特别是一线、二线中心城市住房需求量大，住房价格高企，依然面临住房难的问题；住房政策体系建设仍不成熟，住房保障的体制机制和保障能力水平仍有待提高；房地产市场发展和监管还存在短板，市场投机炒作之风盛行，不仅推高了房价，增加了居民住房困难，还造成大量资金流入房地产市场，推高了实体经济成本，加重了企业融资困难。这些问题都会影响"住有所居"这一基本民生目标的实现。党和政府高度重视住房工作，始终把解决和改善人民群众住房问题置于改革和发展政策考量中的重要地位，出台了很多制度、政策，进行了多轮房地产市场调控，但也因为住房问题复杂，房地产市场仍然存在种种问题，距离实现"住有所居"的目标也还有差距。

推动这些问题的解决和住房改革的深入，对住房功能的合理精准定位是前提。从 2016 年中央经济工作会议开始，中央多次强调房子要回归居住属性。2017 年，习近平总书记在党的十九大报告中提出坚持房子是用来住的、不是用来炒的定位，加快建立多主体供给、多渠道保障、租购并举的住房制度，让全体人民住有所居。这一对住房功能的新定位引起长久的热烈掌声。此后，被百姓亲切称为"房住不炒"的这一新定位在各大会议、文件中被反复强调。在 2019 年 7 月 30 日召开的中央政治局会议上，"房住不炒"再次被突出强调，并提出要落实房地产长效管理机制，明确宣布不将房地产作为短期刺激经济的手段。2019 年 12 月召开的中央经济工作会议再次强调要坚持房子是用来住的、不是用来炒的定位，全面落实因城施策，稳地价、稳房价、稳预期的长效管理调控机制，促进房地产市场平稳健康发展。习近平总书记关于"房住不炒"的定位和坚决落实的决心，已经成为当前发展住房事业和房地产业的主线，也让人民对安居的愿望获得了从未有过的安全感。

学术界对"房住不炒"这一住房功能新定位的研究也已经展开。已经有一些学者试图从理论上阐释"房住不炒"定位的含义和意义。例如，易宪容等将"房住不炒"的主要内涵概括为：住房居住功能是本源，是第一位的，而住房投资功能是由居住功能或消费性派生的，是第二位的，并据此提出了落实"房住不炒"的政策建议。[①] 刘凤义和杨善奇认为，住房首先是满足家庭劳动力再生产的必需品，是劳动者的一种客观需要，这是中国特色社会主义条件下制定住房政策的理论出发点。[②] 程民选和冯庆元认为"房住不炒"定位的理论逻辑，是坚持住房基本属性应从以赚钱为目的的交换价值回归到以居住为目的的使用价值上。[③] 也有学者从政策的维度提出了很多建议。例如，丁如曦和倪鹏飞建议落实"房住不炒"定位的核心是要加快构建科学规范、激励相容的房地产市场长效调控机制，同时，以城市群为主要依托不断拓展住房供给新空间。[④] 陈杰提出应通过住房供给侧结构性改革、增加住房供应品种，以及分流住房需求和投资性需求的方法落实"房住不炒"的定位。[⑤] 但通过对相关文献的检索梳理，总的来看，关于"房住不炒"的研究大都只是停留在住房和房地产业本身层面，而且主要是政策解读式的，并没有透过文字表面更深刻地理解"房住不炒"的理论意蕴和政策逻辑。

本书希望借助马克思主义政治经济学的理论资源，更深入地理解和阐释"房住不炒"定位的理论和政策内涵，为落实好"房住不炒"定位打下牢固的思想理论基础。本书认为，习近平总书记关于"房住不炒"的定位，蕴含着丰富的政治经济学内涵，是运用马克思主义基本原理解决当代中国实际问题的典范，是中国特色社会主义政治经济学的重要创新，是进一步改革

---

① 易宪容，郑丽雅，Dolgorsuren L."房住不炒"楼市定位的理论意义和政策选择. 江西社会科学，2019（5）：50 - 60.

② 刘凤义，杨善奇. 我国住房问题的政治经济学分析. 当代经济研究，2017（3）：22 - 32.

③ 程民选，冯庆元. 试析新时代"房住不炒"定位的理论逻辑：基于大卫·哈维的马克思主义经济学分析框架. 经济问题，2019（1）：1 - 5.

④ 丁如曦，倪鹏飞. 房地产市场调控优化及深化改革：目标原则与路径找寻. 改革，2018（10）：30 - 40.

⑤ 陈杰. 以供给侧结构性改革实现"房住不炒". 人民论坛，2018（6）：86 - 87.

完善我国住房制度，以及不断改善人民居住水平、实现住有所居目标的根本遵循。

二、辩证思考：使用价值–交换价值辩证法与住房基本属性

自 1998 年开始，我国在住房领域推进了住房商品化改革，房地产行业的大规模发展由此起步。住房商品化改革大大推动了我国房地产业的发展，提高了居民的住房水平。但住房商品化也催生出房价过高、投机炒作以及分配不均等一系列问题。要理解这些问题的本质，得到解决问题的科学方法，就需用政治经济学的科学方法对住房商品的内在矛盾进行分析。

马克思在给"商品"这一财富的元素形式下定义时就指出，商品是用于交换的劳动产品，因此，商品范畴包含着使用价值和交换价值这一对矛盾因素。使用价值即商品的有用性，它构成了交换价值的物质承担者，是交换价值的物质前提。而交换价值则体现了商品的社会属性，即一种商品与另一种商品交换的比例关系，这种比例关系反映了商品交换背后劳动分工和交换的社会联系。商品是使用价值和交换价值的对立统一，其统一表现在二者统一于商品之中，其对立不仅体现在商品所有者只能在使用价值和交换价值二者间具有其一，还表现在交换价值的发展对使用价值的发展的促进和对抗关系之中。一方面，交换价值的发展，即社会分工和交换范围的发展，大大促进了使用价值的生产和发展。亚当·斯密所讲的社会分工、市场规模扩大促进社会生产效率的提高，以及马克思所讲的资本主义生产方式对生产力的促进，都肯定了交换价值的发展对使用价值的发展的促进作用。另一方面，过度追求交换价值，则会反过来制约甚至损害使用价值。比如，为了高价出售而进行的粮食囤积，不但可能导致粮食陈化从而造成使用价值折损，而且将导致需要粮食的人因交换价值不足而无法足

量获取，造成粮食的使用价值无法实现。马克思指出，资本主义经济危机的实质，就是交换价值和使用价值之间对抗关系的剧烈化结果。

作为商品的住房，其使用价值在于为人提供居住空间，而同时，其交换价值在于其可以在市场上出售并获得货币或交换其他商品。住房商品化改革，赋予了住房商品属性即交换价值，因而衍生出了房地产市场。房地产市场的发展，促进了社会各方面资源向住房领域集中，加速了住房的开发建设，大量的住房被建造出来，大大改善了居民的居住条件。根据国家统计局的统计数据，2018 年，城镇居民人均住房建筑面积为 39 平方米，比 1978 年增加了 32.3 平方米，增长了近 5 倍。[①] 这是交换价值的发展促进使用价值的发展的方面。但是，过度追求房地产的交换价值方面，使房地产业单纯成为赚钱谋利的工具，则使得住房脱离其使用价值，甚至反过来损害其使用价值的实现。马克思主义地理学巨匠哈维写道："资本主义下的房屋供给，已经从追求使用价值为主，变成以追求交换价值为主。因为这种怪异的转变，房屋的使用价值日趋贬值，首先是变成一种储蓄手段，其次是变成一种投机工具……为大众提供足够的房屋使用价值，越来越受制于不断深化的交换价值考虑……这（美国次贷危机）是一场交换价值层面的危机，而它导致越来越多的人无法得到租购的房屋使用价值，以及体面的生活。"[②] 这一方面在我国房地产业发展过程中也屡见不鲜。比如，在房地产市场中，把住房仅仅当作赚取交换价值增值的工具，造成投机炒作盛行，导致房价过高，居民的居住水平提高因此受到限制，住房的使用价值受到了交换价值过高的制约。又比如，生产或购置住房的目的仅仅是交换价值的增加，因而囤房待涨，造成大量住房空置。再比如，房地产开发商不考虑广大群众的居住需求，仅仅为了追求交换价值和盈利，建造过多的大面积、大户型住房和豪宅，造成普通居民难以负担。还比如，

---

① 参见国家统计局发布的《建筑业持续快速发展 城乡面貌显著改善——新中国成立 70 周年经济社会发展成就系列报告之十》。

② 大卫·哈维. 资本社会的十七个矛盾. 北京：中信出版社，2016：14-15.

房地产开发商不顾实际居住需求状况,而把房地产开发当成击鼓传花的游戏,在房地产热潮时一哄而上建造大量住房,造成住房供应过量,库存高企。这些现象都源于对交换价值的过度追求,损害了住房使用价值的发挥,使住房原本的使用价值得不到充分实现。

进一步说,住房是由土地和建于其上的房屋共同构成的,房屋是劳动产品,但土地不是劳动产品,因此,住房并不是普通商品,对于住房作为商品的属性的研究,必须加入对土地的深入理解。

正如马克思所说,土地本身并不是商品,而是"无机的自然界本身",但在资本主义生产方式中,土地被"所有权化",进而被"资本化",从而取得了"商品"的形式,在市场上交换。因此,住房本身,至少是其中土地的部分,并不是商品,而是在特定的所有权关系中被"商品化"的结果。从历史上看,住房成为商品也恰恰是资本主义生产关系占据统治地位的结果。在18世纪以前的欧洲,无论城市住房还是乡村住房,大都是由居住者自行建造并居住的,并不是商品。随着18世纪后半叶工业革命带来的城市化进程,大量工人聚集于城市,住房商品化才逐渐成为一种普遍的现象。在英国,直到20世纪80年代新自由主义浪潮之后,才形成了以商品房为主的住房供给模式。

住房的特殊性还在于,住房所提供的空间本身是劳动力再生产的必要组成部分。因此,一旦住房成为商品,市场方式成为调节和决定劳动力再生产条件的手段,就大大加深了劳动力商品化的程度,而且会带来严重的社会问题。首先,住房作为劳动力再生产的必要组成部分,被资本家发展成为剥削工人的另一种手段。资本家把购置住房作为一种投资活动,通过占有住房所有权这一生活必需品收取租金。马克思在《共产党宣言》中描述道:当厂主对工人们的剥削告一段落,工人们终于领到了用现钱支付的工资的时候,马上就有资产阶级中间的另一部分人——房东、店主、高利贷者等等，纷纷奔向工人们了。① 其次，住房建造成为资本家经营的重要产业，但房地产业以营利为唯一目的，为其资本积累服务，往往不顾工人和底层民众的居住需求，甚至造成工人和底层民众居住条件的恶化。马克思曾写道，随着财富的增长而实行的城市"改良"是通过下列方法进行的：拆除建筑低劣地区的房屋，建造供银行和百货商店等等用的高楼大厦，为交易往来和豪华马车而加宽街道、修建铁轨和马路等；这种改良明目张胆地把平民赶到越来越坏、越来越挤的角落里去。② 大卫·哈维提出，住房商品化的本质，即资本家凭借对土地所有权的垄断，利用工人最为基本的生存需要，将住房塑造为一种由卖方垄断的商品，从而攫取高额地租，作为对剩余价值的补充，进一步扩大资本积累的规模。③ 因此，住房本质上并不完全是商品，作为人的基本生存需求的住房，它的完全商品化带来的是市场从社会中"脱嵌"，这将导致人道主义问题和社会的混乱。另一位大师卡尔·波兰尼对此写道："如果允许市场机制称为人的命运、人的自然环境乃至他的购买力数量和用途的唯一主宰，那么它就会导致社会的毁灭……如若被剥夺了文化制度的保护层，人类成员就会在由此而来的社会暴露中消亡，他们将死于邪恶、堕入犯罪和饥荒所造成的社会混乱，自然界将被化约为它的基本元素，邻里关系和乡村风景将被损毁，河流将被污染……食物和原材料的生产能力也将被破坏殆尽。"④

政治经济学关于商品二因素的辩证法，帮助我们洞察到了住房及其商品化本质，以及其存在的问题。一是对住房交换价值的过分追求，有可能对其使用价值造成损害。二是住房并非普通商品，其商品化程度应当受到社会化的调节，保障社会成员的基本生存条件。"房住不炒"定位正是对上述政治经济学原理的深刻理解和运用。一方面，"房住不炒"定位抓住

① 马克思，恩格斯. 马克思恩格斯全集：第 4 卷. 北京：人民出版社，1958：474.
② 马克思，恩格斯. 马克思恩格斯全集：第 23 卷. 北京：人民出版社，1972：721-722.
③ Harvey, D. Class-monopoly Rent, Finance Capital and the Urban Revolution. *Regional Studies*, 1974, 8 (3-4)：239-255.
④ 卡尔·波兰尼. 巨变：当代政治与经济的起源. 北京：社会科学文献出版社，2013.

了住房商品二因素矛盾的主要方面，即住房的使用价值——居住是主要方面，而其交换价值是次要方面，这是由我国的社会主义制度决定的。强调"房子是用来住的"绝不是要去除住房的交换价值，而是应当通过发展住房的交换价值促进住房使用价值的实现，绝不能因过分追求住房的交换价值而损害其居住的使用价值。另一方面，"房住不炒"定位凸显了住房的特殊性，即住房不是普通商品，而是社会成员的基本生存需求的重要组成部分。因此，住房商品化程度不是越高越好，而是要服务于住有所居目标的实现。住房市场也不能任由单纯的市场机制调节，而是要在市场起决定性作用的基础上，发挥好政府和社会的作用，特别是要做好住房保障工作，矫正市场偏向，弥补市场失灵。

三、虚实之辩：房地产的定位与功能

要理解"房住不炒"定位的丰富内涵，就必须对房地产业的属性做出科学的分析。关于房地产业究竟属于实体经济还是虚拟经济的问题，存在着一些似是而非的看法。比如，有人认为房地产业是生产住房这一实实在在的商品的，因此应属于实体经济。从经济核算的规则来看，住房本身的建造主要体现为建筑业的产品，而房地产业增加值仅包括房地产开发与经营等活动。因此，从经济核算角度看，房地产业被统计在第三产业中。学术界常常将房地产业与金融保险业并列，称为"广义金融部门"（finance，insurance，real estate，FIRE）。但是仍有人会强调，房地产业涉及行业多、产业链条长，与消费、投资联系紧密，和实体经济间存在重要的联动作用。比如，房地产业的上游产业主要是建筑业，而建筑业又连接着水泥、玻璃等建材业、钢铁业和用于建设的工程机械行业。房地产的下游产业主要由住房建设完成后的配套设施和服务构成，比如装修装饰、家具家电、物业服务等行业。因此，房地产业的发展有助于拉动其上下游实体经济各个产业的发展，房地产投资也是总需求的构成部分，从而对经济增长有重要的拉动作用。另外，房地产业也是城市基础设施建设的重要资金来源。政府运用土地出让金收入进行城市基础设施建设投资，也是固定资产投资中的重要部分。因此，房地产本身虽属虚拟经济范畴，却常常被当作刺激实体经济、拉动经济增长的短期手段，特别是在经济下行时，往往寄希望于通过刺激房地产需求稳增长。

这种看法只看到了问题的一面，缺乏辩证和系统性的思维。借助马克思主义政治经济学关于地租和土地价格的理论，我们可以更为深入地理解房地产业的虚拟经济属性和房地产业与实体经济的辩证关系。

马克思在《资本论》第三卷中系统地研究了资本主义土地所有权的实现形式，认为地租是超额利润的转化形式，而土地价格是地租的资本化。因此，地租或土地价格不是土地自然属性的结果，而是土地所有权这一社会财产形式的结果。马克思进一步将其称为"虚拟的社会价值"。也就是说，对于房地产而言，除去住房本身作为一般商品的那部分价值，房地产价值或价格中主要体现土地价格的部分是虚拟的，属于虚拟经济范畴。

更进一步说，作为虚拟经济范畴的房地产业虽然是拉动经济增长的重要因素，但它与实体经济关系的失衡会成为制约实体经济发展的因素。如何理解这一辩证关系呢？一方面，马克思曾说，劳动力成为商品是整个政治经济学的枢纽，因而从政治经济学的视角看，劳动力再生产成本中的居住成本部分就是连接房地产与实体经济之间的重要枢纽。住房是劳动力再生产的必需部分，因此，住房价格或住房租赁价格（二者之间通过利率相互联系）水平直接构成劳动力再生产成本即工资水平的重要部分。而过高的房价转化为高企的居住成本，势必在中长期成为提高实体经济劳动力成本的决定性因素。而对于那些对劳动力价格敏感的劳动密集型实体经济而言，由于房价和居住成本上涨推高了工资水平，必将导致实体经济利润率的下降，产品国际竞争力下降，从而对实体经济的生存空间构成了挤压。另一方面，在短期内工资水平由于黏性无法上涨时，房价和居住成本的上涨会对工人的其他消费产生挤出效应。特别是当家庭因购置住房而用尽

"六个钱包"① 并且背负高额负债时，高房价对消费的挤出作用显然会更为显著。数据显示，2018 年末，我国个人住房贷款余额为 25.8 万亿元，占住户部门债务余额的比例为 53.9%。② 住房贷款的攀升是我国居民部门杠杆率快速增大的主要因素，对居民的消费支出产生了显著的挤出作用。因此，从微观视角来看，由于高房价导致的消费挤出，会造成工人劳动力再生产水平的下降，导致某种程度的再生产萎缩，比如营养摄入下降、劳动时间延长（为赚取更多收入），甚至劳动力的代际再生产萎缩——房价的上涨将使居住条件下降，进而导致生育意愿和生育率降低，已经有研究证实了这一点。③ 从宏观视角来看，则会导致由于消费不足而引致的经济增长下滑。从结构优化视角来看，高房价导致的消费萎缩将进一步加剧经济结构失衡，造成向消费拉动型经济增长的转型无法实现，影响经济新动能的形成和培育。

　　政治经济学关于虚拟经济与实体经济的辩证法，帮助我们认清了房地产与实体经济的辩证关系。住房是劳动力再生产的必需品，因此，住房价格或居住价格既是作为虚拟经济的房地产业的产出结果，又是构成实体经济成本的主要部分，还是影响消费的重要因素，是辩证理解房地产和实体经济关系的枢纽。"房住不炒"定位正是对上述政治经济学原理的深刻理解和运用。住房的居住属性是住房开发建设和房地产业的基本定位，长期来看，基于居民收入不断提高带来的住房需求，会经由房地产开发和住房建设形成对经济增长和实体经济重要的拉动作用，因此，住房需求是长期经济增长的重要动力。但是，房地产业不应也绝不能成为短期刺激经济的手段，这种对房地产过度依赖的做法，会通过高房价推高居住成本，从而对实体经济造成严重负面影响：一方面，推高实体经济成本，降低实体经

---

　　① 网络流行语，是指用男方的父母、爷爷奶奶、外公外婆，加上女方的父母、爷爷奶奶、外公外婆共六个家庭的储蓄购置住房或付住房首付，由经济学家樊纲最早提出。

　　② 参见中国人民银行发布的《中国金融稳定报告（2019）》。

　　③ 易君健，易行健. 房价上涨与生育率的长期下降：基于香港的实证研究. 经济学（季刊），2008（3）：961-982.

济利润率和竞争力；另一方面，挤出居民消费，导致消费不足，不仅损害正常的劳动力再生产条件，而且会直接降低经济增速并加剧结构失衡。这无异于犯了饮鸩止渴的错误。

四、脱实向虚：住房金融化恶果凸显

当前，中国经济正由高速增长阶段迈向高质量发展阶段，振兴实体经济是高质量发展的关键。但金融市场服务实体经济的功能并未充分发挥，"资金空转、脱实向虚"等金融乱象频现。习近平总书记在 2017 年 7 月第五次全国金融工作会议上强调金融要回归本源，服从服务于经济社会发展。2019 年 2 月，中共中央政治局就完善金融服务、防范金融风险举行第十三次集体学习。习近平总书记进一步强调，要正确把握金融本质，深化金融供给侧结构性改革，增强金融服务实体经济的能力。

在研究治理"脱实向虚"问题的过程中，我们发现房地产是其中关键一环。从现象上，我们看到：一方面，房地产业较高的利润率吸引了大量的资金进入该产业，使得本应进入实体经济的资金被挤占，导致实体经济融资成本和融资难度大幅攀升。另一方面，大量资金进入房地产业，也进一步导致了房地产业投机炒作盛行，房价、地价轮番上涨。在监管压力下，不同类型的资金通过影子银行、信托等方式层层包装，最终进入房地产业，也是资金在金融体系内空转的重要原因。

要对房地产业在经济脱实向虚中扮演的关键作用有更深入的理解，需要求助于马克思主义政治经济学，特别是其关于信用和金融化的相关理论。

首先，因为购买住房需要极为庞大的支出，如果住房被作为商品来生产和交换，那么信用体系的支持就必不可少，否则，为了购买价格高昂的住房而进行的货币贮藏就会干扰资本流通，从而反过来限制这种商品的生产。因此，信用体系就得以参与进来，将住房的购买整合进了生息资本的流通之中，也就是发生了住房的金融化。这就是住房按揭贷款制度的实质，即住房依靠债务融资来购买，并以购买者的未来收入偿还本息。这样一来，地产获得了生息资本的形式，金融资本获得了这种生息资本形式的收益权，城市土地的实际所有权就被整合进了金融资本。哈维指出："土地变成了虚拟资本的一种形式，而土地市场不过是作为生息资本流通的一个特殊分支来运行的。在这些条件下，土地被当成了一种纯粹的金融资产，它的购买和出售是以它所提供的租金为依据的。"① 当住房成为一种普遍的抵押品之后，其金融属性就大大提高了，完成了住房金融化的准备。

其次，住房金融化造成了显著的二重性后果。马克思主义政治经济学认为，金融和信用本身就具有二重性。一方面，金融和金融体系的发展能够保证资本循环的顺利进行，提高资本周转的速度，促进竞争和实现利润平均化，为资本集中创造条件，因此，金融不但对资本的持续扩大积累是必需的，而且至关重要，只有借助信用，资本才能没有限制地进行积累。另一方面，金融和金融体系的发展也将造成对商品的虚假需求，掩盖着客观上已经存在并日益发展的生产过剩，从而使生产过剩盲目扩大，加剧生产过剩危机爆发时的程度和破坏性。这一机制在金融化了的住房领域同样存在。一方面，金融和信用体系促进了房地产业和住房事业的发展，为居民购买住房提供融资，促进了住房消费基金的形成，同时也为住房的生产部门提供融资，扩大了住房生产能力。另一方面，在房地产的金融化程度发展超过一定限度之后，就会产生反作用。居民为购买住房过度负债，结果不仅造成自身债务负担加重，而且住房价格由于信用扩张导致需求增加而越发高涨，反而抑制了居民实际住房水平和生活水平的提高。而且，由于住房按揭成为金融资本的重要获利途径，因此，金融资本将住房金融化发展到过度水平的动力十分强烈，在金融资本主导的体制下，住房领域的

---

① 大卫·哈维. 资本的限度. 北京：中信出版社，2017：535－536.

过度负债十分普遍。除了生产资本在生产领域对工人生产的剩余价值进行占有和剥削之外，由于工人利用金融信贷购买住房而被迫广泛卷入金融机制中，金融资本对其进行二次剥削。恩格斯很早就曾指出：如果工人阶级通过住房贷款购买自有住房，这将使工人以更高的价格购买住房并背负高额的利息负担，从而遭受房地产和金融资本的双重剥削。恩格斯引用西班牙《解放报》的评论说道："蒲鲁东建议把承租人变成分期付款的买主，把每年交付的房租算做分期偿付住房价值的赎款，而承租人经过一定时期后便成为这所住房的所有者。这种在蒲鲁东看来很革命的办法，现今已在世界各国被投机公司采用着，这些公司用提高租价的办法来让承租人偿付比房屋价值多一两倍的价值。"① 随着这一制度的发展，地租被并入了金融资本。赫德森进一步指出：房屋所有权通过抵押贷款这种信用机制仿佛实现了"民主化"——被居民和小业主所有，但为偿还这种信用将吸收劳动收入的最大部分，从而使住房抵押贷款成为金融资本利润的重要来源，银行成为绝大多数地租的最终接收者。他举例说，房地产在英国和美国大约占据了银行贷款的 70%，是银行贷款的最主要的市场和利润来源。②

再次，住房的金融化带动了土地的金融化。土地是房地产业的基础，土地价格也是房地产价格中的重要组成部分。我们已经指出，土地是自然界的一部分，本身并不是商品，只是通过地租资本化方式虚拟为商品并通过市场交易其所有权，这是土地金融化的逻辑起点。在我国，房地产开发商主要通过"招拍挂"方式取得土地，并依此进行住宅开发建设。但房地产开发商在购置土地时，大量使用银行贷款、信托等非自有资金，这就大大提高了土地市场的杠杆率，从而推升土地价格非理性上涨，地王频出，土地市场投机炒作盛行。土地市场的金融化不但通过提高土地价格推高了房价，加重了居民购置住房的负担，而且导致金融体系高杠杆和抵押品土地化、虚拟化，增加了系统性金融风险。

---

① 马克思，恩格斯. 马克思恩格斯选集：第 2 卷. 3 版. 北京：人民出版社，2012：204.
② 迈克尔·赫德森. 从马克思到高盛：虚拟资本的幻想和产业的金融化（下）. 国外理论动态，2010（10）：39-48.

最后，由于以土地和住房为底层资产的金融衍生品及其市场的发展进一步加深了住房的金融化程度，使房地产与金融高度融合共生，房地产市场和价格波动由于金融杠杆效应被剧烈放大，成为金融风险之源。在金融衍生品交易发达的市场中，住房按揭贷款被组合成新的金融衍生品，加剧了住房的金融化程度，酝酿了更大的系统性金融风险。以美国为例，大量住房是通过向银行申请贷款购买的，因此银行就持有了大量住房抵押贷款资产。在此基础上，为了增加抵押贷款资产的流动性，美国成立了联邦国民抵押贷款协会（FNMA），即后来的房利美，并由此产生了购买和出售住房抵押贷款资产的二级市场，该二级市场的发展大大加速了房地产的金融化进程。接下来，房利美、房地美（简称“两房”）向银行购买住房抵押贷款资产，通过打包构成资产组合，发行抵押贷款支持证券（MBS），并衍生出机构担保抵押贷款债券（CMOs）。在衍生品层层叠加的衍生过程中，杠杆由乘数效应被剧烈放大。而一旦底层资产及住房抵押贷款出现问题，整个金融市场就会出现系统性金融风险。美国在 2000—2007 年的房地产繁荣周期中发行了大量次级贷款，形成了质量较差的抵押贷款资产，这些底层资产以上述类似的方式衍生出了担保债务凭证（CDO）和信用违约互换（CDS）等金融衍生产品。结果，2007 年美国住房市场价格下跌导致大量次级贷款违约，最终酿成了美国 2008 年金融市场的巨大危机。

因此，“房住不炒”定位中也蕴含了规范房地产业与金融业关系、遏制房地产金融化趋势、让房地产业和金融业发展回归各自本源、治理经济“脱实向虚”、促进金融服务实体经济的丰富内涵。

政治经济学关于信用二重性与房地产金融化的洞见，帮助我们深刻认识了房地产在经济脱实向虚过程中的关键作用。在金融和信用广泛参与房地产业的条件下，房地产业与金融融合共生的趋势不断强化，这将带来两个严重问题：一是由于信用的二重性，在帮助居民改善居住条件、促进房地产业发展的同时，也会形成居民债务负担，并为住房的金融化准备条件。二是随着住房金融化程度的不断提高，整个房地产-金融体系的风险也会由于杠杆率的不断扩大而成倍增长。在我国，住房金融化形成了脱离实体经济的自我循环，加之房地产业的高利润率，进一步导致整个经济中金融资源大量流入房地产业，促使整个经济脱实向虚，造成金融偏离服务实体经济的功能定位。这不但加重了实体经济获得金融资源的困难，提高了实体经济的融资成本，而且加大了金融体系的风险。"房住不炒"定位正是对上述政治经济学原理的深刻理解和运用，明确表达了遏制房地产金融化趋势、规范房地产业与金融业关系的丰富内涵。一方面，"房子是用来住的"，住房信用业务的发展要服务于这一定位，为住有所居目标的实现提供信贷和金融服务；"房子不是用来炒的"，住房不应被作为金融产品，更不应被当作投机炒作的工具，在政策设计上应该有所限制。比如，当前住房信贷对首次置业的优惠政策和对投资、投机性购房的限制政策，都有助于促进"房住"并限制"房炒"。另外，我们看到，把住房按揭贷款金融衍生品化，本质上并无助于住房的居住属性，反而进一步加剧了房地产的金融化程度，大大增加了金融体系的风险。2008 年的美国金融危机的殷鉴不远，我们应提高警惕。另一方面，与美国相比，虽然我国当前的房地产金融化程度并不太高，但由于房地产利润率较高，大量资金通过各种方式流入房地产，是导致经济脱实向虚的关键一环，同时也推升了房地产业的杠杆率，甚至反过来绑架了金融。比如，开发商利用贷款购置土地，利用开发贷和住房预售款（买房人的住房按揭贷款）建设开发，整个过程主要依靠银行信贷，杠杆率极高。这种方式不仅使大量信贷资源被房地产挤占，而且房地产市场一旦出现问题，银行风险就很高。"房住不炒"定位明确了房地产业和金融业的发展都要回归各自本源，住房要回归居住使用价值，金融要服务好实体经济，在实体经济发展中分享其发展红利，而不是把房地产金融化、把金融房地产化，把大量金融信贷资源投入房地产业，大量依赖房地产获取利润。这种脱实向虚的做法，终究是无本之木、无源之水。

五、回归本源：以人居为核心的中国新房改

"房子是用来住的、不是用来炒的"这一对于住房和房地产业的精准定位，将马克思主义基本原理与中国经济发展建设具体实际相结合，是学好用好政治经济学的光辉典范，是中国特色社会主义政治经济学理论体系的重要组成部分和创新成果，蕴含着丰富的政治经济学原理。

第一，要深刻理解商品使用价值与交换价值二因素的辩证法，处理好商品住房的使用价值和交换价值的关系。落实好"房住不炒"定位，让房地产市场的发展服务于居民住房水平的提高和改善，而不能因过度追求住房交换价值而损害住有所居目标的实现；要在推进住房商品化、发展住房市场的同时，加快建立多主体供给、多渠道保障、租购并举的住房制度，注重住房作为必要生存条件的民生属性，做好住房保障工作。

第二，要深刻理解房地产业虚与实的辩证关系，让人民对美好生活的需要中的住房需求成为拉动经济增长的长期良性动力，而不能将房地产作为短期刺激经济的手段，更不能过度依赖房地产，以免推高实体经济成本，挤出居民消费能力。当前，房地产与实体经济失衡是我国经济运行中重大结构性失衡的重要方面，要落实好"房住不炒"定位，治理好房地产与实体经济失衡问题，降低实体经济成本，推动经济增长方式向消费拉动型转型，把实体经济搞上去。

第三，要深刻理解房地产的金融化问题，认识房地产金融化在经济脱实向虚中的关键作用。落实好"房住不炒"定位。一方面，以金融信贷政策作为房地产调控的基础性方式，利用好利率、杠杆率等手段来支持居住需求，限制投资需求，打击并惩罚投机炒作，遏制房地产过度金融化趋势；另一方面，规范房地产业与金融业关系，有效治理经济脱实向虚，促进金融回归本源，服务实体经济，促进形成金融和实体经济、金融和房地产、金融体系内部的良性循环，同时打赢防范系统性金融风险攻坚战。

归结起来，"房住不炒"的定位体现了马克思主义回归本源、去粗取精、去伪存真、科学抽象的思维方法论，体现了我们一以贯之、始终坚持的以人民为中心的发展理念。房地产市场的发展，既是经济增长的重要支柱，又是地方财政的重要支撑，还是金融业的重要业务和利润来源，在拉动经济增长、推动城市发展和基础设施建设等方面都有重要作用。但是，归根结底，我们发展房地产市场的根本目的，是要提高人民群众的居住水平和住房条件，不断改善民生，这是我们住房改革、发展房地产市场的初心，"房住不炒"定位进一步明确了这个初心，我们不能忘记这个初心，不能偏离这个初心。

我们看到，在党的十九大精神的指引下，全国上下都将"房住不炒"作为房地产市场发展和居民住房建设的工作重心。在 2019 年 1 月发布的《关于支持河北雄安新区全面深化改革和扩大开放的指导意见》中，专门阐述了雄安的房地产市场发展定位。雄安新区要构建新型住房供给体系，坚持房子是用来住的、不是用来炒的定位，落实职住平衡要求，推动雄安新区居民实现住有所居。针对多层次住房需求建立多主体供给、多渠道保障、租购并举的住房制度，个人产权住房以共有产权房为主。严加防范炒地炒房投机行为。放眼全国，围绕"房住不炒"、住有所居而进行的"二次房改"已经全面展开。

深刻理解"房住不炒"新定位蕴含的丰富政治经济学原理，坚定不移地落实好"房住不炒"定位，让住房更多回归其居住功能的使用价值和民生属性，不将房地产作为短期刺激经济的手段，遏制住房金融化趋势，不让住房成为用于投机炒作的金融产品和金融工具，建立起更加社会化、更加合理的住房制度体系和解决住房问题的长效机制，一定能解决好住房发展中存在的各种问题，实现人民群众对住有所居的期待。因此，在此基础上，第五章将进一步分析"多主体供给、多渠道保障、租购并举"的住房供应体系建设中的理论与实践问题。第六章将进一步研究房地产金融化带来的风险及其防范。关于房地产长效管理机制的问题，我们将在第七章中讨论。

第五章 "人人享有适当住房"：
从"住房自有"走向"租购并举"①

一、左右为难：住房消费模式的选择

"人人享有适当住房"是联合国人居署在 1996 年召开的第二次人类住区大会上通过的《伊斯坦布尔人类住区宣言》中提出的著名愿景，表达了人类对美好居住条件的向往，设定了人类住房发展的目标方向。我国政府也将"人人享有适当住房"作为我国住房发展及政策制定的主要目标，党的十九大进一步将这一目标概括为"让全体人民住有所居"。

如何实现"人人享有适当住房""让全体人民住有所居"的愿景？从住房消费或使用方式来看，主要有自有和租赁两种模式。住房自有是指家庭拥有住房产权，且居住于其中。而住房租赁是指家庭并不拥有住房产权，只是通过付出租金的方式来租住住房。那么，为了实现"人人享有适当住房""让全体人民住有所居"的愿景，应当选择怎样的住房消费模式呢？

20 世纪 70 年代后期以来，发达国家掀起了一股"住房自有"的浪潮。住房自有作为住房消费方式的一种，逐渐成为解决住房问题的主要方式。以英国为例，英国早在 1909 年就颁布了《住房与城市规划诸法》，明确了政府在工人阶级住房建设方面的责任。第二次世界大战后，英国曾大

---

① 本章部分内容发表于《政治经济学季刊》，收录时有改动，参见张晨，吕原野. 从"住房自有"到"租购并举"：我国住房制度改革的政治经济学分析. 政治经济学季刊，2019（4）：35-49。

量修建公共出租房，以满足城市居民的住房需求。但是，到了 1979 年撒切尔夫人执政以后，这样绵延百年的政策思路有了重大变更，英国推出了新的住房法案，要求各地方政府出售其所持有的公房。到了 1989 年，政府持有的公房在英国全国住房中的比重已经由 1980 年的 32% 降至 24.8%，住房自有率则从 55% 提高到了 65.4%。到 1991 年底，英国全国累计出售公房超过 150 万套。除了出售公房之外，英国政府还采取了一系列鼓励购买住房的政策，比如相关的信贷政策、补贴政策等。这就导致了英国住房自有率的提高。事实上，无独有偶，主要发达国家的住房自有率都在 20 世纪 70 年代以后出现了显著的增长。①

在这一住房自有浪潮中，有大量研究试图论证住房自有模式的优势，甚至形成了某种住房自有"神话"，对住房自有浪潮起到了推波助澜的作用。我国在 20 世纪 90 年代启动住房制度改革时，受到了住房自有浪潮及其"神话"的很大影响。本章希望对住房消费和使用模式进行马克思主义政治经济学的分析，通过辨析关于住房自有的辩护及对住房自有浪潮的反思，为我国住房制度的进一步改革提供借鉴。

二、空中楼阁：住房自有"神话"及其误区

诸多研究试图说明住房自有这一住房消费方式将有助于实现"人人享有适当住房"这一目标，或者对社会更为有利。持有此种观点的人认为，住房自有不仅具有很多积极的"社会功能"，而且具有所谓的"资产建设"功能，因此应当以住房自有作为主要的住房消费模式。

一方面，住房自有的支持者认为，住房自有模式具备许多积极的社会功能。他们列举的理由主要有：第一，住房自有模式对更积极地融入社区以及提升公民责任感和社会资本具有积极作用。其原因是，相对于租赁居

---

① Catte，P.，N. Girouard，R. W. R. Price，et al. Housing Markets，Wealth and the Business Cycle. OECD Economics Department Working Papers，Paris：OECD Publishing，2004：394.

住而言，住房自有者对社区的归属感更强烈，这使得他们更频繁地参与和邻居及社区的互动，从而提升了社区的信任感和社会资本。[1][2] 第二，住房自有模式有利于子女教育和健康水平的提升。其原因是，住房自有者相对于租赁居住者而言流动性更小，居住更稳定，这本身有利于父母监管孩子的学习和其他行为，从而提高孩子的学习成绩。此外，较为稳定和频繁的邻里关系容易使住房自有者构建当地的社会关系网络，这些都是有利于孩子成长的。[3] 第三，住房自有者往往容易获得自尊或自信，因为拥有住房通常被认为是成功的标志。除此以外，住房自有还能增加居住者对生活的掌控感，他可以按照个人偏好修整住房，从而获得更强的安全感。因此，自有住房能显著增强居住者的幸福感。相似的论证还有不少，这些论证都旨在说明，住房自有模式能够带给居住者积极的主观心理感受。

另一方面，住房自有的支持者认为，住房自有模式具有资产建设的功能，能够帮助居民既满足住房消费需求又实现财产保值增值。首先，对于希望实现住房自有的人，为了积累购房款的首付，他们的工作时间和就业参与率会提高，这将增加劳动力供给从而促进社会生产。当他购入房产后，他仍然会持续努力以偿付月供，这就要求其养成良好的收支和储蓄习惯，帮助其克服拖延和过度消费，进行财富积累。这意味着，自有住房充当了一个强制积累财富的工具。其次，住房作为资产，其价值增值也将为住房自有家庭带来财富增长。最后，自有住房还是一个良好的信贷抵押工具[4]，从而有助于缓解流动性约束和降低预防性储蓄，为家庭提供金融支

① Rohe，W. M.，S. Van Zandt，and G. McCarthy. Home Ownership and Access to Opportunity，*Housing Studies*，2002（1）：51 - 61.

② Rohe，W. M.，S. Van Zandt，and G. McCarthy. The Social Benefits and Costs of Homeownership：A Critical Assessment of the Research，*The Affordable Housing Reader*，2013（40）：1.

③ Green，R. K. and M. J. White. Measuring the Benefits of Homeowning：Effects on Children，*Journal of Urban Economics*，1997（3）：441 - 446.

④ Fernández-Villaverde，J. and D. Krueger. Consumption over the Life Cycle：Facts from Consumer Expenditure Survey Data，*The Review of Economics and Statistics*，2007（3）：552 - 565.

持，提高家庭消费水平。[①]

因此，住房自有的支持者认为，应当将住房自有作为主要的住房消费模式，并采取各种政策推动住房自有化，提高住房自有率，并将住房自有率作为衡量一个国家或地区住房水平甚至是发展水平的标准。

但是事实上，关于"住房自有"优势的论证，在很多方面并不具有现实性。

首先，住房自有的支持者似乎夸大了"住房自有"模式的社会功能。他们提出的住房自有模式对居民更积极地融入社区、提升公民责任感、子女教育等方面的积极作用可能仅仅是对中产阶级社区模式的一种理想化描述。但是，这种邻里之间的交往、互动其实是社区文化建设的产物，与居住者较低的流动性相关，而与是否"自有"并无直接关系。住房自有固然可能提高居住的稳定性，但也并不绝对。在住房成为投机炒作的标的后，居住的稳定性事实上并不高，并且，在缺乏社区建设的情形下，邻里之间的交往和互动极其有限。在一定制度条件下，如果租赁住房也能够保持稳定，那么，同样可以获得这些社会功能。一个直接的例子就是，中国在实行住房商品化后形成的社区，其邻里间的交往互动并不如传统的"公房"社区频繁，因为改革前的公房社区居民大都来自同一单位，而商品房社区邻里间大都互不相识，社区组织的发育也较为落后。

其次，住房自有在社会功能方面也有诸多缺陷，甚至带来了十分严重的社会问题。有研究提示，住房自有率的提高正是城市蔓延问题的重要原因，因为与自有住房者相比，租房者倾向于居住在离市中心较近的地方，所以城市中居民的住房自有率越高，城市蔓延的面积也越大。曹清峰和王家庭通过构建一个封闭、单中心城市一般均衡模型说明了这一观点，并使用中国城市统计数据对此进行了证实。也就是说，住房自有带来了城市蔓延，而城市蔓延会导致一系列城市问题，如城市内部更远的通勤距离、交

---

① Gan, J. Housing Wealth and Consumption Growth: Evidence from a Large Panel of Households, *The Review of Financial Studies*, 2010 (6): 2229 - 2267.

通拥挤、空气污染,以及对农业用地的破坏等。① 同时,伴随住房自有模式对居住稳定性的提高,也带来了劳动力流动性的降低。这导致了失业率的提升,带来了经济活力和效率的损失②,并且导致了很多城市社会问题。例如,为了追求在自有住房里居住,很多居民就必须在自有住房周边寻找工作,或者只能承受更长的通勤距离,花费更多的通勤时间和交通费用,这不仅加重了城市交通负担,造成了交通拥堵、尾气污染等城市病,而且使居民将大量时间花费在通勤往返上,较长的通勤时间影响了工作和生活满意度,减少了居民因居住在自有住房里带来的幸福感。很多研究都证明了这一点,例如,吴江洁和孙斌栋利用中国家庭追踪调查(CFPS)数据,考察了通勤时间对个人主观幸福感的影响。该研究认为,通勤时间对个人幸福感存在显著的负向影响,随着个人通勤时间的增加,个人幸福感也会降低。③ 综上,住房自有是否能够切实发挥积极社会功能,增加居民幸福感,事实上并不像其支持者所说的那样乐观。特别是,对于人口较多的大城市而言,住房自有带来的城市社会问题可能更为严重。还有研究表明,因为购买住房的巨大经济压力,甚至压缩了居民对子女教育的支出,更甚者造成年轻人推迟结婚时间,降低了生育率。④

最后,住房自有的支持者对自有住房在家庭资产建设方面的功能也显得不切实际。

第一,由于政策鼓励住房自有,减少了社会化公共住房供应,增加了租赁住房的难度和稳定性,加之对住房租赁的制度性歧视(比如租购不同权问题),使得居民更多地追求住房自有,增加了购买住房的需求,抬高了住房价格,甚至提高了住房的投资-投机品属性,进一步推高了房价。

---

① 曹清峰,王家庭. 住房自有率与城市蔓延:理论与实证. 中国房地产(学术版),2014(10):22-27.

② Clark,A. E. and A. J. Oswald. Satisfaction and Comparison Income,*Journal of Public Economics*,1996(3):359-381.

③ 吴江洁,孙斌栋. 通勤时间的幸福绩效:基于中国家庭追踪调查的实证研究. 人文地理,2016(3):33-39.

④ Mulder,C. H. Population and Housing:A Two-sided Relationship,*Demographic Research*,2006(15):401-412.

根据研究，越来越多的中国香港家庭倾向于将资产增值和财产交易所得作为收入和财富积累的一种策略性选择。社会对买房的偏好对房价产生了巨大的压力，因此中国香港的房价在 1997 年之前和 2005 年之后上涨。因此，居民必须花费巨额资金来购买住房，而且要每月偿付月供。由于储蓄与消费是零和关系，所以住房自有压力带来的延迟消费和储蓄效应不仅不能带来消费的增长，事实上反而压缩了居民的消费能力，从而降低了居民的福利水平，也限制了社会总消费的增长。① 另外，对自有住房作为信贷抵押工具的金融支持功能的认识也存在误区，因为自有住房并不能带来新的收入或现金流，因此，即使抵押住房获得了贷款，也仅仅起到平抑收入生命周期的功能，而不能提高真实可支配收入水平，反而会带来利息支出。因此，根据消费理论，也不能真正提高居民消费。很多实证研究都发现，并不存在住房自有对消费的促进功能，反而发现购房往往是抑制消费的。② 在中国内地，类似的状况也显现出来，随着住房价格特别是三、四线城市住房价格的高涨和居民为了购置住房大幅提高了负债率，居民的消费能力受到限制，降低了居民的消费水平。2016 年以来，城镇居民收入增长和消费增长相背离的状况和房价的上涨就直接相关。

第二，所谓住房的价值增值功能，也仅看到了其对于房产所有者的财产增值的现象，而没有看到住房价格的本质。依据马克思主义政治经济学基本原理，住房价格的增长，本质上是地租的增长而非住房本身价值的增长，而地租是"虚假的社会价值"，只涉及剩余价值的分配，因此，绝无可能实现由于地租增长带来的普遍性财富提高。也就是说，所谓住房价值增值，其中一定意味着拥有住房的阶级对不拥有住房阶级的价值转移。同时，自有住房价格的增长，也必然导致日益扩大的财富不平等。而一旦住房价格下降甚至泡沫破裂，就可能会对居民造成财富侵蚀，导致在错误时

---

① Smart, A. and J. Lee. Financialization and the Role of Real Estate in Hong Kong's Regime of Accumulation, *Economic Geography*, 2003 (2): 153 - 171.

② Engelhardt, G. V. and C. J. Mayer. Gifts for Home Purchase and Housing Market Behavior, *New England Economic Review*, 1994 (5): 47 - 58.

机进入房地产市场的居民破产，甚至会引发社会问题。这一点在 1998 年亚洲金融危机和 2008 年美国次贷危机中均有表现。由于房地产价格大幅下降，很多拥有住房的家庭都因此面临负资产的窘境。这强有力地证明了住房自有政策的极大风险。

综上所述，所谓住房自有在家庭资产建设方面的积极意义，事实上是把住房自有与住房私有混为一谈，通过住房自有化浪潮，使住房——作为劳动力再生产所必需的生活资料——的商品化属性得到强化，并衍生出越来越多的投资甚至投机需求，导致了住房价格的上涨和住房资源的进一步集中，最终背离了住房自有的初衷。更有甚者，住房的商品化和价格上涨使低收入者暴露于残酷的住房市场之中而难以实现其居住需求，成为需要救济的住房难民。

可见，关于住房自有的各种支持性观点很难经得起推敲和检验。因此，必须根据不同国家、不同城市的特征，正确认识住房自有的优劣，设计和实行更为合理有效的住房政策体系。在我国的特大型和大型城市中，由于人口众多，城市建成区规模大，劳动力流动频繁，因此，住房自有模式暴露出的问题和缺陷就更多。因此，要通过租购并举的方式解决我国特大型和大型城市的住房需求，把住房自有率调整到一个合理的水平，而不是一味追求住房自有。

三、大潮浪花：新自由主义与住房自有化浪潮

20 世纪 70—80 年代兴起的住房自有化浪潮，事实上是整个倡导私有化、市场化、自由化的新自由主义大潮中的一朵浪花。而关于住房自有的"神话"，也只不过是 20 世纪 70 年代的住房自有化浪潮在理论上的反映。新自由主义经济政策以私有化、市场化、去管制为核心，其本质是要通过重构劳资阶级权力关系从而实现分配性利润率修复，而住房自有化浪潮恰恰在其中扮演了极其重要的角色。其一，通过鼓吹住房自有，减少为工人

阶级提供租赁性住房，可以降低资本家的阶级负担，同时降低工人阶级的实际福利水平，从而有利于利润率修复和资本主义国家减轻其财政负担。其二，通过鼓吹住房自有，减少为工人阶级提供租赁性住房，能够减少工人阶级的可流动性，并使得他们背负沉重的债务，从而降低工人阶级的谈判能力。其三，住房生产部门本身可以成为资本家快速积累的重要产业。同时，"住房自有"这一口号本身，更是完全契合了新自由主义所倡导的"精神"——私人所有、自由买卖，以及通过"个人奋斗"实现"梦想"的故事。

太阳底下没有新鲜事。如果我们将目光回溯到19世纪，重温恩格斯与大小资产阶级关于工人阶级住宅问题的辩论，就会惊奇地发现，依靠所谓"住房自有"解决住房问题的方案，在19世纪的资本主义中就曾大肆流行，并且与"住房自有"一样，那时的方案也由一系列积极美好的愿望所包装着，甚至以"社会功能"的名义，推送到工人阶级面前。在著名的《论住宅问题》中，恩格斯对此进行了深刻的、毫不留情的批判。

那时的德国，在普法战争之后经济高速发展，快速工业化的同时，大量人口进入城市，由资本主义发展造成的社会矛盾也日益激化，其中工人住房严重缺乏，居住条件恶化的问题尤为突出，这引起了大小资产阶级及其学者的注意，他们纷纷提出了所谓"解决住房问题"的方案，而其中最为核心的办法就是"住房自有"。

作为小资产阶级的代表，蒲鲁东主义者阿·米尔柏格哀歌说道："'我们毫不犹疑地断定，在大城市中，百分之九十以至更多的居民都没有可以称为私产的住所，这个事实对于我们这个备受赞扬的世纪的全部文明的嘲弄是再可怕不过的了。道德生活和家庭生活的真正接合点，即人们的家园，正在被社会旋涡卷走……我们在这一方面比野蛮人还低下得多。原始人有自己的洞穴，澳洲人有自己的土屋，印第安人有他们自己的家园——

现代无产者实际上却悬在空中'等等。"① 对此，他给出的解决方式是：要求每个工人都有自己的、归他所有的住房，好使我们不再比野蛮人还低下。怎么实现让工人拥有他们的住房呢？如何实现"住房自有"呢？这位蒲鲁东主义者给出的办法正是他的蒲鲁东老师的设想："根据永恒公平宣布交付的房租是对住房本身价格的一种分期偿付"②，并废除房屋租赁制。也就是说，"把承租人变成分期付款的买主，把每年交付的房租算做分期偿付住房价值的赎款，而承租人经过一定时期后便成为这所住房的所有者"③。

无独有偶，大资产阶级的代表萨克斯先生也宣称："住房问题只有使住房所有权转归工人才能完全解决"，"谁有幸能把一块土地称为自己的东西，他就达到了可能想象的最高度的经济独立地位；他就有一个他可以独立自主地来支配的领域，他就成为自己的主宰，他就有了一定的实力，在困难的日子里就有了一个可靠的根据地；他的自我意识就生长起来，从而他的道德力量也随之生长起来。因此地产在这个问题上是有深远意义的……这样一来，现在无可奈何地听任变动不定的市场行情摆布的、总是听从雇主的工人，就会在某种程度上摆脱这种尴尬的处境；他会成为资本家，并且可以通过他因此而能够利用的不动产抵押信贷来避免失业或丧失劳动能力造成的危险。通过这种办法，他就会从无财产者阶级上升为有财产者阶级"④。

对此，恩格斯总结说："大资产阶级和小资产阶级解决'住宅问题'的办法的核心就是工人拥有自己住房的所有权。"⑤ 而这不就是住房自有化浪潮这一现代形式的 19 世纪版本吗？相隔 100 多年的资产阶级，面对住房问题，他们不仅关于"住房自有"的主张相同，而且连论证方式、操作方法也如出一辙。对于现代"住房自有"的支持者认为"住房自有"具有的社会功能和资产建设功能，19 世纪的大小资产阶级代言人其实早就

---

① 马克思，恩格斯. 马克思恩格斯选集：第 3 卷 . 3 版 . 北京：人民出版社，2012：197.
② 同①201.
③ 同①204.
④ 同①219.
⑤ 同①184.

提出过。例如，恩格斯所批判的那位萨克斯先生就提出：一旦工人拥有其住房的所有权，"他的自我意识就生长起来，从而他的道德力量也随之生长起来……并且可以通过他因此而能够利用的不动产抵押信贷来避免失业或丧失劳动能力造成的危险"①。同样，在现代住房自有化浪潮中，国家通过低息贷款、住房银行等方式"帮助"居民通过分期付款购买住房的政策，和蒲鲁东主义者所提出的"用房租是对住房本身价格的一种分期偿付"的办法或者资产阶级装模作样的"公共工程贷款法"也基本一致，只不过在蒲鲁东主义者那里，他们天真地幻想能够废除利息和住房租赁制。

面对"住房自有"这一看似温情的住房政策方案，恩格斯一眼就看到了问题的实质，他对 19 世纪大小资产阶级"住房自有"政策主张的批判，正好可以恰如其分地适用于 20 世纪的"住房自有"支持者。

首先，大小资产阶级都提出要通过"住房自有"解决住房问题，但他们的解决办法都难以施行。蒲鲁东主义者要求废除利息和住房租赁制，从而通过分期付款的方式取得住房所有权，这从根本上不符合资本主义生产方式。恩格斯指出，蒲鲁东主义者不是从改造资本主义社会出发去解决住宅问题，而是幻想退回小生产、小私有者的社会中，因而只能是小资产阶级的梦呓，什么问题也解决不了。而资产阶级改良者支持工人拥有住房的实质是为了资本家的利益，因为资本家可以因此而降低付给工人用于劳动力再生产的工资。他们提出的"雇主即厂主帮助工人得到适当的住房，或者是由雇主自己来建造住房，或者是供给地皮，借给建筑资金等等，鼓励和帮助工人自行建房"②的办法，要么根本不会有资本家去做，要么成为资本家赚取利润的新领域，而依靠"工人自助"也不可能实现。对此，恩格斯说："总之，资本家不愿意，工人则没有能力"。③ 可见，在资本主义社会里，通过"住房自有"解决工人阶级的住房问题，只不过是一场欺骗罢了。

---

① 马克思，恩格斯. 马克思恩格斯选集：第 3 卷. 3 版. 北京：人民出版社，2012：219.
② 同①225.
③ 同①233.

其次，恩格斯认为，工人拥有对住宅的所有权即所谓"住房自有"反而有很多弊端。一方面，"住房自有"不利于工人因工作的变动而迁移，而迁徙自由是大城市的工人首要的生活条件，"住房自有"对于他们反而是一种枷锁。恩格斯指出："对于我们大城市工人说来，迁徙自由是首要的生活条件，而地产对于他们只能是一种枷锁。如果让他们有自己的房屋，把他们重新束缚在土地上，那就是破坏他们反抗工厂主压低工资的力量。"① 这一现象在当今的超级大都会尤为突出，过高的住房自有率导致了更长的通勤时间和成本，恶化了工人阶级的工作生活条件。另一方面，"住房自有"破坏了工人反抗工厂主压低工资的力量。"这样，工人就必须负起沉重的抵押债务，才能得到这种住房，于是他们就真正变成了自己雇主的奴隶；他们被自己的房屋拴住了，不能离开，只好同意接受向他们提出的任何劳动条件。"②

最后，住房自有甚至会变成危害工人利益的制度。正如我们在前文所述，所谓"住房自有"的资产建设功能，很可能使工人遭受产业资本及金融资本的双重剥削。一方面，如果工人阶级通过住房贷款购买自有住房，这将使工人以更高的价格购买住房并背负高额的利息负担，从而遭受房地产和金融资本的双重剥削。恩格斯引用西班牙文报纸《解放报》的评论说道："蒲鲁东建议把承租人变成分期付款的买主，把每年交付的房租算做分期偿付住房价值的赎款，而承租人经过一定时期后便成为这所住房的所有者。这种在蒲鲁东看来很革命的办法，现今已在世界各国被投机公司采用着，这些公司用提高租价的办法来让承租人偿付比房屋价值多一两倍的价值。"③ 而如果工人真的将住房抵押而获得信贷，结果可能更糟，因为这是"使工人能够尽可能快地把自己的小屋子交给高利贷者来独立自主地支配"，而且"他们在失业和丧失劳动能力时可以利用这种信贷，而不必去加重济贫事业的负担"④。另一方面，即使工人阶级真的通过节俭储蓄

---

① 马克思，恩格斯. 马克思恩格斯选集：第 3 卷. 3 版. 北京：人民出版社，2012：219 - 220.
② 同①205.
③ 同①204.
④ 同①220.

拥有了自己住房的所有权，实现了"住房自有"，也并非如其鼓吹者所宣扬的那样美好。事实上，这并不能改变工人的无产阶级属性，并且将降低其劳动力的价值从而更加有利于资本。对此，恩格斯深刻地指出："我们假定，在某个工业地区里每个工人都有自己的小屋子，这已经成为通例。在这种场合，这个地区的工人阶级便免费享用住房；住房费就不再算入工人的劳动力价值以内……因此，工资下降的平均数量就会相当于节省下来的房租的平均数量，也就是说，工人住自己的房屋还是付了租金，不过不是像以前那样以货币形式付给房东，而是以无酬劳动形式付给他为之做工的厂主。于是，工人投在小屋子上的储蓄确实在一定的程度上会成为资本，但这个资本不归他自己所有，而是归那个雇他做工的资本家所有。"①

所以，用"住房自有"解决住房问题，既不是什么新办法，也不是什么好办法。

"住房自有化"经济逻辑的实质是，住房自有化推动了住房的商品化和私有化，而住房的商品化和私有化又进一步推动住房成为资产甚至投资品，导致了针对住房的投机炒作，推高了住房价格，加剧了贫富分化，反过来使"住房自有"成为空中楼阁。关于"住房自有"的"神话"，一方面，这是大资产阶级为其自身利益，以"自有"之名，实现全面私有计划的一部分，从而使资产阶级能够名正言顺地甩开为工人阶级提供必要住房福利条件的压力，降低资本家的成本，从而提升其利润率，并且为资本家提供了一个通过生产住房、为购置住房提供信贷支持，以及为住房提供信用抵押的庞大产业。另一方面，广大工人阶级在住房自有化浪潮中，因为受到新自由主义思潮和小资产阶级思想蛊惑，对拥有所谓自有住房蠢蠢欲动，最终成为这一浪潮的助推者，但最终也成了牺牲者。因为过度追求住房自有，使住房越来越成为投资或投机的标的，造成了住房价格的上涨，工人阶级的住房问题非但没有解决，反而要承受更为高昂的居住成本，甚至背负高额的债务，进一步加深了资产阶级对工人阶级的剥削和奴役。

四、"租购并举"：住房社会化制度的新方案

上述讨论说明，完全依靠"住房自有"根本无法解决住房问题，特别是无产阶级和广大人民群众的住房问题，而且，完全"住房自有"的住房解决方案还将带来诸多不良后果，"住房自有"倡导者所说的种种"好处"也很难经得起推敲和检验。关于"住房自有"的神话，不过是新自由主义者关于私有化、市场化、自由化的主张在住房领域的反映而已。

受住房自有化浪潮的影响，我国在 20 世纪末推行住房制度改革时，基本是以推动"住房自有"为导向设计我国住房制度的，无论是经济适用住房制度还是商品房制度，都是以追求"住房自有"为目标和前提的。这既有传统的以租为主的住房供应体制难以为继的原因，也必然受到了当时新自由主义思潮的影响。其中过分强调"住房自有"的住房制度设计，一方面导致了我国住房市场存在重住房买卖市场轻租赁市场的偏向，阻碍了"住有所居"目标的实现；另一方面，过分强调"住房自有"的政策偏向也导致了住房市场供需失衡，并由此带来了如房价过快上涨、房地产市场投机盛行、挤压消费、加重居民债务负担、加剧城市蔓延和大城市病等诸多不良后果。

因此，在现阶段要努力实现"住有所居"目标，就必须充分认识到以"住房自有"为导向的住房政策的误区和局限，在新一轮住房制度改革中，实现从"住房自有"走向"租购并举"，建立起更加社会化、更加合理的住房制度体系和解决住房问题的长效机制。

习近平总书记在党的十九大报告中明确指出：坚持房子是用来住的、不是用来炒的定位，加快建立多主体供给、多渠道保障、租购并举的住房制度，让全体人民住有所居。其中，"坚持房子是用来住的、不是用来炒的定位""租购并举的住房制度"这些重要提法，就是对我国上一轮房改

中出现的过度追求住房自有及其所引发的住房投机乱象的纠偏。

要落实好"租购并举"这一新的住房制度，我们认为需要重视以下几个深层次问题：

第一，马克思主义深刻认识到，住房问题的产生和恶化是与快速的、集中的城市化过程相联系的。这种城市化过程加剧了城乡差距和城乡对立，大量的工人阶级涌入城市，必然造成城市土地和住房的紧张，从而造成住房短缺。因此，恩格斯提出，住房问题的真正解决，只有在城乡对立得以消除的时候才能实现。这就提示我们，在城市化进程中，一定要处理好城市与乡村一体化发展的问题，处理好特大城市、大中城市与小城镇协调发展的问题，形成协调的发展格局，只有这样，才能在城市化过程中避免人口过度向少数城市集中，实现人口较为均衡的分布，这是根本上解决住房问题的前提。中国应当发挥社会主义的优越性，对国民经济、人口分布的空间结构进行基于社会理性的布局、规划、引导。党的十九大重申了关于城乡一体化的发展思路，特别地，针对北京城市定位、功能发挥和大城市病问题，提出了京津冀协同发展战略，并超前谋划建设"雄安新区"，这都是对马克思主义空间理论、住房理论的新发展和具体实践。

第二，应加强政府责任，通过多主体供给保证可租赁住房的充分供应。落实好"租购并举"这一住房制度，真正实现"住有所居"，最关键的举措在于充足的可租赁住房供应，而仅仅依靠市场力量，容易出现中低端租赁住房供给不足、推高住房租金、加重居民住房消费负担等问题。因此，政府必须肩负起应有责任，在"租购并举"制度中发挥定盘星作用，增加住房土地供给，加大各级财政的支持力度，切实落实廉租、公租住房保障资金，建立财政资金与社会资金相结合的多元化资金筹措机制，大力增加廉租、公租住房的建设和供应，并根据城市发展水平，逐步扩大保障范围，将非户籍常住人口、流动人口纳入其中。同时，在现阶段，还应通过多主体供给保证可租赁住房的充分供应，鼓励和促进住房开发商、居民等社会力量提供租赁住房供给，通过开征住房空置税等税收手段减少住房空置，促进更多租赁房源供应市场，提高租赁消费模式在住房消费模式中的比例。

第三，应加强观念引导和制度、机制设计，提升解决住房问题的社会化、科学化水平。应当适当引导住房消费模式，改变住房消费偏向自有住房的消费习惯，鼓励群众依靠租赁住房解决住房问题，尽快出台发展租赁住房的相关配套政策，推进租购同权。同时，提升政府主导的廉租、公租住房的运营水平。运用先进的建筑信息管理、大数据、人脸识别、个人信用体系等技术手段，通过廉租、公租住房房源的封闭运行、动态管理、重复循环利用，提高政府住房保障投入的使用效率，提升经济适用住房和廉租、公租住房在建设、分配、收租、维修、管理、清退等各个环节的运营水平；提升廉租、公租住房的公共设施和公共服务的配套水平，让人民群众感受到无差别的社会公共服务。

我们看到，在党的十九大精神的指引下，雄安新区已经明确提出要建立"租购并举、以租为主"的住房消费模式。深圳市在2018年8月出台了《关于深化住房制度改革加快建立多主体供给多渠道保障租购并举的住房供应与保障体系的意见》，将住房分为市场商品住房、政策性支持住房（人才住房和安居型商品房）和公共租赁住房三大类，其中政策性支持住房和公共租赁住房占六成，在未来15年实现从过去以"住房自有"为主向"租购并举"方式的转变。这些正是在对以"住房自有"为主的住房消费模式的反思的基础上，走向更加社会化、更加合理的"租购并举"模式的积极变化和有益尝试。

第六章　防患未然：房价波动与系统性风险

我们已经分析了住房金融化的机制和对经济"脱实向虚"的影响。本章将进一步深入分析房地产价格波动会如何影响金融体系，以探究在建立新的房地产调控机制进程中，如何守住不发生系统性风险的底线。

房地产价格波动会通过多种途径影响系统性金融风险，根据诱发系统性风险的渠道和机制的不同，可以归纳为两个主要的传导机制：宏观经济传导机制和金融市场传导机制。金融市场传导机制中最主要的是银行体系的传导机制，房地产价格的波动通过对银行的房地产贷款规模、信贷质量等产生影响，进一步可能引起银行的信用风险和流动性风险，乃至引发银行的系统性风险，从而造成一系列连锁反应，影响整个金融体系，导致系统性金融风险。本章简要分析了宏观经济和金融市场两个主要的传导机制，并结合房地产企业的不同融资渠道，着重介绍了金融市场传导机制中的细分类别，分别从银行和股票等渠道逐步分析了房地产价格波动如何影响各个金融市场主体，从而进一步引发该市场的系统性风险并蔓延到整个金融体系。

一、风险传递：房价波动与风险的宏观传导机制

宏观传导机制是指房地产价格波动与宏观经济环境变动间相互作用、相互影响的关系。房地产市场作为我国宏观经济环境中的重要组成部分和支柱性产业，对我国居民消费和投资的增长有显著的拉动作用。房地产价格波动会通过财富效应和投资效应影响社会总体消费变动，同时，房地产企业具有较长的上下游产业链，房地产价格波动会影响各行各业的景气度

进而引起宏观经济的波动。房地产价格的剧烈变动会引起宏观经济波动，反之，宏观经济波动又构成了房价波动冲击系统性风险的客观基础。

（一）财富效应的传导机制

财富效应即实际余额效应，是指由于金融资产价格涨跌，导致金融资产持有人财富的增长或减少，进而带动或抑制消费增长，影响短期边际消费倾向的效应。房地产自身具有较为特殊的双重属性，即商品属性和金融属性，其中商品属性价值相对比较稳定，而房地产天然具有的金融属性的价值则受投资需求的影响较大，投资者会将房地产作为一种投资手段以获得额外的收益。因此，在分析房地产价格波动的财富效应传导机制时，需要按照房地产的不同属性分为两种情况：一是体现房地产的商品属性而将房地产作为生存必需品的居民；二是体现房地产的金融属性而将房地产作为投资方式追求价值增长的居民。

对于将房地产作为生存必需品的居民来说，当房地产市场处于繁荣时期时，房地产价格上涨，居民财富总量增加，但对居民可支配收入并无直接影响，自住房的居民也大都不会因为房价上涨而出售房产以获得更多的可支配收入，也不会因为房价下跌而明显减少消费支出。在这种情况下，房地产价格波动对于居民消费的财富效应更多的在于居民因为房价的上涨，可以通过抵押房产贷款的方式获得更多的信贷额度，居民融资能力增强，从而拥有更多的资金来满足其他消费和投资需求。但从我国家庭消费的实际情况来看，房价上涨显著提高了日常家居类和交通类消费支出，对其他类型消费支出的影响并不明显。简而言之，对于自住性需求的居民来说，房地产价格波动的财富效应并不明显，但在一定程度上也会促使居民消费的增加。

而对于将房地产作为投资品的居民而言，房屋的金融属性得到了增强。当房价上涨时，房地产泡沫开始产生，其伴随的投资行为也在住宅价格快速上涨的时期成为主要的驱动因素，居民财富总量和信贷能力显著增加，由此可以在一定程度上促进实际货币存量增加，从而提高居民的可支配收入，提升消费水平，此时的宏观经济发展是得到促进的。而当房价下降时，房地产价值的下跌会相应地降低居民对未来财富的预期和信贷能力，相应的实际货币存量也将减少，居民会减少非必要性质的花费，此时的社会总消费水平显著降低，宏观经济发展是受到抑制的。对于这种情况而言，房地产价格波动的财富效应更为明显，居民可以通过多种途径提高可支配收入水平，显著增加社会总消费，从而引起宏观经济的变化。因此，房地产价格波动通过财富效应来影响系统性金融风险的传导机制，更为依赖于房地产的金融属性，从而影响居民消费水平，进而通过引起社会总消费的波动实现系统性风险的传导。

（二）投资效应的传导机制

托宾 Q 效应和挤出效应是房地产价格投资效应传导机制的具体表现。投资效应主要是通过投资需求和投资支出来影响房地产市场中的供给端，进而通过社会总消费来影响宏观经济环境。

托宾 Q 值是指企业股票市场价值与其代表的资产的重置成本的比值。当 $Q>1$ 时，投资者买进资产会获得利润，利润驱动增加了投资的需求和投资的支出；而当 $Q<1$ 时，重置投资不会带来收益，甚至可能会造成亏损，因此会抑制投资需求，投资支出相应减少。对于房地产市场来说，企业价值可以看作房地产市场中的房价，重置成本可以理解为房地产市场中的房屋建造成本。当房地产市场处于繁荣时期时，房地产价格会逐步上涨，房企市值也因为自己产品价值高涨而逐渐上升，导致托宾 Q 值增大，开发商投资需求增加，将更多的资金投入房地产市场；反之，当房地产市场萎靡时，房价下跌，房地产企业市场价值减少，托宾 Q 值减小，投资几乎没有收益甚至可能会亏损，维持现有水平的资产更加有利，因此开发商会减少资金投入。房地产市场的投入资金会影响房地产商品的供给，供给增加会相应增加社会总消费，供给减少会相应减少社会总消费，而宏观

经济稳步而良好的发展是金融体系的稳健发展的重要基础条件之一，会进一步降低系统性风险发生的概率。

挤出效应是指居民如果将自己有限的资金投入房地产市场中，对其他行业的投资会有所下降，即房价上涨在某种程度上也会抑制其他行业的投资支出，对其他行业产生一定的负面影响，在一定程度上抑制宏观经济的发展。但综合整体情况来看，房地产市场的繁荣对建材、家电消费的带动作用可能要远远大于这种挤出效应。因此，投资效应的传导机制仍以托宾 Q 效应的影响为主。

宏观经济传导机制的具体路径如图 6-1 所示。

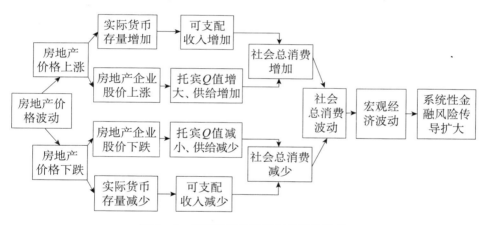

图 6-1 宏观经济传导机制的具体路径

二、火烧连营：房价波动与风险的金融市场传导机制

金融市场传导机制主要是房地产企业通过金融体系的各个金融机构和资本市场进行间接和直接的融资，从而将一部分房地产风险分散到金融系统，当风险爆发时会在金融体系内传染扩散从而引发系统性金融风险。具体可以通过抵押品机制、流动性约束机制和住房抵押贷款证券化机制等进行传导，同时因为金融机构主体和渠道的不同，具体的传导机制也会有所差异。

　　抵押品机制主要是从住房的购房者角度来考虑，银行贷款是我国居民融资最主要的渠道之一，而房地产作为同时具有金融属性和商品属性的产品，价格较高且相对保值，是最主要的贷款抵押品。房地产价格波动可以通过抵押品机制传导风险，具体表现为：当房地产市场繁荣时，房地产价格上涨，作为抵押品的价值也会相应上涨，购房者可以获得更多的抵押贷款，因此，购房者在获得更高的银行抵押贷款额度的同时也提高了自身的资产负债率，负债率过高本身就会影响金融系统的稳定性。此外，银行因为提供了更多的抵押贷款，也使得更多的信贷资金进一步流入房地产市场，房地产市场因大量高杠杆的资金面临更大的风险敞口，稳定性降低。二者的关联性增加，房地产市场的波动和风险更容易反过来影响银行业，导致银行系统性风险产生的概率加大。当房地产市场开始震荡，房价出现下跌时，抵押品价值缩水，贷款人的财富值下降但银行贷款偿还的数额不变。当房地产价格低于抵押贷款的金额时，贷款人会选择违约来放弃抵押品以减少损失，产生道德风险和信用风险。不良贷款率的上升和抵押品价值的下降都会影响银行的资产质量，造成银行资金困难，流动性压力增加，从而导致风险上升。这种资金和流动性的压力，反过来也会造成整体信贷环境的恶化，个人和企业更难融到资金，社会经济活动不活跃，整体宏观经济环境下行，增加系统性金融风险爆发的概率。

　　流动性约束机制主要是由流动性期限错配导致的。房地产贷款业务通常是长期的，银行的负债业务如存款等却通常期限较短，表现为资金来源短期化和资金运用长期化，形成"短存长贷"的期限错配局面。当房地产价格上涨时，银行的房地产贷款规模会进一步扩大，短期存款和储蓄却反而会随着居民将资金转向房地产市场而相应减少。与此同时，随着我国金融市场的不断发展和完善，各种理财产品层出不穷，股票市场也在稳定繁荣地发展，多样化的选择让居民的存款和储蓄倾向不断降低。在这种情况下，房地产价格上涨带来的银行的期限错配问题会越发严重。一旦长期贷款出现周转不灵，短期存款出现集中取现和挤兑的风险，就会引发银行严重的流动性问题，影响金融系统的稳定性。当房地产价格下跌时，银行本身的资产净值会缩水，同时不良贷款率也会上升，两者同时发生会造成银行流动性不足的问题进一步加剧，银行通过出售房地产来补充流动性，但反过来会进一步造成房价下跌，这种恶性循环机制会影响银行体系的稳定性，并蔓延到除银行以外的其他金融机构和市场，产生整个金融体系的风险积累。

住房抵押贷款证券化机制是为了解决上述流动性不足问题而产生的一种金融手段，但解决流动性约束问题的同时，也扩展了一条新的房地产价格波动对系统性风险的传导路径。住房抵押贷款证券化是指金融机构将流动性较差但是能够产生稳定未来现金流的抵押贷款综合考虑整合配比，重新组合成抵押贷款群组。由证券公司以现金方式买入，然后经过担保或者信用增级后再以证券的形式出售给投资者，从而实现在金融市场上完成融资的过程。这个过程降低了金融机构的经营风险和流动性风险，但是通过证券化的方式将一部分风险转移给投资者和证券公司，扩大了风险传播的途径和范围。所以对于金融体系整体来说，本质上并没有减少或者降低风险，只是完成了风险从银行等金融机构向投资者的转移。当房价上涨时，更多的资金会涌入房地产市场，贷款规模和证券化规模都会扩大，风险会通过证券公司扩散到资本市场并进行风险积累，造成更大的风险隐患。一旦房地产泡沫破裂，当房价骤然下跌时，之前房价上涨时累积的风险就会加速爆发，加快风险的传播速度并加大风险的覆盖范围。资本市场的参与会使局部风险扩大传染到整个金融体系，转化为全局的系统性金融风险。

（一）商业银行渠道的传导机制

房地产价格波动通过银行渠道对系统性风险产生的影响和作用可以分为两个部分：一是房地产价格波动影响银行内部资产质量等因素，导致银行自身各类风险敞口同时扩大，超过一定阈值后首先会爆发银行内部的系统性风险；二是如果某家银行先出现严重的风险危机，风险会通过银行体系内部借贷网络进行传播和扩散，从单一银行的风险迅速转移并传播到整个银行体系，引发银行体系的系统性风险，作为金融体系的支柱性行业爆发的系统性风险会对整个金融市场造成巨大冲击，从而爆发系统性金融风险。

1. 商业银行系统性风险生成

银行体系和房地产市场关联性很高，产业融合是现代经济的重要特征，房地产企业作为高杠杆经营的行业，对资金的需求量非常大，因此其产业资本和金融资本具有密切联系。而在我国，房地产企业的融资渠道众多，但银行贷款仍是非常重要的方式之一。银行对房地产企业提供的资金支持体现在众多方面，如银行自身持有的房地产资产、对房地产开发企业的融资贷款和对个人购房者提供的房地产信贷支持等。而银行自身的金融脆弱性在房地产企业、商业银行和居民之间错综复杂的债权债务关系网络中被进一步放大，也导致房地产市场的剧烈波动会触发商业银行爆发各种经营风险，乃至引发系统性金融风险。

从理论来说，房地产市场的适度泡沫是有利于房地产企业和银行共同发展的。从银行的角度来看，在合理范围内的房价上涨，不仅不会增加银行系统性风险爆发的可能，反而会因为持有的房地产资产的价格上涨而增加了银行的相关资产净值，提高了银行相应的抗风险能力。与此同时，对于居民和房地产开发企业来说，房地产价格的适度上涨使得抵押品价值增加，违约意愿明显降低，相应的不良贷款率也随之下降，银行因此面临的系统性风险也较低。

但是当房地产市场泡沫持续发酵时，银行风险会处于一个不断累积的过程中。房地产价格的大幅上涨会给企业、居民和银行带来过于乐观的预期。房地产企业会加大融资规模，企业逐利的特性会让企业加快开发进程并提供更多的房地产资源，供给的快速增多也是加速房地产市场泡沫破裂的原因之一。对居民来说，住房抵押贷款更加容易获得，也会将更多的资金投入房地产市场。对银行来说，居民和房地产开发企业的贷款需求随房价升高而有所增加，银行对房地产市场的乐观预期也导致其对房地产市场的支持力度加大，过度支持会使房地产价格偏离其基本价值，增加泡沫破裂的风险。

房地产市场泡沫持续膨胀超过控制就会引发房地产市场的震荡，甚至导致泡沫破裂，之前累积的风险会全部暴露出来。从外部影响来说，房地产开发企业面对房价的跳水性贬值，之前泡沫膨胀阶段扩张的开发规模无法马上随着形势收缩，持有的可出售楼盘价格骤降导致企业盈利能力下降，甚至无法支持开发中的楼盘继续完成开发进程；而银行在这个阶段收缩贷款规模只会雪上加霜，企业因资金链断裂而丧失还款能力，从而反过来又造成银行不良贷款率的上升，将风险传导到银行层面。居民也是如此，抵押品机制、资本金机制和流动性约束机制会同时发挥作用，交叉影响银行资金运营情况和资产质量，引发流动性风险、信用风险和道德风险等诸多风险。各类风险的同时暴露会导致银行抗风险能力全面衰退，增加系统性风险爆发的可能。此外，从银行内部影响因素来说，银行自身持有的房地产资产贬值也会导致银行资产负债表恶化，从而降低银行的风险抵御能力。内外共同影响，冲击银行风险防控体系，银行系统性风险爆发的可能性增加。

值得注意的是，房地产价格剧烈波动和银行破产的风险会产生交互影响。即房地产价格骤降会引发银行表内资产恶化，通过影响各类指标导致银行破产，而银行的破产反过来也会使得房地产企业融资困难，资金链断裂会迫使房地产企业进一步降低价格来尽快实现变现，银行自身也会通过减价销售资产来补充房价下跌造成的流动性不足，而这些只会进一步造成房价的继续下跌。简而言之，房地产价格剧烈波动与银行系统性风险爆发会产生螺旋式的风险传染效应。

2. 银行间借贷网络风险传染

风险在金融机构间有一定的传染机制，包括波动溢出效应和资产回报率的过度联动效应都可以在一定程度上解释房地产价格波动引起的银行系统性风险在银行间的相互传染和扩散现象。波动溢出效应主要用于解释国际金融市场间的风险传染机制，即危机爆发时，资产价格总是呈现出更大的波动率，这种波动会通过一个机构传染到另一个机构，从而实现扩散。而资产回报率的过度联动效应则更是针对银行体系的解释，即银行之间的相互借贷网络的存在使得其资产负债表具有较高的关联性，这构成了风险传染的基本渠道，这种资产回报率的过度联动效应在美国金融危机中也有所表现。

需要注意的是，因为银行间会持有相同或者相似的资产，因此房地产价格波动对所有银行的影响几乎都是同质的。而出于资金需求，通常银行间会存在相互借贷，同业拆借是银行间互相提供流动性的重要手段，因此一家银行的破产势必会影响其债权持有银行的资产情况。在这种情况下，即使有资产质量较好、准备金较充足从而能够一定程度上抵御房地产价格波动风险的银行，银行间借贷网络的存在也会使得本就受到房地产价格下降影响的银行雪上加霜，雪崩式的联动效应使得极少有银行能在危机风波中幸免于难，从而导致整个银行体系的崩溃。

除了以上两种直接的传导渠道以外，信息溢出效应也会对银行的风险传导有所影响。一家银行破产的信息溢出效应可能会同时增加市场上多家银行的融资成本，市场上流动性减弱，导致银行不得不出售资产以获得流动性，从而导致整体经济环境进一步恶化。同理，信息不对称的情况也有可能引发市场恐慌，银行储户的挤兑行为会成为压垮骆驼的最后一根稻草，银行无法回收的贷款和储户大量的挤兑造成的资金差额会越来越大，流动性缺口持续扩大，最后会导致银行破产，根据传染机制，也会扩大到整个银行体系，引起系统性风险的爆发。

（二）股票市场传导机制

随着我国金融市场的不断发展和完善，房地产开发企业也在不断扩展自己的融资渠道，从最开始的银行贷款、自筹资金以及外资资金扩展到包括房地产信托、股票市场融资和发行债券融资等各个融资渠道，金融体系中各个子市场的关联性也越来越紧密。股票市场是金融系统中一个具有至关重要地位的子市场，而股票也是我国居民和企业除了房地产以外的一个主要投资方式。

1. 股票市场与房地产市场的关联性

股票市场波动和房地产市场波动具有一定的相关性，并且通常来说股票市场泡沫的出现和破裂甚至早于房地产市场泡沫。从投机的角度来说，房地产市场和股票市场都存在大量的投机性资金，两个市场都比较容易在投机性资金的刺激下产生虚假需求，从而滋生出泡沫，且二者具有较强的相关性，泡沫破裂也往往会相继出现并互相影响。由于房地产市场和股票市场都是金融体系中影响力巨大的市场，两个泡沫的先后破裂可以导致严重的范围更广的金融危机。

在分析房地产价格波动是如何通过股票市场影响金融系统的稳定的具体传导机制之前，首先需要弄清房地产市场与股票市场的关联影响机制。一般来说，根据长短周期和市场分化的不同，会存在正向影响机制和负向影响机制。

根据市场分化的标准来看，在一线市场中，房地产受限购政策影响最为明显，对信贷市场的依赖程度并不明显，房价上涨可以带来显著的财富效应，但是在消费者日渐理性的今天，这种财富作用对股票市场的影响确实较为有限，即贷款和资产净值的增加不会让其将大量资金转向股票市场，也不会直接为股票市场带来利好，反而会存在一定的挤出效应。因此，房价对股指有显著的负向影响，但是反过来股指对房价并无明显影响。即当房地产市场繁荣、房地产价格上涨的时候，资金会从股市中撤离从而转向房地产市场，但是当股票市场繁荣的时候，即使股价大幅上涨，房地产市场中的资金也不会大幅撤离从而转向股票市场。这种现象从更深层次来看，主要有两方面的原因：一是房地产市场相对来说流动性较差，即使价格上涨，资产变现也需要较长时间，房地产市场交易远不如股票市场活跃。在这种情况下，房价上涨的财富效应难以及时兑现，从而难以实现资金向股票市场的转移。二是在我国房地产市场长期保持繁荣稳定，居民、企业和银行都对房价上涨有较为乐观的预期，而股票市场发展起步较晚，在这期间股票价格起伏不定。所以，即使股市繁荣，价格上涨，对风险较为谨慎和厌恶的投资者也不愿意将更多的资金投入股票市场中追涨，不同投资者对未来股市预期存在一定的分歧。因此，两个市场之间的财富效应的互相影响并不对等。而在二线城市中，房价上涨更多是由投机的炒房行为带动，在这种情况下，有富余资金的人会进行炒房追涨，对于仅有住房需求的人，信贷需求的带动并不明显，远低于一线城市。就三线城市而言，对房地产需求刚性有限，存在有价无市的情况，因此房地产市场与股票市场是相对隔离的。

根据长短周期的表现来看，也分为价格溢出效应和波动溢出效应。关于价格溢出效应，从长期来看，房地产市场与股票市场存在双向的价格溢出效应。从短期来看，与上文分析的一线城市的房地产和股票市场的影响一样，二者之间的互相影响并不等价，房地产市场对股票市场的影响更为突出，但随着周期的加长，房地产市场的流动性问题将不再是影响价格溢出效应的关键，股票市场反过来会对房地产市场产生价格溢出效应。在这个过程中也不应忽视政策抑制房地产过热的影响，在长期中也势必会影响到股票市场的收益情况。关于波动溢出效应，短期来看与价格溢出效应则正好相反。从短期趋势来看，并没有明显的双向波动溢出效应。从长期趋势来看，房地产市场与股票市场存在双向波动溢出效应。政策的抑制作用有效降低了房地产市场的波动性，从长期来看也会影响股票市场的波动性。

2. 房地产泡沫通过股票市场的风险传导

房地产市场与股票市场确实存在一定的相互影响，接下来分别从长期和短期分析具体的房地产价格波动对股票市场的影响，并进一步分析通过股票市场引发系统性金融风险的传导机制。

当房地产价格上涨时，从短期来看，房地产价格上涨会使得资金进一步从股票市场流向房地产市场，对股票市场形成一定的挤出效应。股票市场的资金流入房地产市场，会让房地产市场的泡沫更加膨胀。但是随着周期逐渐延长，房地产市场对股市的挤出效应减弱，价格溢出效应开始逐渐显露，房地产价格的上涨会带来财富效应，从而获得更多的银行贷款，同时也会有更多的富余资金投入股票市场，股票价格也随之上涨。股票价格在合理范围内上涨有利于股票市场的发展和经济进步，但是随着这种效应不断累积，价格逐渐偏离基本价值，产生较大的股票市场泡沫，最终的结果是房地产市场的泡沫和股票市场的泡沫同时增大，房地产市场的风险也通过这个渠道分散到股票市场，导致股票市场的波动，从而可能引发股票市场的系统性风险。

当房地产泡沫破裂而房地产价格骤降的时候，也会通过这个关联机制影响到股票市场。一般来说，股票市场泡沫的破裂是先于房地产市场的，但是房地产价格的下降也是导致股票市场泡沫破裂的重要原因之一。当股票市场泡沫破裂时，股票价格大幅下跌，企业市值凭空蒸发，影响企业通过发行股票融资的规模，企业资金流动性不足。资金链一旦断裂，对企业的经营和发展是致命的。股票市场涉及的行业更为广泛，对包括房地产企业在内的影响也是巨大的，股市的崩盘对实体经济的发展会产生较为致命的打击，从而引发全行业的经济危机，宏观环境和实体经济下行，金融行业维持稳定和繁荣的生态环境受到破坏，从而爆发系统性金融风险。

此外，股票市场的波动也会通过银行系统引发系统性金融风险。股票市场反映了投资者对未来经济发展的预期，若股票市场泡沫破裂，股价迅速下跌，则表示投资者和企业对未来经济发展预期悲观，不良的经营情况会导致无法偿还银行贷款的情况出现，银行不良贷款率上升，因此风险通过股票市场扩散的传导机制可以归纳为通过房地产市场价格波动，影响股票市场的泡沫破裂，再从股票市场的崩盘引发实体经济下行，企业无力偿还贷款从而影响银行的抗风险能力，房地产市场、股票市场和银行体系三个市场的风险先后爆发，作为金融体系中最为重要的三个子市场会对整个金融体系产生极大的冲击，从而爆发系统性金融风险。

金融体系传导机制的具体路径如图6-2所示。

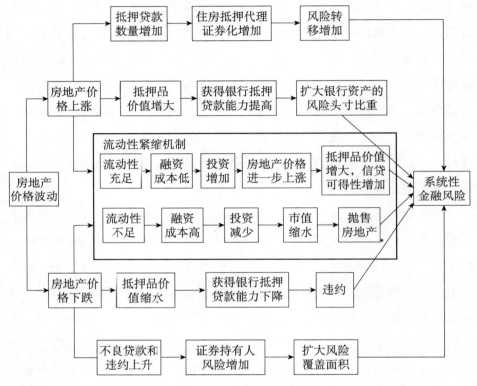

图6-2 金融体系传导机制的具体路径

三、影响探究：房价波动
对系统性风险影响程度的测算

通过构建向量自回归（VAR）模型分析房地产价格波动对系统性风险的具体影响程度，并引入经济增速和银行间贷款利率作为控制变量，根据方差分解的结果可以发现系统性风险受到自身惯性的影响最大，其次为房地产价格波动的影响，房地产价格对系统性风险的影响在收敛阶段保持在 20％左右。其中，CISFR 表示系统性金融风险综合指数，GDP 表示经济增速，HP 表示房地产价格，SHIBOR 表示银行间利率。方差分解结果如表 6－1 所示。

表 6－1 方差分解结果

时期	SE	DCISFR	DGDP	DHP	DSHIBOR
1	0.028 893	100.000 00	0.000 00	0.000 00	0.000 00
2	0.029 953	95.452 15	0.017 18	4.002 37	0.528 30
3	0.031 048	90.016 40	0.201 99	8.701 17	1.080 44
4	0.031 933	83.863 42	0.750 07	13.866 28	1.520 23
5	0.032 465	77.982 32	1.469 33	18.281 96	2.266 39
6	0.032 776	73.754 03	1.919 00	21.638 02	2.688 95
7	0.032 979	72.480 31	2.090 01	22.606 25	2.823 43
8	0.033 082	72.435 66	2.140 18	22.587 83	2.836 33
9	0.033 187	72.396 72	2.167 02	22.587 86	2.848 40
10	0.033 273	72.386 21	2.177 96	22.582 50	2.853 33

注：SE 为标准差，其他四个变量名称中的"D"均代表对应变量的一阶差分。

此外，还需要进一步通过压力测试的方法，分析不同程度的房地产价格下降分别会对系统性风险造成怎样的影响。在进行情景压力测试时，将房地产价格波动作为唯一的风险因素，分析房地产价格下降不同程度对通货膨胀率（CPI）、中长期人民币贷款利率（LIR）、上证 A 股指数（GA）和不良贷款率产生的影响，从而进一步影响系统性风险。以商品房平均销售价格为解释变量、其他为被解释变量进行回归，并采用逐步回归法对解释变量进行筛选，得到如下回归方程：

$$CPI = 15.44 + 0.04HP + 0.8CPI(-1) + 0.007GA(-1)$$

（6－1）

$$GA = 282.87 + 0.81HP + 0.89GA(-1) - 3.45CPI(-1)$$

（6－2）

$$LIR = 52.55 + 0.13HP - 0.66CPI(-1) + 1.02LIR(-1)$$

（6－3）

将房地产价格下跌幅度作为压力测试的风险因子，设轻度、中度、重度和极端程度四种情况对应的房价下降幅度分别为 10%、20%、30% 和 40%，但近年来房价仍然保持上涨趋势，房地产贷款规模也不断增长，因此将监管层要求房价下跌 50%～60% 的最为恶劣的情况也放入压力测试中。综合考虑选取 30%、40%、50% 和 60% 的下降幅度，选取 2015 年第四季度数据代入上述模型，结果如表 6-2 所示。

该表数据以 2003 年为基准值 100，从结果可以看出，房地产价格下降幅度越大，银行不良贷款率（PD）越高，从银行的传导机制角度来看，银行自身的系统性风险则越高。银行系统性风险爆发的国际标准是银行的不良贷款率超过 10%，因此当房地产价格下降幅度达到 60% 的极端情况出现时，银行系统会率先爆发系统性风险，而且对宏观经济中的通货膨胀率和股票市场的 A 股指数等传导途径同时发挥作用，引发系统性风险。

表 6-2　不同房地产价格下跌幅度对应的各变量取值

降幅（%）	HP	LIR	CPI	GA	PD（%）
30	189.39	80.12	137.46	165.09	2.61
40	162.33	76.60	136.38	143.17	4.39
50	135.28	73.09	135.29	121.26	7.31
60	108.22	69.57	134.21	99.34	11.92

但需要注意的是，与数据选取的时间节点有关，对于 2015 年银行业整体不良贷款率，即使是下降 50%，也十分危险。综上所述，在房地产价格下降 50% 以上时，会通过宏观市场机制、银行体系和股票市场传导风险，综合作用引发系统性风险。此外，如果进一步通过不良贷款率测算银行的资金缺口，在不良贷款率在 40% 以上的情况下，银行的贷款损失准备金就无法应对房地产贷款的损失，即在中度冲击的情况下，也会对银行业产生重大冲击，产生资金缺口和流动性不足，系统性风险爆发的可能性加大。

第七章 坚定前路：关于完善房地产长效管理机制的思考

一、摇摆不定：房地产调控的历程与困境

自从 1998 年房改之后，中国房地产业的发展似乎就与"过热"和"调控"相伴相生。

2003 年，中国房地产业迎来房改后第一轮"过热"行情，随之而来的是 2003 年 8 月国务院发布《关于促进房地产市场持续健康发展的通知》，开启了第一轮房地产调控。2005 年，国务院出台了房地产调控文件《关于切实稳定住房价格的通知》，2006 年，又出台了房地产调控文件《关于调整住房供应结构稳定住房价格意见的通知》，但与调控相伴随的是 2003—2007 年间房价的大幅上涨。

2008 年，国际金融危机席卷全球，对我国外贸和经济产生了强烈的负面冲击，GDP 增速在 2009 年第三季度跌至 6.4%，与高位相比，下跌一半还多。由此导致房地产市场急转直下，房价出现大幅下降，很多城市七折卖房现象比比皆是，房地产库存高企，2008 年商品房待售面积较 2007 年大幅增长约 56%。为稳定经济增长，避免经济失速、房价大幅下跌带来次生风险，2008 年 12 月，国务院办公厅发布《关于促进房地产市场健康发展的若干意见》，采取了下调居民购房首付比例、贷款利率打折、增加保障房建设等一系列措施。这是我国房地产的第二轮调控。

2008 年的刺激政策迅猛而有力度，房地产市场迅速回暖，销售面积和住房价格快速大幅上涨，北京部分区域在 2009 年一年就实现了价格翻

倍。于是在 2009 年底，国务院紧急出台了房地产调控政策，提高了二套房首付比例，希望给过热的房地产市场踩下刹车。2010 年 4 月，国务院又发布了《关于坚决遏制部分城市房价过快上涨的通知》，再次提高二套房首付比例、贷款利率，并明确遏制房价过快上涨。这是我国房地产的第三轮调控。

在这一系列调控政策的压力下，房地产市场随即呈现弱势，2010—2014 年，商品房销售面积、价格和房屋新开工面积的增长速度都出现了同比下降的局面。2014 年，受美国经济复苏乏力叠加欧债危机的影响，外需不振，导致我国经济增速也出现明显下滑，同时，几年来房地产销售不畅，库存高企。在此背景下，从 2014 年 11 月至 2015 年底 6 次下调存贷款基准利率，中长期贷款利率下降至历史低位。同时，国家还出台支持居民购买住房、支持房地产企业融资等房地产刺激政策，希望利用房地产去库存拉动经济增长。这是我国房地产的第四轮调控。

在上述利好政策的影响下，自 2016 年开始，我国国内城市房地产上演了一波涨幅高、范围广的房价狂飙，从一线城市到二线城市，再到三线城市甚至县城，住房价格成涟漪状轮番上涨。因此，从 2016 年下半年开始，第五轮房地产调控逐步开启。

回顾我国房地产市场发展过程中的历次调控，一放就涨、屡调屡涨的问题较为突出，甚至很多人形成了思维定式和政策预期，认为房地产调控政策都不会长久，认为只要经济下行，政府就会刺激房地产拉动经济，还认为国家调控就是"购房良机"，调控时买入、放松时卖出就将"赚一大笔"。这凸显出我们在房地产管理和调控制度设计上还存在着严重的缺陷，政策临时化，手段行政化，效果短期化，没有起到足够有效的政策效果。

因此，在本轮调控中，中央提出要建立起房地产市场管理和调控的"长效机制"，保证房地产市场平稳有序，让房地产市场发展为实现"让全体人民住有所居"服务。

二、火眼金睛：什么政策不是房地产的"长效机制"

回顾我国历次房地产调控，每次房地产调控所针对的问题不同，也解决了当时存在的一些问题，但体制机制的建设问题被忽视，缺乏稳定的、长效的体制机制。因此，在讨论什么是房地产管理和调控的"长效机制"之前，我们有必要反思什么样的政策不是让房地产市场为"让全体人民住有所居"服务、平稳有序发展所需要的"长效机制"。

第一，如果一个机制或政策缺乏稳定性，经常是根据市场运行情况进行相机抉择，那就必然是"头痛医头、脚痛医脚"的对策，而不能形成一个辩证统一的政策体系。这种对策性政策自然会临时变动甚至朝令夕改。这种政策可能会导致预期的不稳定，反过来会进一步强化人们的投机、套利等一系列机会主义行为。比如，人们形成了对房地产调控的预期模式，认为只要出现房屋滞销、经济下行，政府就会放松房地产调控，甚至把刺激房地产作为拉动经济的手段。由于形成了这样的预期，一些人就会针对政策进行"对赌"，反而造成了预期的自我实现。同时，政策的临时变动也容易导致政策悬崖效应，导致普通居民"心里没底"。政策出台的前后两天，就会出现截然不同的情况，产生非常巨大的影响，比如资产价格的缩水，甚至是购房资格的有无。在历次房地产调控中，因政策悬崖效应误伤"刚需"即普通居民的情况屡次发生。比如，限购政策出台，就有可能让部分居民因不满社保缴纳年限而失去购买自有住房的资格，而在限购期间作为对价的增加住房供应、提高廉租房保障水平、确保房价平稳等政策实际上又没有达到效果，这对部分居民的误伤是巨大的。这使得预期无法真正稳定下来，人们会认为"调控"就是买房良机，或"住房紧缺所以政府才限购，有资格必须买"，这样一来，调控政策的效果不仅会大打折扣，而且很难实现长效性。

第二，长期来看，房地产市场需要有一个供需相对平衡的状态，才能保证市场平稳有序。因此，长效机制建设应当从供给侧和需求侧两端发力，共同塑造平稳有序的房地产市场。但是，在以往历次调控中，我们采取的政策往往是需求端的，希望通过限制或平抑需求来达到在短期内促使供需相对均衡的目标。虽然每次调控中都提到增加供给，但房地产供应与土地供应相关。由于缺乏有效的制度配套和政策激励，特别是在一些供需矛盾较为突出的城市和地区，土地供应增加不足，惜售情况严重，因此，需求侧限制就会形成政策"堰塞湖"，一旦限制政策放松或取消，就会带来一波需求的集中释放。这种集中释放有可能会带来住房市场的挤兑，导致住房价格上涨预期，从而反过来再次形成新的购房需求，而房地产供应周期较长，由此造成价格短时间内暴涨。

以北京市为例，北京市曾发布了 2011—2015 年国有建设用地供应计划，但由于种种原因，住宅用地供应完成情况普遍低于原定计划。2011年，住宅用地供应完成了计划的 75.9%，其中，商品住宅用地仅完成了计划的 49%；2014 年，住宅用地供应完成了计划的 72.4%，其中，商品住宅用地供应仅完成计划的 51.7%。而土地供给不足，则又会导致住房供应不足，从而在需求由于政策变动短时间爆发时，造成房价剧烈上涨。因此，只从需求侧进行调控，不符合建立长效机制的原则，只有供给侧较为充足的稳定供应，才能使需求更为平缓地释放，避免需求大起大落和挤兑式购房，确保房地产市场平稳有序发展。

房地产调控政策中还存在不少与中国经济体制改革目标和社会经济发展状况相冲突的政策措施，如大量行政性管制政策，事实上是和社会主义市场经济的改革目标、市场在资源配置中发挥决定性作用的目标存在冲突的。比如，有些城市和地方为了实现抑制房价过快上涨的目标，采取"政府限价"的方式，要求企业按政府限价定价，否则不予发放预售证。而在房价下跌时，政府又要求企业不许降价出售。这些管理办法虽然在数据上仿佛平抑了房价，但事实上违反了市场规则，造成了扭曲，是一种形式主义的做法。"万人摇号限价盘，买到等于中彩票""限价房收取茶水费"等新闻，都是对这种管理和调控方式存在问题的反映。还有的城市突然宣布商品房的"限售令"规定，也很难说完全符合市场规则。此外，为抑制房价过快上涨，目前很多城市都采取了"限购"的调控政策，但这种行政管制政策与我国的城市化进程、居民的迁徙、劳动力的流动、农民工市民化等发展趋势不协调。这些政策在短期内对平抑房地产市场波动可能会起到一定的作用，但是其在长期会带来很多扭曲。因此，这些政策也是我们在设计长效机制时应当反思的。

三、明辨笃行：怎样的政策才是房地产的"长效机制"

那么，什么样的房地产管理和调控政策才能起到长效机制的作用呢？我们认为，至少应从以下几个方面着手：

第一，土地供应机制。住房的突出特点是需要建立在一定的土地之上，因此，土地供应制度的改革是建立房地产长效机制的基础。2013年，习近平总书记针对这一问题就曾指出，要完善土地政策，坚持民生优先，科学编制土地供应计划，增加住房用地供应总量，优先安排保障性住房用地。要形成以人为核心、以人定地的土地供应制度，以城市居民住有所居目标的实现确定城镇建设用地特别是住宅用地的规模，这一规模在当前规划水平大大提高、统计体制和征信数据相对健全的条件下，很容易在已知人口增减、家庭结构变化、住房面积需求、规划条件等因素的基础上得以确定，应当以一个公开的计算方式甚至公式确定这一可计算的住宅用地供应规模，向社会公布，独立于其他形式国有建设用地供应，并纳入地方政府的施政目标和政绩考核标准。建立起这种公开的、单一的住宅用地供给规则，就能稳定居民的预期，减少在住房市场中的"恐慌式"购房和"挤兑式"购房，增加住房购置行为的理性化程度，使居民按照自身住房需求合理安排购房时间和梯级购置。

另外，要根据城市化发展特点，在土地供应中实行"因城施策"原则。当前，在一、二线城市，土地供小于求，地价较高，因此地方政府主动加大土地供应的意愿并不高。而一些三、四线城市反而往往面临财政压力，倾向于大量出让土地。前者造成一、二线城市地价高涨并推高房价，后者造成三、四线城市住房无序开发，形成大量空置和浪费。因此，以人定地的土地供应模式的形成，能从根本上彻底改变上述问题。在人口不断流入的一、二线城市，应该主动加大住房建设用地供应，让住房建设用地供应与城市化进程及人口的合理流入、增长相匹配。而在人口不断流出的三、四线城市，应该减少住房建设用地供应，合理控制住房供应和无序开发，避免造成空置和浪费。同时，在土地供应紧缺的城市，要进一步探索多主体土地供给的制度设计，包括农村集体建设用地入市、宅基地入市等。

总体来说，住房需求和相应的土地供给规模是较为容易估计和计划的，其规律性强、变化周期较长，容易做出事先的规划和安排，即使有规划和安排之外的情况出现，也可以进行适时调整，但是以人定地的供应规则应该较为稳定、公开，这样才能保证预期的稳定和市场的平稳。

第二，住房保障机制。健全的保障房供应体系是保证房地产平稳健康发展和"让全体人民住有所居"的关键。低收入阶层的基本居住难以通过市场机制来实现，需要由住房保障体系予以保障。如果保障房供应不足，不仅低收入阶层的住房问题难以解决，而且将大量需求引入房地产市场，造成房价上涨预期强烈，导致房价暴涨、囤积炒作。1998年我国住房制度改革之初，事实上明确规定了最低收入者通过廉租住房解决住房问题，中低收入家庭通过购买经济适用住房解决住房问题，只有高收入者才需通过市场机制来解决住房问题。这一住房体系事实上是把家庭总量的80%以上纳入了住房保障体系中，从而使各类保障性住房供应在整个住房体系中居于主体地位。所以，既需要一个健全的住房保障机制的设计，又需要一个较大规模的、占住房供应体系较大比重的保障性住房的供应，才能真正保证住有所居目标的实现，同时驯服市场，解决住房市场存在的严重市场失灵。只有机制设计，但没有充足供应的量，解决不了问题；而只有供应量，但机制混乱，也自然会带来各种扭曲。因此，二者要辩证统一，合理安排。

当前，我国基本建立了以廉租住房、公租房、共有产权房、经济适用住房等为主要供给方式的住房保障体系，但总体上看，保障房供给量占比仍然偏低，供给积极性不足，还需要进一步加大力度，增加保障房供给类型和供给数量，改进保障房运行和管理方式。特别是，在经济适用住房退出历史舞台以后，缺少以自由住房形式保障的住房类型，可能需要像共有产权房这样的住房形式加以弥补，真正做到多主体供给、多渠道保障、租购并举。有充足的保障性住房托底，房价上涨的预期才能得到抑制，房地产市场才能最终"脱敏"回归正常，房地产市场运行才能更加平稳有序，实现"让全体人民住有所居"才能更有底气。

第三，金融机制。在现代经济中，住房已经与金融息息相关。因此，要建立房地产管理的长效机制，住房金融制度完善是关键一环。回顾历次房地产调控，金融政策往往能真正起到作用。要利用首付比例、利率等市场化信贷手段，建立稳定的"支持自住需求，限制投资需求，遏制投机需求"的住房贷款制度，可视房地产市场变化有所微调，但政策框架和力度要保持稳定，避免出现政策反复。对于自住需求，特别是首次置业家庭，要进一步加大对其购房的金融支持；对于改善性住房需求，应该采取中性的法则，采取更加市场化的信贷政策机制，控制其杠杆率水平。而对于购买两套以上住房的投资、投机性需求，应该停止向其提供银行贷款。首付比例决定了购房者的杠杆率，二套房提高首付比例、二套以上不予贷款的政策使购买住房的杠杆率大大降低，可以对投机性炒房产生强烈的限制；而贷款利率水平则决定了购房者的成本，对非首次置业者实行利率上浮的政策，能够直接提高购房成本，从而对投资性、投机性购房产生抑制作用。2017年后的北京和上海等房地产市场正是由于采取了较为严格的信贷政策，对二套房及其以上的认定和贷款政策都趋严，从而抑制了房价上涨，维持了房地产市场的平稳运行。同时，要全面落实"金融服务实体经济"，要以促进住房供应、抑制投机炒作为着眼点，对房地产开发商的资金需求区别对待，严防、严查资金违规流入房地产市场。2019 年 5 月，中国银行保险监督管理委员会（简称"银保监会"）发布《关于开展"巩固治乱象成果 促进合规建设"工作的通知》，通过信托和影子银行等方式为房地产融资的渠道已被叫停，开发商在土地市场上购买土地只能使用自有资金；同时，地产债也开始收紧，开发商海外发债也受到限制和规范。但是，近期我们也看到，受到中美贸易摩擦和新冠肺炎疫情冲击后，我国在进行灵活适度的货币政策调整，加大对中小微企业的贷款支持力度，而其中有部分小微企业信贷，甚至是政府贴息支持企业创新升级的贷款有流入房地产市场的苗头。这一现象在深圳尤为突出，使 2020 年初深圳房价出现了快速上涨的迹象。这种信贷资金违规流入房地产的情况，必须立即严查纠正。

第四，税收机制。设计合理健全的房地产税收制度是房地产管理长效机制的重点。一方面，土地财政问题是建立长效机制的最大难点，这轮改革必须痛下决心，通过中央和地方的财政关系、财税制度等系统性改革来解决地方政府对土地财政的依赖。这一点尤为重要，只有把居民住房条件不断改善作为地方政府的职责义务，把利用土地生财、房地产生财的路径依赖打破，才能塑造合理的地方政府涉地涉房行为模式。另一方面，要尽快研究住房相关税收制度，如空置税、增值税、房产税等，利用税收杠杆规范住房市场秩序，保护住房居住功能，惩罚住房投机行为。税收实际上可以利用的方式、制度有很多，在房产税立法周期较长的条件下，对房地产增值税进行合法合理征收可以有效解决诸多问题。对非首套住房严格征收较高税率的增值税，既是"土地涨价归公"这一社会主义地租分配原则的体现，又会对投资、投机性需求产生强大震慑。因此，应当进一步研究房地产增值税和合理税率的征收细则，同时要做到普遍适用，特别是要强化房地产开发商应缴土地增值税的依法征收。

第五，城乡一体化机制。在城市化进程中，一定要处理好城市与乡村一体化发展的问题，处理好特大城市、大城市与小城镇协调发展的问题，只有这样，才能在城市化过程中避免人口过度向少数城市集中，实现人口较为均衡的分布，这是解决住房问题的根本条件。中国应当发挥社会主义的优越性，对国民经济、人口分布的空间结构进行基于社会理性的布局、规划、引导。党的十九大重申了关于城乡一体化的发展思路，特别地，针对北京城市定位、功能发挥和大城市病问题，提出了京津冀协同发展战略，并超前谋划建设"雄安新区"，这都是对这一问题的深刻思考。同时，区域一体化发展和核心城市群的发展，也将有助于实现公共服务的均等化，促进人口较为均衡的分布。目前，我国已将京津冀协同发展、长江三角洲区域一体化发展以及粤港澳大湾区的建设列入国家战略，这些区域一体化均衡发展能够解决中心城市房价过高的问题。

第八章　愿"广厦万间，住有所居"

住房是最基本的民生要素，是美好生活的基础和保障。良好的住房和居住条件对于保障民生、改善民生非常重要。"小康不小康，关键看住房"，这一俗语显示出住房在小康生活中的关键作用。可以预见的是，在实现全面小康目标后，随着我国经济社会水平的不断提高，对更好的住房和居住条件的需要仍将不断增长，并成为人们不断追求美好生活的重要组成部分。

习近平总书记高度重视人民群众的住房问题，郑重提出"让全体人民住有所居"的目标，针对我国住房领域存在的问题，提出了"坚持房子是用来住的、不是用来炒的定位，并提出了加快建立多主体供给、多渠道保障、租购并举的住房制度"，加快建立房地产管理长效机制，以及不将房地产作为短期刺激经济的手段等新思路、新举措，努力带领全党全国为人民群众"住有所居"的美好生活而奋斗。在本篇中，我们围绕实现"让全体人民住有所居"目标这一主线，从马克思主义政治经济学的立场、观点、方法出发，全面阐述我们对中国住房领域建设改革成就和未来发展方向的一些思考。这些思考深刻反映了习近平总书记关于住房问题的重要论述精神，更凸显了落实"房子是用来住的、不是用来炒的"这一住房功能新定位对正在进行的新一轮中国住房制度改革的重要引领作用，有利于全面地理解当前我国住房领域的新思路、新政策。

客观地评估我国在住房领域取得的成就和存在的问题，是我们能够在住房这一民生关键领域进一步取得进步、最终实现"让全体人民住有所居"目标的基础。因此，我们首先回顾了我国住房制度改革的历程和在住房领域取得的巨大成就，并对存在的问题进行了梳理。我们还以经济适用住房的登场与退场以及高房价与地方政府竞争为案例，进一步深入讨论了住房供应模式的变迁和选择，以及造成中国"高地价-高房价"的地方政府竞争模式因素。通过这两个案例，我们揭示了住房功能定位对于构建合理住房政策体系、保障和实现"住有所居"的重大意义。在此基础上，我们就能够更加深刻地理解习近平总书记关于"房子是用来住的、不是用来炒的"这一住房功能新定位的重大意义，能够更加深刻地认识到，住房的首要功能是满足人民群众对住房条件改善和住有所居的需求，发展房地产市场的首要目标是更好更快地实现"让全体人民住有所居"，因此，住房不能变成投机炒作工具，房地产也不应被作为短期刺激经济的手段。基于此，我们进一步讨论了我国新一轮房改的主体思路。为了有所比较，深化认识，我们反思了住房自有化浪潮对我国住房消费模式的影响，揭示了依靠"住房自有"为什么不能解决"住有所居"问题。在此基础上，我们探讨了"多主体供给、多渠道保障、租购并举"这一住房体系新思维的理论含义和实践要求。另外，我们还以房地产金融化为背景，研究了房价波动可能造成的系统性风险的传播渠道，以期为房地产调控和化解防范系统性金融风险提供借鉴。作为总结，我们对如何建立和完善房地产管理调控的长效机制提出了几点思考。回顾我国房地产市场发展过程中的历次调控，一放就涨、屡调屡涨的问题较为突出，这凸显出我们在房地产管理和调控制度设计上还存在着严重的缺陷，政策临时化，手段行政化，效果短期化，没有起到足够有效的政策效果。房地产管理和调控的长效机制建设，必须从土地供应、住房保障、金融、税收、城乡一体化等体制机制方面着眼，注重政策的体系性、协调性，避免"头痛医头、脚痛医脚"的临时性政策。

从更高的要求来看，本篇的内容尚不足以成为民生经济学关于住房的系统性理论，仅仅是进行了初步的研究和分析，很多也都是问题导向和对策性的。新时代中国特色社会主义的民生建设和住房事业的发展实践，需要一套坚持马克思主义基本原理，以新时代中国特色社会主义思想为根本遵循的系统化理论来指导，这是时代的呼唤、人民的呼唤。仅以本篇内容抛砖引玉，期待高水平、系统化的关于住房的民生经济学理论成果层出不穷。

第五篇

新时代的民生经济学大有可为

第一章　时代应答：为什么需要
大力发展民生经济学

　　2020 年是全面建成小康社会的决胜之年、收官之年。习近平总书记在 2020 年的新年贺词中说："2020 年是具有里程碑意义的一年。我们将全面建成小康社会，实现第一个百年奋斗目标。"现在，我们离这一时刻越来越近，我们正在亲历和见证着中华民族无惧风雨、一往无前地从一穷二白到总体小康、从全面建设小康社会到全面建成小康社会的历史进程。2020年亦是一个新起点，全面建成小康社会，完成了第一个百年奋斗目标，这是一个伟大的胜利，但这既不是终点，也不允许追逐梦想的人稍做休息。全面建成小康社会，更是中国人民开启下一个更加伟大胜利的新起点，意味着第二个百年奋斗目标新的征程即将展开，激励我们乘势而上开启全面建设社会主义现代化国家新征程，使中国人民不断奔向美好生活新时代。

　　"小康"和"民生"息息相关，全面小康社会，更是对民生事业发展水平的定义和要求。党的十九大报告对在全面建成小康社会基础上开启全面建设社会主义现代化国家新征程做了全面部署。报告指出：从 2020 年到 21 世纪中叶可以分两个阶段来安排。第一个阶段，从 2020 年到 2035 年，在全面建成小康社会的基础上，再奋斗 15 年，基本实现社会主义现代化。到那时，我国经济实力、科技实力将大幅跃升，跻身创新型国家前列；人民平等参与、平等发展权利得到充分保障，法治国家、法治政府、法治社会基本建成，各方面制度更加完善，国家治理体系和治理能力现代化基本实现；社会文明程度达到新的高度，国家文化软实力显著增强，中华文化影响更加广泛深入；人民生活更为宽裕，中等收入群体比例明显提高，城乡区域发展差距和居民生活水平差距显著缩小，基本公共服务均等化基本实现，全体人民共同富裕迈出坚实步伐；现代社会治理格局基本形成，社会充满活力又和谐有序；生态环境根本好转，美丽中国目标基本实现。第二个阶段，从 2035 年到 21 世纪中叶，在基本实现现代化的基础上，再奋斗 15 年，把我国建成富强民主文明和谐美丽的社会主义现代化强国。到那时，我国物质文明、政治文明、精神文明、社会文明、生态文明将全面提升，实现国家治理体系和治理能力现代化，成为综合国力和国际影响力领先的国家，全体人民共同富裕基本实现，我国人民将享有更加幸福安康的生活，中华民族将以更加昂扬的姿态屹立于世界民族之林。

在这宏伟的蓝图中，最核心的目标仍然是人民群众幸福美好的生活，是对民生的关注。习近平总书记不止一次说过：人民对美好生活的向往，就是我们的奋斗目标。习近平总书记还说：不断地追求幸福美好的生活，是永恒的主题，是永远进行时，是做不完的事情，所以我们还要继续做下去。全面建成小康社会，是为了民生；全面建设社会主义现代化，也是为了民生。党的十九大深刻指出："中国特色社会主义进入新时代，我国社会主要矛盾已经转化为人民日益增长的美好生活需要和不平衡不充分的发展之间的矛盾。我国稳定解决了十几亿人的温饱问题，总体上实现小康，不久将全面建成小康社会，人民美好生活需要日益广泛，不仅对物质文化生活提出了更高要求，而且在民主、法治、公平、正义、安全、环境等方面的要求日益增长。同时，我国社会生产力水平总体上显著提高，社会生产能力在很多方面进入世界前列，更加突出的问题是发展不平衡不充分，这已经成为满足人民日益增长的美好生活需要的主要制约因素……我们要在继续推动发展的基础上，着力解决好发展不平衡不充分问题，大力提升发展质量和效益，更好满足人民在经济、政治、文化、社会、生态等方面日益增长的需要，更好推动人的全面发展、社会全面进步。"[①] 党的十九

---

① 习近平. 决胜全面建成小康社会 夺取新时代中国特色社会主义伟大胜利：在中国共产党第十九次全国代表大会上的报告. 北京：人民出版社，2017：11-12.

大对我国社会主要矛盾的新定位，凸显了实现"美好生活"这一民生目标在全党工作中的中心地位。在党的十九大前夕的"7·26"讲话中，习近平总书记用"八个更"概括了人民群众对更高水平"民生"的需求，即：更好的教育、更稳定的工作、更满意的收入、更可靠的社会保障、更高水平的医疗卫生服务、更舒适的居住条件、更优美的环境、更丰富的精神文化生活。习近平总书记还提出：要牢牢把握人民群众对美好生活的向往，以新发展理念引领发展，一步步实现好以人民为中心的发展。因此，民生建设和民生发展，对于全面建成小康社会，对于更好实现人民对美好生活的需要，至关重要，意义重大。

当前，新冠肺炎疫情对我国的国民经济和民生带来相当大的冲击。一方面，由于受到新冠肺炎疫情冲击，我国的经济社会活动都受到了极大的影响。从内需看，疫情带来的冲击和不确定性，使消费和投资都出现了明显的停滞，加之我国正处于转变发展方式、优化经济结构、转换增长动力的攻关期，内需面临较大压力。从外需看，世界经济受到疫情严重冲击，国际贸易和投资萎缩，国际交往受限，经济全球化遭遇逆流，导致我国出口外贸面临严峻形势。另一方面，新冠肺炎疫情不仅本身会影响基本民生，而且造成的经济下行压力也会向民生领域传导，带来民生问题。比如，经济下行带来的就业压力、收入下降等，都会直接影响到基本民生。

民生连着民心，民生凝聚人心。习近平总书记明确要求，越是发生疫情，越要注意做好保障和改善民生工作。李克强总理在 2020 年召开的第十三届全国人大三次会议上特别提出，疫情过后，民生为要，要把稳就业、保民生放在优先位置，强调"六保"① 作为 2020 年的重点工作。一方面，做好民生工作是打好"抗疫"总体战的重要方面。疫情给人民群众的生活带来了很多挑战，此时更需要千方百计稳定就业，提供更多更好的就业机会，千方百计提高居民收入，帮助他们补齐基本民生短板，切实帮助

---

① 六保即保居民就业、保基本民生、保市场主体、保粮食能源安全、保产业链供应链稳定、保基层运转。

他们解决由于疫情冲击带来的生活困难。另一方面，民生领域的发展和改革，也是在新形势下更好启动和扩大内需的重中之重。民生连着内需，连着发展。持续不断改善民生，既能有效解决群众的后顾之忧，调动人们发展生产的积极性，又可以增进社会消费预期，扩大内需，催生新的经济增长点，为经济发展、转型升级提供强大的内生动力。更好的教育、更好的医疗、更好的居住条件、更好的生活环境等民生领域，都是广大人民群众热切期盼的，因此这些领域具备极大的市场空间和内需潜力，是充分发挥我国超大规模市场优势和内需潜力的核心领域，对于我国稳定和拉动居民消费、推动消费提质扩容、释放新兴消费潜力至关重要。因此，做好民生建设工作，推动民生领域的改革与提质增效，是稳消费从而稳增长的重要方面，在当前条件下的重要作用更加凸显。

不断改善和保障民生、实现共同富裕，是党和政府的工作重心所在。百年来，中国共产党人一直把为中国人民谋幸福作为初心和使命，把实现共同富裕作为矢志不渝的奋斗目标。新中国成立以来特别是改革开放以来，我们党团结带领人民向着实现共同富裕的目标不懈努力，人民生活水平不断提高。特别是党的十八大以来，以习近平同志为核心的党中央高度重视推进全体人民共同富裕，反复强调"坚定不移走共同富裕的道路"，全面建成小康社会取得伟大历史性成就，特别是决战脱贫攻坚取得全面胜利，困扰中华民族几千年的绝对贫困问题得到历史性解决，为新发展阶段推动共同富裕奠定了坚实基础。

站在新的起点上，党的十九届五中全会提出到 2035 年"全体人民共同富裕取得更为明显的实质性进展"的目标。习近平总书记强调："实现共同富裕不仅是经济问题，而且是关系党的执政基础的重大政治问题。我们决不能允许贫富差距越来越大、穷者愈穷富者愈富，决不能在富的人和穷的人之间出现一道不可逾越的鸿沟。"①

---

① 习近平. 把握新发展阶段，贯彻新发展理念，构建新发展格局. 求是，2021（9）.

共同富裕是社会主义的本质要求，是中国共产党矢志不渝的追求。共同富裕绝不是抽象的概念，也不仅是收入分配的一般原则，而是内涵丰富具体、可获得可感知、具有鲜明时代特征和中国特色的生活状态，是全体人民通过辛勤劳动和相互帮助，普遍达到生活富裕富足、精神自信自强、环境宜居宜业、社会和谐和睦、公共服务普及普惠，实现人的全面发展和社会全面进步，共享改革发展成果的幸福美好的生活。

按照党中央的部署，2021 年 6 月 10 日发布的《中共中央国务院关于支持浙江高质量发展建设共同富裕示范区的意见》，选取浙江省作为共同富裕示范区，紧扣推动共同富裕和促进人的全面发展，明确了六大方面的重大举措：一是提高发展质量效益，夯实共同富裕的物质基础；二是深化收入分配制度改革，多渠道增加城乡居民收入；三是缩小城乡区域发展差距，实现公共服务优质共享；四是打造新时代文化高地，丰富人民精神文化生活；五是践行绿水青山就是金山银山理念，打造美丽宜居的生活环境；六是坚持和发展新时代"枫桥经验"，构建舒心安心放心的社会环境。从中央对浙江共同富裕示范区的定位可以看出，共同富裕的思想内涵在不断深化，外延在不断丰富化、具象化。

从这个意义上讲，共同富裕和美好生活本就是一体两面，共同富裕是美好生活的前提和重要内容，而美好生活则是共同富裕的具体形态和现实追求。习近平总书记强调："我们要始终把满足人民对美好生活的新期待作为发展的出发点和落脚点，在实现现代化过程中不断地、逐步地解决好这个问题。要自觉主动解决地区差距、城乡差距、收入差距等问题，坚持在发展中保障和改善民生，统筹做好就业、收入分配、教育、社保、医疗、住房、养老、扶幼等各方面工作，更加注重向农村、基层、欠发达地区倾斜，向困难群众倾斜，促进社会公平正义，让发展成果更多更公平惠及全体人民。[①] 因此，推动全体人民共同富裕取得更为明显的实质性进

---

① 习近平主持中央政治局第二十七次集体学习并讲话．中国政府网，2021 - 01 - 29．

展，不仅要着眼于收入分配领域的深化改革，而且要更加重视实现人民更加美好生活期待的民生建设，让共同富裕的内涵不断深化、外延不断具体生动地呈现。这就需要专门研究以民生建设促进美好生活实现的相关理论，为民生建设提供理论和智力支持，这当然离不开民生经济学的构建。

因此，本书书名中的"民生经济学"，就是要突出和明确以不断改善和保障民生为理论的基本出发点、着力点和落脚点，以实现共同富裕为目标，就是明确了民生经济学理论的社会主义性质，确立中国特色社会主义政治经济学对其的指导地位，从而使民生经济学真正区别于以所谓主流西方经济学为指导的劳动经济学、教育经济学、卫生经济学、住房经济学等其他相关部门经济学，从而科学回答新时代民生之问。

第二章 未来筹谋：如何建设和发展好民生经济学

建设和发展好民生经济学，必须首先明确其指导思想和理论原则。党的十八大以来，习近平总书记多次强调，要学好用好政治经济学，开创了中国特色社会主义政治经济学发展的新时代。我们要建设发展的民生经济学，应当是扎根中国大地、研究中国问题、给出中国方案的民生经济学。因此，我们的民生经济学必须遵循和坚持以中国特色社会主义政治经济学为指导，通过自身学科的建设发展充实中国特色社会主义政治经济学。

在新时代中国特色社会主义思想的指引下，作为中国特色社会主义政治经济学重要组成部分的民生经济学，应当遵循以下重大原则：

第一，坚持以人民为中心的发展思想，坚持把增进人民福祉、促进人的全面发展作为出发点和落脚点。习近平总书记指出："人民对美好生活的向往，就是我们的奋斗目标""时代是出卷人，我们是答卷人，人民是阅卷人"。必须始终把人民放在心中最高的位置，始终全心全意为人民服务，始终为人民利益和幸福而努力奋斗。进入新时代，人民对美好生活的向往更加强烈，期盼有更好的教育、更稳定的工作、更满意的收入、更可靠的社会保障、更高水平的医疗卫生服务、更舒适的居住条件、更优美的环境、更丰富的精神文化生活，期盼孩子们能成长得更好、工作得更好、生活得更好。因此，作为中国特色社会主义政治经济学组成部分的民生经济学应当涵盖这些人民群众热切期盼的领域和主题，把"以人民为中心"作为理论研究、学术建构的出发点和落脚点。

第二，坚持共同富裕基本目标，推动共享发展。我国是社会主义国家，实现共同富裕，反映了社会主义的本质要求，是中国特色社会主义的根本原则。习近平总书记强调：我们追求的发展是造福人民的发展，我们追求的富裕是全体人民共同富裕。要让发展成果更多更公平惠及全体人民，不断促进人的全面发展，朝着实现全体人民共同富裕不断迈进。因此，作为中国特色社会主义政治经济学的组成部分，民生经济学应当坚持把共同富裕基本目标作为根本遵循，进一步深化对共同富裕的规律性认识，推动人民生活质量和社会共享水平进一步提升，助力实现全体人民共同富裕的伟大事业。

第三，坚持民生福祉是发展的根本目的，创造更加幸福美好的生活。民生是人民幸福、社会和谐的基石。习近平总书记指出：让老百姓过上好日子是我们一切工作的出发点和落脚点。经济发展是民生改善的物质基础，离开经济发展谈改善民生是无源之水、无本之木，因此，要坚持在发展中保障和改善民生。同时，发展是以人民为中心的发展，如果发展不能回应人民的期待，不能让群众得到实际利益，这样的发展就失去意义，也不可能持续。要全面把握民生和发展相互牵动、互为条件的关系，为经济发展创造更多有效需求，使民生改善和经济发展有效对接、良性循环、相得益彰。同时也要处理好民生工作尽力而为、量力而行的辩证关系，脚踏实地，锲而不舍，不开空头支票。

第四，坚持把人民最关心、最直接、最现实的民生问题作为理论研究的中心课题。理论研究要脚踏中国大地，从群众中来，到群众中去。民生工作离老百姓最近，同老百姓生活最密切。因此，作为中国特色社会主义政治经济学的重要组成部分，民生经济学也必须贴近人民群众，抓住人民最关心、最直接、最现实的民生问题，用理论研究服务改善和保障民生的实践，用智慧资源助力在更高水平上实现幼有所育、学有所教、劳有所得、病有所医、老有所养、住有所居、弱有所扶，努力让人民有更多、更直接、更实在的获得感、幸福感、安全感。

不断改善和保障民生，是党和政府的工作重心所在。做好这项工作，不可避免要应对诸多纷繁复杂的问题，其中很多问题从其根本性质上说是经济学问题。这就需要有科学、具体的经济学门类去研究和回答相关问题，给实践更多理论指导。因此，我们提出了"民生经济学"这一概念。这一概念就是要凸显"民生"的中心地位，明确这些理论的社会主义性质和基本出发点。

第三章　抛砖引玉：理论任务与未来展望

在习近平总书记提出的"八个更"中，教育、医疗、住房等领域是目前人民群众最为关注的领域，是当前民生建设的关键。其中，教育是民族振兴、社会进步的重要基石，是国之大计，民生之大计。因此，必须把教育事业放在优先位置，深入探索教育的社会经济规律，做好深化教育改革、加快教育现代化、建设教育强国的体制机制研究，深化发展素质教育、推进教育公平、推动城乡教育一体化的相关问题研究，以及基础教育、职业教育、高等教育的社会经济规律研究，办好人民满意的教育。人民健康是民族昌盛和国家富强的重要标志，医疗问题也是民生焦点。因此，要深入探究医疗卫生事业的社会经济规律，深入医疗卫生公益性与市场化辩证关系研究，深入医药卫生体制改革研究，深入医疗卫生政策与相关经济社会政策配套衔接研究，办好人民满意的医疗卫生事业。住房和个人发展、家庭幸福、社会和谐息息相关，能住上户型更宽敞、设施更完备、配套更全面、环境更舒适的住房，成为在普通家庭不愁吃穿之后最重要的生活目标。因此，要探究城市化和住房建设的社会经济规律，深入住房和房地产业的功能定位研究，深入住房供给和住房保障相关制度研究，深入住房市场管理和调控的体制机制研究，让全体人民住有所居。

这些领域已经取得了举世瞩目的成就，但随着人民群众对美好生活需要的日益增长，还存在不少短板，人民群众对这些领域的关注度最高，对其中短板的"痛感"也最为强烈，因此需要我们总结成就和经验，反思短板和教训，深入研究相关理论，形成能够指导实践的系统化的科学理论，持续努力，久久为功。

在教育篇，我们梳理了我国教育事业改革发展过程中的巨大成就和需要解决的突出问题。围绕习近平总书记提出的"人人皆可成才，人人尽展其才"思想，明确了教育公平的重要意义、实现途径和发展短板，探讨了教育政策的改革成果，分析了教育对人力资本配置的积极影响。沿着"如何使人人成才""如何因材施教""如何人尽其才"的逻辑线索，通过人民关心的热点问题，为新时代高质量教育体系建设把脉定向。但目前针对教育领域的研究对于民生经济学的理论建设，还有很多需要完善的地方。教育问题是民生领域的重中之重，牵一发而动全身，关系到人民群众对美好生活向往的实现，因此，要发展新时代民生经济学关于教育的理论分支，就需要对其系统性理论进行进一步构建。

笔者在探析新时代高质量教育体系发展的基础上，对新时代民生经济学的教育理论体系进行了如下构建：

第一，关于新时代教育事业发展目标任务的理论分析。我国教育事业的根本任务是培养社会主义建设者和接班人，围绕这一根本任务，需要明确教育领域各个方面的发展规划，完善"人人皆可成才，人人尽展其才"思想的理论内涵，注重教育领域中公平与效率的协调。

第二，关于教育均衡发展实现途径的理论研究。对如下问题，都需要从实践中总结经验，进一步细化理论框架：义务教育均衡发展的实现措施，城乡、区域、公私立学校之间的教育资源均衡配置，师资力量流动、教育资金的精准投放，不同阶段教育均衡发展的联动机制。

第三，关于教育公平对社会公平正义作用机制的理论研究。教育公平对社会公平的实现有着基础性作用，教育公平通过何种途径促进社会公平正义，教育扶贫对阻断贫困代际传递的影响，教育扶贫过程中的资金监管体系建设，都是在实现社会公平正义过程中需要重点关注的。脱贫攻坚目标任务完成后，新阶段对我国教育事业发展提出了新要求，基础教育、职业教育、高等教育在全面推进乡村振兴、全面建成小康社会进程中如何有效配合，需要进一步明确。

第四，关于"分门别类，因材施教"的理论研究。以下均是新时代民生经济学的教育理论的研究课题：如何通过多层次、多门类的教育，更大程度地促进人力资本积累，协调劳动力市场供求平衡；如何协调教育公平与效率，完善分级教育、走班制等教学形式的应用场景，在提高教育成效的同时保证学生更充分、更自由的选择；如何办好促进人的全面发展的教育，创新因材施教的组织形式，进一步完善教育效果考核机制。

第五，关于教育对人力资本配置效率影响的理论研究。研究的着力点在于如何提高高校毕业生的人力资本配置效率，更好地匹配劳动力市场对人才的多样化、专业化需求。同时要强调学校、家庭、社会资本的相互补充，完善职业教育与培训体系，打通从教育到就业的传导机制。

第六，关于我国各层次教育发展的理论研究。在构建新时代高质量教育体系的过程中，要不断完善基础教育（包括学前教育、义务教育、普通高中教育、特殊教育）、职业教育与成人教育、高等教育、研究生教育等各教育阶段的体制机制，在不同教育阶段突出针对性教育目标和培养模式。在此过程中，要着重关注如下方面：如何进一步推进基础教育课程改革，系统推进教育评价改革，发展素质教育；如何建立健全现代职业教育体系，培养多样化人才，依法支持社会力量参与联合办学；如何办好高校思想政治理论课，构建适应新发展格局的高等教育格局；如何切实提升研究生教育支撑引领经济社会发展能力，促进产学研深度融合。

第七，关于我国教育监管体系的理论研究。规范各层次教育主体办学行为。为了完善校外教育培训监管政策，引导、促进民办教育健康发展，在教育各领域应集聚政府与市场合力，进一步明确各级监管部门职责，将当前教育监管政策与中长期教育发展规划相结合，构建与新时代教育改革发展格局相适应的监管体系。

新时代我国教育事业发展迎来新格局，随着国家各项政策的逐步落实，新时代教育体系构建不断取得新进展，但在这个过程中也面临着一些现实问题。为了更好地实现"人人成才，人尽其才"目标，需要将顶层设计和实践总结相结合，不断完善新时代民生经济学的教育理论分支，制定、落实针对现实问题的教育政策。针对当前引起人民关注的热点，如民办教育的健康发展问题、校外教育培训乱象丛生、"高考状元"等炒作现象，在制定相应监管政策的同时，要推进相关教育理论的研究，为实践工作提供理论支撑。

新时代民生经济学的教育理论分支，其内涵与一般的教育经济学有所不同。第一在于其特殊的发展背景。是在中国特色社会主义制度下，为实现培养社会主义建设者和接班人的根本目标，不断推动教育事业的改革发展，这为作为民生经济学分支的教育相关理论研究奠定了基调。第二在于其方法论层面的独特性。在始终坚持马克思主义科学理论指导的基础上，结合宏微观经济学分析方法，对我国新时代高质量教育体系进行政治经济学分析，同时注重理论推演、实证研究和实践反馈。第三在于教育问题对保障和改善民生的作用。"让全体人民学有所教"的民生经济学，在"两个一百年"历史交汇点、在"十四五规划"的开局之际，对保障和改善民生具有更加重要的意义，应始终以保障和改善民生为理论发展和实践应用的出发点和落脚点，始终坚持中国特色社会主义办学方向，在党的坚强领导下，促进人的全面发展。

在医疗篇，我们回顾了我国医药卫生体制改革的历程和在医疗领域取得的巨大成就，围绕习近平总书记提出的"没有全民健康，就没有全面小康"的定位，对我国医疗领域存在的问题和进一步改革的思路进行了政治经济学分析，对医疗领域的民生经济学问题进行了初步的讨论。但是，这些对于民生经济学的理论建设只是浅尝辄止，还远远不够。医疗问题在民生领域十分重要，牵涉面广，要发展民生经济学关于医疗的理论分支，还需要更为系统的理论构建。

在笔者看来，作为民生经济学理论分支的医疗理论，应在揭示医疗领域经济规律的基础上，以实现全民健康为目标，对中国特色社会主义的医疗政策制定提供理论资源。该理论体系应该包含以下几个方面：

第一，关于医疗性质的理论分析。医疗资源的准公共产品性质，直接影响中国特色社会主义下的医疗功能定位。

第二，关于中国特色社会主义经济中医疗资源分配规律的研究。是以华西、齐鲁、湘雅、协和为代表的各大医疗集团通过整合其他医疗机构实现医疗资源的集中，还是通过更多的社区卫生院逐步实现医疗资源的下沉，以及如何合理统筹医疗资源的分配，促进全民健康目标的实现，是中国特色社会主义民生经济学需要研究的重要问题。

第三，关于医疗资源获得方式的研究。是通过挂号费调整实现竞价更高者获得医疗资源的市场化配置，还是通过分级诊疗来实现医疗资源的专业化配置，以及如何更有效率地让具有不同需求的人对接不同等级的医疗资源，是民生经济学需要明确的重要问题。

第四，关于医药市场化供给规律的研究。药物研发专利制度、仿制药研发制度、药物临床三期实验制度等，都是可能影响医药市场化供给的重要制度。如何在社会主义市场经济基本制度下，通过市场机制促进病有所医目标的实现，是民生经济学需要研究的重要课题。

第五，关于医药领域政府作用的理论研究。带量集中采购制度执行后的成果，新冠疫苗免费接种的实践，都是医药分配领域政府发挥作用的重要实践。如何更好地发挥政府作用，强化医药分配制度的改革，让看病不再"贵"，促进病有所医目标的实现，是民生经济学需要研究的重要课题。

第六，关于医患关系修复的理论研究。医患之间的信息不对称如何修复，关乎广大医学专业学生选择从事医疗行业，更关乎病有所医目标的实现。

第七，关于社会力量对医疗卫生体制所能提供的帮助。如何更好地发挥社会力量的作用，对促进医疗卫生体制发展有重要的意义。

以上内容，从医疗的基础性理论、医疗资源配置理论、医疗的市场化运作、政府调控和社会参与等几个层次，对与医疗相关的经济问题进行探索。其与一般卫生经济学的不同之处在于：一是其制度背景是中国特色社会主义经济制度，这一基本制度，既决定了作为民生经济学分支的医疗相关理论研究的基本前提，又为实现病有所医目标奠定了制度基础；二是其研究凸显了医疗的"民生"性质，即以保障民生为其理论分析的基本出发点和落脚点。新时代中国特色社会主义的民生建设和医疗事业的发展实践，需要一套坚持马克思主义基本原理、以新时代中国特色社会主义思想为根本遵循的系统化理论来指导，这是时代的呼唤、人民的呼唤。

在住房篇，我们回顾了我国住房制度改革的历程和在住房领域取得的巨大成就，围绕习近平总书记提出的"房子是用来住的、不是用来炒的"定位，对我国住房领域存在的问题和进一步改革的思路进行了政治经济学分析，对住房领域的民生经济学问题进行了初步的讨论。但是，这些对于民生经济学的理论建设只是浅尝辄止，还远远不够。住房问题在民生领域十分重要，牵涉面广，要发展民生经济学关于住房的理论分支，还需要更为系统的理论构建。

在笔者看来，作为民生经济学的理论分支的住房理论，应在揭示住房领域经济规律的基础上，以实现住有所居为目标，对中国特色社会主义的住房政策制定提供理论资源。该理论体系应该包含以下几个方面：

第一，关于住房性质的理论分析。主要任务在于厘清住房的性质以及中国特色社会主义下的住房功能定位。

第二，关于中国特色社会主义经济中区域发展规律、城镇化规律、城市发展规律以及土地利用规律及其与住房关系的理论研究。要一体考虑国家空间规划、区域发展规划、土地政策、城市规划，以及如何合理统筹区域、城乡住房发展，促进住有所居目标的实现。

第三，关于住房市场运行机制理论研究。研究课题包括：住房价格理论、房地产的产业结构与产业组织。重点在于如何在社会主义市场经济基本制度下，通过市场机制促进住有所居目标的实现。

第四，关于住房领域政府作用的理论研究。研究重点在于：市场房地产行业监管，关于商品住房市场规制政策、保障性住房政策、公共住房政策、住房市场调节政策的比较分析和评估。要更好地发挥政府作用，完善房地产行业规制，处理好房地产和其他行业协调发展关系，完善公共住房政策，促进住有所居目标的实现。

第五，关于住房相关财税政策的理论研究。研究课题包括：土地出让金管理、房产税、住房补贴等。重点在于如何完善住房相关财税制度，促进住有所居目标的实现。

第六，关于住房相关金融政策的理论研究。要设计和完善住房金融制度，在促进住有所居目标实现的同时，守住不发生系统性金融风险的底线。

第七，关于住房领域发展规划的理论研究。关键之处在于如何合理制订住房发展规划，使之与经济发展、人口状况相适应，促进住有所居目标的实现。

以上内容，从住房的基础性理论、住房市场运行理论、住房的公共经济理论几个层次，对与住房相关的经济问题进行探索。其与一般的房地产经济学的不同之处在于：一是其制度背景是中国特色社会主义经济制度。这一基本制度，既决定了作为民生经济学分支的住房相关理论研究的基本前提，又为实现住有所居目标奠定了制度基础。二是其研究凸显了住房的"民生"性质，即以保障民生为其理论分析的基本出发点和落脚点。新时代中国特色社会主义的民生建设和住房事业的发展实践，需要一套坚持马克思主义基本原理、以新时代中国特色社会主义思想为根本遵循的系统化理论来指导，这是时代的呼唤、人民的呼唤。

在本书中，我们围绕教育、医疗、住房等民生建设的核心领域进行了研究和讨论，以期在总结这些领域取得的巨大成就和经验的基础上，为在这些领域进一步促改革、补短板、不断推动改善和保障民生贡献绵薄智慧。虽然本书书名为《新时代民生经济学》，但就本书的内容而言，还远远达不到"学"的理论深度和系统化程度。但我们仍然希望用这本书来"抛砖引玉"，希望有越来越多的学者参与到作为中国特色社会主义政治经济学重要组成部分的民生经济学的理论建构工作中，其中特别是构建新时代民生经济学关于教育、医疗、住房理论体系，需要学人共同努力，以推进理论体系的系统完善，从而有越来越多的学术研究践行以人民为中心理念、秉持民生优先立场，关注民生、聚焦民生，为新时代中国特色社会主义民生建设贡献智力支持。

参考文献

边燕杰. 社会资本研究. 学习与探索，2006（2）：39-40.

蔡江南. 医疗卫生体制改革的国际经验：世界二十国（地区）医疗卫生体制改革概览. 上海：上海科学技术出版社，2016.

曹清峰，王家庭. 住房自有率与城市蔓延：理论与实证. 中国房地产（学术版），2014（10）：22-27.

陈海平. 人力资本、社会资本与高校毕业生就业：对高校毕业生就业影响因素的研究. 青年研究，2005（11）：8-15.

陈杰. 以供给侧结构性改革实现"房住不炒". 人民论坛，2018（6）：84-85.

陈梦. 医疗卫生类非营利社会组织的发展分析. 经济与社会发展，2012（6）：29-31，48.

陈全功. 补习教育的地域延展及其社会效应分析. 比较教育研究，2012（3）：42-46.

程民选，冯庆元. 试析新时代"房住不炒"定位的理论逻辑：基于大卫·哈维的马克思主义经济学分析框架. 经济问题，2019（1）：1-5.

储振华. 国外卫生经济学概论（节选连载一）：卫生经济学史. 国外医学（卫生经济分册），1988（3）.

褚宏启. 城镇化进程中的教育变革：新型城镇化需要什么样的教育改革. 教育研究，2015（11）：4-13，24.

褚宏启. 教育治理：以共治求善治. 教育研究，2014（10）：4-11.

大卫·哈维. 资本的限度. 北京：中信出版社，2017.

大卫·哈维. 资本社会的17个矛盾. 北京：中信出版社，2016.

代懋，王子成，杨伟国．中国大学生就业匹配质量的影响因素探析．中国人口科学，2013（6）：113－123.

戴季瑜．我国走班制教学的类型与特点．教学与管理（理论版），2016（4）：54－56.

丁如曦，倪鹏飞．房地产市场调控优化及深化改革：目标原则与路径找寻·改革，2018（10）：28－38.

丁小浩．社会关系对高校毕业生就业的影响．中国教育报，2004－09－24.

范先佐．义务教育均衡发展改革的若干反思．教育研究与实验，2016（3）：1－8.

范先佐，郭清扬，付卫东．义务教育均衡发展与省级统筹．教育研究，2015（2）：67－74.

方建国．先秦诸子百家民生经济思想探析：结构变迁的视角．中国经济史研究，2015（3）：25－42.

房莉杰．理解"新医改"的困境："十二五"医改回顾．国家行政学院学报，2016（2）：77－81.

封世蓝，谭娅，蒋承．家庭社会网络与就业质量：基于2009—2015年"全国高校毕业生就业状况调查"的分析．金融研究，2019（10）：79－97.

冯建军．义务教育均衡发展方式的转变．中国教育学刊，2012（3）：1－4.

付卫东，曾新．十八大以来我国教育扶贫实施的成效、问题及展望：基于中西部6省18个扶贫开发重点县（区）的调查．华中师范大学学报（人文社会科学版），2019（5）：45－56.

傅维利，张淼．论城市化进程对中国义务教育班级、学校规模的影响．华东师范大学学报（教育科学版），2014（1）：1－10.

甘肃6家医院被扫黑除恶：多家被查医院现莆田人身影．网易新闻，2019－06－12.

葛延风，王晓明.解题医改困局：中国医疗服务体系改革反思.中国卫生产业，2005（9）：18－21.

各级财政已安排疫情防控资金1 218亿元.中国新闻网，2020－03－24.

顾昕.公共财政转型与政府医疗投入机制的改革.社会科学研究，2019（2）：141－149.

顾昕.新时代新医改公共治理的范式转型：从政府与市场的二元对立到政府-市场-社会的互动协同.武汉科技大学学报（社会科学版），2018（6）：589－600.

关于尽快解决农村贫困人口温饱问题的决定.人民日报网络版，2020－03－07.

郭丹丹，郑金洲.学区化办学：预期、挑战与对策.教育研究，2015（9）：72－77.

恒大研究院.中国住房存量报告：2019.搜狐网，2019－08－16.

黄道主，许锋华.扣问教育公平：从学区房现象谈起.基础教育，2010（11）：7－10.

黄世贤.民生经济学范式思考.江西社会科学，2009（11）：62－66.

季林飞.中、韩、日、欧盟中小学课外辅导的比较与思考.北京教育学院学报，2015（3）：67－72.

教育扶贫的特殊地位和作用.中国青年网，2018－12－29.

金春林，王贤吉，何达，等.我国社会办医政策回顾与分析.中国卫生政策研究，2014（4）：1－7.

靳晓燕，荣雷.义务教育如何应对城镇化的挑战.光明日报，2015－02－10.

靳晓燕.为了那份沉甸甸的嘱托：记北京师范大学优秀公费师范生群体.光明日报，2019－07－08.

卡尔·波兰尼.巨变：当代政治与经济的起源.北京：社会科学文献出版社，2013.

康洪. 中国共产党民生思想的回顾与思考. 湖南师范大学社会科学学报，2011（3）：65 - 69.

李婧. 习近平提"精准扶贫"的内涵和意义是什么. 中国经济网，2015 - 08 - 04.

李军超. 财政分权视阈下城乡义务教育均衡发展的动力缺失问题研究. 浙江社会科学，2015（5）：94 - 101，130.

李克强. 不断深化医改 推动建立符合国情惠及全民的医药卫生体制. 求是，2011（22）：3 - 10.

李兰娟：疫情防控取得阶段性胜利 但形势依然严峻. 人民网，2020 - 03 - 23.

李玲. 医改方向：政府主导下市场补充. 中国医疗前沿，2006（6）：32 - 36.

李涛. 教育公共治理：什么公共？什么治理？：结构转型与法理维度的探索. 全球教育展望，2009（7）：45 - 50.

李兴洲. 新中国 70 年教育扶贫的实践逻辑嬗变研究. 教育与经济，2019（5）：32 - 33.

李雪丽. 试析北京地区"民办公助"学校的变革. 首都师范大学学报（社会科学版）. 2009（S1）：265 - 270.

李钊，谭刚. 教育扶贫视阈下乡村教师支持政策执行效果研究：基于史密斯政策执行理论模型. 湖北农业科学，2019（17）：140 - 146.

刘凤义，杨善奇. 我国住房问题的政治经济学分析. 当代经济研究，2017（3）：22 - 32.

刘明松. 求解民生问题与习近平经济思想的理论线索. 马克思主义与现实，2017（3）：44 - 49.

刘扬. 大学专业与工作匹配研究：基于大学毕业生就业调查的实证分析. 清华大学教育研究，2010（6）：82 - 88.

龙宝新. 免费师范生在职读研的有效学习模式. 学位与研究生教育，

2013 (8)：19 - 24.

马辉辉. 走班制的实施与注意问题. 教育与教学研究，2016 (2)：99 -103.

马克·贝磊，廖青. "影子教育"之全球扩张：教育公平、质量、发展中的利弊谈. 比较教育研究，2012 (2)：13 - 17.

马克思，恩格斯. 马克思恩格斯全集：第 4 卷. 北京：人民出版社，1958.

马克思，恩格斯. 马克思恩格斯全集：第 23 卷. 北京：人民出版社，1972.

马克思，恩格斯. 马克思恩格斯选集：第 2 卷. 3 版. 北京：人民出版社，2012.

马克思，恩格斯. 马克思恩格斯选集：第 3 卷. 3 版. 北京：人民出版社，2012.

迈克尔·赫德森. 从马克思到高盛：虚拟资本的幻想和产业的金融化 (下). 国外理论动态，2010 (10)：39 - 48.

闵维方，丁小浩，文东茅，等. 2005 年高校毕业生就业状况的调查分析. 高等教育研究，2006 (1)：31 - 38.

彭妮娅. 教育扶贫成效如何？：基于全国省级面板数据的实证研究. 清华大学教育研究，2019 (4)：90 - 97.

邱利见. 精准滴灌：补齐教育扶贫短板的良策. 人民论坛，2019 (34)：56 - 57.

石中英. 教育公平的主要内涵与社会意义. 中国教育学刊，2008 (3)：1 - 6，27.

史宇鹏，李新荣. 公共资源与社会信任：以义务教育为例. 经济研究，2016 (5)：86 - 100.

宋光华，宋姗姗. 时代需要创建民生经济学. 社会科学研究，2014 (1)：22 - 27.

孙浩进. 论民生经济学的范式逻辑. 深圳大学学报（人文社会科学版），2016（2）：71 - 76.

孙玉婷. 基于教育公平视角看天津市小升初"摇号"政策. 现代教育科学，2016（8）：21 - 24.

唐任伍. 习近平精准扶贫思想阐释. 人民网，2015 - 10 - 21.

万静. 半数县未公开义务教育划片信息. 法制日报，2017 - 03 - 21.

王光荣. 民生思想理论研究综述. 江汉大学学报（社会科学版），2012（5）：30 - 36.

王虎峰. 中国医改 10 年历程回顾与未来展望. 中国医院管理，2019（12）：1 - 5.

王静，李雪平. 谁为"民办公助"教育的结果埋单. 太原师范学院学报（社会科学版），2010（6）：144 - 146.

王丽，皮悦明，王有智. 免费师范生职后工作现状与发展意愿调查. 教师教育论坛，2017（11）：59 - 65.

王义娜，黄立新. 百年回眸：孙中山民生经济思想研究述评. 安庆师范学院学报（社会科学版），2011（10）：1 - 5.

王子成，杨伟国. 就业匹配对大学生就业质量的影响效应. 教育与经济，2014（3）：44 - 52，57.

魏彩红，张晓辉，赵宏玉，等. 免费师范生的职业认同类型及其学习动机特点研究. 教师教育研究，2013（3）：66 - 71，85.

魏子柠. 将中国医改进行到底. 北京：中国协和医科大学出版社，2019.

文东茅，刘大立. 从经费收支状况看"民办公助"学校的发展. 教育科学研究，2001（11）：9 - 13.

吴江洁，孙斌栋. 通勤时间的幸福绩效：基于中国家庭追踪调查的实证研究. 人文地理，2016（3）：33 - 39.

吴霓. 王学男. 教育扶贫政策体系的政策研究. 清华大学教育研究，

2017（3）：76-84.

习近平. 让贫困地区孩子接受教育是扶贫重要任务. 中国经济网，2015-09-10.

习近平的"三扶"脱贫论. 新华网，2015-09-11.

习近平：坚决打赢脱贫攻坚战. 人民网-中国共产党新闻网，2017-11-03.

习近平. 决胜全面建成小康社会 夺取新时代中国特色社会主义伟大胜利：在中国共产党第十九次全国代表大会上的报告. 北京：人民出版社，2017.

习近平：追求美好生活是永远的进行时. 人民网，2019-09-19.

习近平：2020年将全面建成小康社会，实现第一个百年奋斗目标. 新华网，2019-12-31.

习近平：在统筹推进新冠肺炎疫情防控和经济社会发展工作部署会议上的讲话. 新华网，2020-02-23.

谢治菊. 大数据驱动下的教育精准扶贫：以长顺县智慧教育扶贫项目为例. 湖南师范大学教育科学学报，2019（1）：43-52，75.

新冠肺炎是新中国成立以来重大突发公共卫生事件. 新浪网，2020-02-28.

熊丙奇."多校划片"要因地制宜. 商周刊，2016（7）：84.

熊丙奇. 理性评估"多校划片"政策的效用. 上海教育评估研究，2016（2）：23-25，30.

徐江南，李坊贞. 我国基础教育"走班制"的研究现状. 文教资料，2017（10）：180-181，192.

徐晓军. 论社会资本的运作空间. 华中师范大学学报（人文社会科学版），2003（2）：53-56，109.

杨东平. 试论教育腐败. 北京大学教育评论，2003（2）：109-112.

杨静，金轲. 新自由主义的民生困局：以奥巴马医改为例. 教学与研究，2018（8）：80-89.

杨小斌，杨静，赵玉双，周逸清. 选课走班制下的中学生师生关系和师生沟通模式研究：以北京市十一学校为例. 基础教育研究，2018（3）：32-36，39.

药监局：已审批16个新冠病毒检测试剂. 光明网，2020-03-12.

以新的发展理念引领发展，夺取全面建成小康社会决胜阶段的伟大胜利（2015年10月29日）. 十八大以来重要文献选编（中）. 北京：中央文献出版社，2016.

易君健，易行健. 房价上涨与生育率的长期下降：基于香港的实证研究. 经济学（季刊），2008（3）：961-982.

易宪容，郑丽雅，Dolgorsuren L. "房住不炒"楼市定位的理论意义和政策选择. 江西社会科学，2019（5）：50-60.

袁利平，丁雅施. 我国教育扶贫政策的演进逻辑及未来展望：基于历史制度主义的视角. 湖南师范大学教育科学学报，2017（4）：65-72，80.

张晨. 住房功能新定位与中国住房改革的政治经济学分析. 政治经济学评论，2020（2）：94-108.

张晨，冯志轩. 中国式"高房价"：地方政府围绕资本的竞争. 当代经济研究，2014（12）：55-61.

张晨，吕原野. 从"住房自有"到"租购并举"：我国住房制度改革的政治经济学分析. 政治经济学季刊，2019（4）：35-49.

张华玲，褚湜婧，罗昊宁. 我国社会办医现状、困境及政策建议. 中国医院，2018（5）：22-24.

张军利. "过度教育"：劳动力市场视角下的中国高等教育. 教育研究，2010（9）：81-84.

张明杰，吴荣顺. 教育扶贫资金的运行与监管. 人民论坛，2019（24）：156-157.

张青. 印尼 UPH 免费师范生计划. 当代教育实践与教学研究，2019 (2).

仉琨，王文源. 民办中小学发展的现状、问题与对策. 中小学管理，1998 (1)：1.

赵宏玉，张晓辉. 教育政策对免费师范生从教动机、职业认同的影响. 北京师范大学学报（社会科学版），2015 (4)：51-59.

赵霞. 中国和韩国的影子教育比较研究. 上海：华东师范大学硕士学位论文，2013.

赵永辉. 各级政府在义务教育均衡发展中的责任及履责成效. 教育学术月刊，2015 (7)：48-55，76.

郑洁. 家庭社会经济地位与大学生就业：一个社会资本的视角. 北京师范大学学报（社会科学版），2004 (3)：111-118.

周丽莎. 基于阿玛蒂亚·森理论下的少数民族地区教育扶贫模式研究：以新疆克孜勒苏柯尔克孜自治州为例. 民族教育研究，2011 (2)：98-101.

周其仁. 中国医改的根本问题. 中国医院院长，2011 (21)：66-67.

周怡. 解读社会：文化与结构的路径. 北京：社会科学文献出版社，2004.

周毅. 国际医疗体制改革比较研究. 北京：新华出版社，2015.

朱恒鹏. 财政医改投入究竟是多是少?. 中国财政，2018 (7)：33-34.

朱恒鹏. 医疗卫生财政投入机制与国家治理体系现代化：学习党的十九届四中全会《决定》的体会. 经济学动态，2019 (12)：3-14.

朱莉萍，王希晨，周令，等. 中国社会办医现状、问题及政府责任分析. 中国公共卫生，2016 (5)：705-708.

朱莹，唐玲，刘浏，等. 社会组织在我国卫生健康领域的变迁与发展. 中国农村卫生事业管理，2020 (1)：24-28.

资中筠. 财富的责任与资本主义演变：美国百年公益的启示. 上海：上海三联书店，2015.

综合监管制度政策解读和评价. 健康界，2018 – 08 – 03.

Allen，Jim and Rolf van der Velden. Educational Mismatches versus Skill Mismatches：Effects on Wages，Job Satisfaction，and On-the-Job Search. Oxford Economic Papers，2001 （3）：434 – 452.

Barbieri，Paolo. Household，Social Capital and Labour Market Attainment. ECSR Workshop，1996.

Bourdier，P. The Forms of Capital. In *Handbook of Theory and Research for the Sociology of Education*. Westport，CT：Greenwood，1986.

Catte，P.，N. Girouard，R. W. R. Price，et al. Housing Markets，Wealth and the Business Cycle. OECD Economics Department Working Papers，Paris：OECD Publishing，2004.

Clark，A. E.，A. J. Oswald. Satisfaction and Comparison Income. *Journal of Public Economics*，1996 （3）：359 – 381.

Coleman，J. S. Social Capital in the Creation of Human Capital. *American Journal of Sociology*，1988 （94）：95 – 120.

Davern，M. and D. S. Hachen. The Role of Information and Influence in Social Networks：Examining the Association between Social Network Structure and Job Mobility. *American Journal of Economics and Sociology*，2006 （2）：269 – 293.

Engelhardt，G. V. and C. J. Mayer. Gifts for Home Purchase and Housing Market Behavior. *New England Economic Review*，1994 （5）：47 – 58.

Fernández-Villaverde，J. and D. Krueger，Consumption over the Life Cycle：Facts from Consumer Expenditure Survey Data. *The Review of Economics and Statistics*，2007 （3）：552 – 556.

Gan，J. Housing Wealth and Consumption Growth：Evidence from a Large Panel of Households. *The Review of Financial Studies*，2010

(6): 2229 - 2267.

Green, R. K. and M. J. White. Measuring the Benefits of Homeowning: Effects on Children. *Journal of Urban Economics*, 1997 (3): 441 - 446.

Harvey, D. Class-monopoly Rent, Finance Capital and the Urban Revolution. *Regional Studies*, 1974 (8): 239 - 255.

Holzer, H. J. Informal Job Search and Black Youth Unemployment. *American Economic Review*, 1987 (3): 446 - 452.

Lin Nan. Building a Network Theory of Social Capital. *Connections*, 1999 (22): 28 - 51.

Lin Nan. Social Network and Status Attainment. *Annual Review of Sociology*, 1999 (25): 467 - 487.

Moerbeek, Hester, Wout Ultee, and Henk Flap. That's What Friends Are For: Ascribed and Achieved Social Capital in the Occupational Career. The European Social Network Conference, London, 1995.

Mulder, C. H. Population and Housing: A Two-sided Relationship. *Demographic Research*, 2006 (15): 401 - 412.

Nordin, Martin, Inga Persson, and Dan-Olof Rooth. Education-Occupation Mismatch: Is There an Income Penalty? *Economics of Education Review*, 2010 (6): 1047 - 1059.

Ostrom, E. and T. K. Ahn. The Meaning of Social Capital and Its Link to Collective Action. *Handbook of Social Capital: The Troika of Sociology, Political Science and Economics*, Edward Elgar Publishing, 2009.

Putnam, R. D. The Prosperous Community: Social Capital and Public Life. *The American Prospect*, 1993 (13): 35 - 42.

Robst, John. Education and Job Match: The Relatedness of College Major and Work. *Economics of Education Review*, 2007 (4): 397 - 407.

Rohe, W. M., S. Van Zandt, and G. McCarthy. Home Owner-ship and Access to Opportunity. *Housing Studies*, 2002 (1): 51 - 61.

Rohe, W. M., S. Van Zandt, and G. McCarthy. The Social Bene-fits and Costs of Homeownership: A Critical Assessment of the Research. *The Affordable Housing Reader*, 2013 (40): 1.

Shevchuk, Andrey, Denis Strebkov, and Shannon Davis. Educa-tional Mismatch, Gender, and Satisfaction in Self-employment: The Case of Russian-language Internet Freelancers. *Research in Social Stratification and Mobility*, 2015, vol. 40: 16 - 28.

Smart, A. and J. Lee. Financialization and the Role of Real Estate in Hong Kong's Regime of Accumulation. *Economic geography*, 2003 (2): 153 - 171.

Wolbers, Maarten. Job Mismatches and Their Labour-Market Effects among School-Leavers in Europe. *European Sociological Review*, 2003 (3): 249 - 266.

Yakubovich, V. Finding Jobs in a Local Russian Labor Market. *American Sociological Review*, 2005 (3): 408 - 421.

Zhu, Rong. The Impact of Major-Job Mismatch on College Gradu-ates' Early Career Earnings: Evidence from China. *Education Economics*, 2014 (5): 511 - 528.

图书在版编目（CIP）数据

新时代民生经济学：如何实现人民对美好生活的向往/杨静，张晨，封世蓝著．－－北京：中国人民大学出版社，2021.9
ISBN 978-7-300-28815-4

Ⅰ.①新… Ⅱ.①杨… ②张… ③封… Ⅲ.①人民生活－经济学－研究－中国 Ⅳ.①F126

中国版本图书馆 CIP 数据核字（2020）第 239886 号

新时代民生经济学：如何实现人民对美好生活的向往
杨 静 张 晨 封世蓝 著
Xinshidai Minsheng Jingjixue：Ruhe Shixian Renmin dui Meihao Shenghuo de Xiangwang

出版发行	中国人民大学出版社	
社　　址	北京中关村大街 31 号	**邮政编码**　100080
电　　话	010 - 62511242（总编室）	010 - 62511770（质管部）
	010 - 82501766（邮购部）	010 - 62514148（门市部）
	010 - 62511173（发行公司）	010 - 62515275（盗版举报）
网　　址	http://www.crup.com.cn	
经　　销	新华书店	
印　　刷	涿州市星河印刷有限公司	
开　　本	720 mm×1000 mm　1/16	**版　　次**　2021 年 9 月第 1 版
印　　张	22 插页 1	**印　　次**　2025 年 6 月第 2 次印刷
字　　数	300 000	**定　　价**　128.00 元